「価値観形成学習」による「倫理」カリキュラム改革

胤 森 裕 暢 著

風 間 書 房

目　　次

序　章　本研究の意義と方法………………………………………… 1

　第1節　研究主題……………………………………………………… 1

　第2節　研究の特質と意義…………………………………………… 3

　第3節　研究方法と論文構成………………………………………… 4

第1部　「倫理」カリキュラム改革のための基礎研究 ………………… 9

第1章　「市民性教育」としての「倫理」の意義 …………………… 11

　第1節　市民的資質を育成する「倫理」教育の意義……………… 11

　第2節　「市民性教育」と価値観形成 ……………………………… 14

　第3節　「市民性教育」としてのカリキュラム開発の視点 ……… 17

第2章　「市民性教育」からみた
　　　　「倫理」カリキュラムの現状と課題……………………………… 35

　第1節　学習指導要領「倫理」カリキュラムのねらい
　　　　　―「在り方生き方」の確立― ……………………………… 36

　第2節　「在り方生き方教育」としての
　　　　　「倫理」カリキュラムの課題 ……………………………… 64

第3章　「在り方生き方教育」としての
　　　　「倫理」単元の改善と課題 ………………………………………… 79

　第1節　「倫理」単元の類型化の指標 ……………………………… 79

　第2節　教養としての価値観理解型単元…………………………… 81

　第3節　倫理的問題に対する価値観理解型単元…………………… 82

ii　目　次

第4節　教養としての価値観形成型単元……………………………83

第5節　「倫理」単元の課題
　　　　―倫理的問題に対する価値観形成型の単元を求めて―　……………85

第4章　「市民性教育」としての価値観形成学習理論の展開と課題
　　　　―「在り方生き方教育」から「市民性教育」への転換（1）―　………87

第1節　価値観形成学習理論の展開…………………………………88

第2節　「開かれた価値観形成」をめざす学習理論　………………89

第3節　「社会的合意形成能力」の育成をめざす学習理論　………91

第4節　「合理的な思想形成」をめざす学習理論　…………………93

第5節　「価値認識を成長させる」学習理論　………………………95

第6節　価値観形成学習理論の課題…………………………………98

第5章　新たな「価値観形成学習」によるカリキュラム改革
　　　　―「在り方生き方教育」から「市民性教育」への転換（2）―　……103

第1節　関連諸学における価値観形成………………………………103

第2節　新たな学習理論としての「価値観形成学習」……………109

第3節　「価値観形成学習」の目標　…………………………………111

第4節　「価値観形成学習」の方法原理　……………………………111

第5節　「在り方生き方教育」と「市民性教育」としての
　　　　「倫理」学習の対比　…………………………………………114

第2部　市民的資質を育成する
　　　　「倫理」カリキュラムの開発研究………………………………119

第6章　「価値観形成学習」による
　　　　「倫理」カリキュラムの編成原理………………………………121

第1節　「倫理」カリキュラム編成の視点　…………………………121

第2節　「倫理」カリキュラムの構造 ……………………………………… 124

第3節　「倫理」カリキュラムのデザイン―年間指導計画― ………… 127

第4節　「価値観形成学習」の授業構成 ………………………………… 131

第7章　現代社会の倫理的問題と 自己の価値観形成を考える単元開発 ……………… 141

第1節　単元「エリクソンとサンデルの技 ―倫理的問題と自己の価値観形成を考える―」の開発 …………… 141

第8章　現代の社会構造における倫理的問題を考える単元開発 … 159

第1節　単元「プラトンとその師ソクラテスから学ぶ ―民主主義の倫理的問題を考える―」の開発 ……………………… 159

第2節　単元「ジョブズとゲイツの挑戦 ―資本主義の倫理的問題を考える―」の開発 ……………………… 173

第9章　現代の文化構造における倫理的問題を考える単元開発 … 187

第1節　単元「山中教授と日野原医師の願い ―生命に関する倫理的問題を考える―」の開発 …………………… 187

第2節　単元「孫社長とザッカーバーグＣＥＯの描く未来 ―情報に関する倫理的問題を考える―」の開発 …………………… 201

第3節　単元「マータイとカーソンの訴え ―環境に関する倫理的問題を考える―」の開発 …………………… 216

第10章　現代社会の倫理的問題に対する 自己の価値観を形成する単元開発 …………………… 237

第1節　単元「オバマとアインシュタインの呼びかけ ―倫理的問題に対する自己の価値観を形成する―」の開発 ……… 237

iv　目　次

終　章　成果と課題 ……………………………………………… 257
第 1 節　研究の成果 ………………………………………… 257
第 2 節　今後の課題 ………………………………………… 259

参考文献 …………………………………………………………… 261
あとがき …………………………………………………………… 273

図表目次

図 1-1　東京都高等学校倫理・社会研究会による「倫理」の内容の系列と構成 …… 22

図 2-1　2009（平成 21）年版の公民科「倫理」の内容構成 ………………………… 69

表 3-1　「倫理」授業の類型 ……………………………………………………… 81

表 5-1　「倫理」学習の比較 ……………………………………………………… 114

図 5-1　倫理的問題に対する価値観を形成する「倫理」等授業の分類 …………… 116

図 6-1　「価値観形成学習」による「倫理」カリキュラムへの転換 ……………… 123

図 6-2　「市民性教育」としての「倫理」カリキュラムの構造 …………………… 126

表 6-1　「倫理」カリキュラムデザイン …………………………………………… 128

図 6-3　現代社会の倫理的問題に関する教材化の視点 …………………………… 133

図 6-4　授業過程と自己の価値観の形成過程 ……………………………………… 136

表 9-1　環境倫理に関する「価値観形成力」育成を図る授業の類型 ……………… 217

序　章　本研究の意義と方法

第1節　研究主題

　本研究は今日,「人間としての在り方生き方に関する教育」[1]（以下,「在り方生き方教育」）として行われている高等学校学習指導要領における公民科「倫理」を,「価値観形成学習」という考え方によって「市民性教育」としてのそれへと改革し,新たな「倫理」カリキュラムを開発することを目的とする[2]。

　科学・技術の急速な進歩等に伴い現代社会が発展することにより,われわれは行為の可能性を広げてきているが,同時に様々な倫理的問題も抱え込むようになっている。これらの問題には,われわれが従来,判断の規準にしてきた価値観の枠を越えているものも多い。今後,市民のだれもが,こうした多様で困難な倫理的問題に向き合っていく必要があるだろう[3]。

　したがって,これからの市民に求められるのは,今日の倫理的問題に対する自己の価値観を形成しておくことだけでなく,新たに生じてくる切実な倫理的問題に気づき,科学的に認識し,それに対する自己の価値観を,既存の諸価値観を手がかりやたたき台にしながら自ら吟味したり修正したりする資質,すなわち形成していく力であると考えられる[4]。本研究ではこのような資質を「価値観形成力」と定義しておく。

　この「価値観形成力」の育成には,社会の問題についての科学的な事実認識や価値認識を通して市民的資質を育成しようとしてきた社会認識教育が,大きな役割を果たすと考えられる。なぜなら,複雑な現代の倫理的問題に関する事実認識と価値認識に基づかなければ,それに対する自己の価値観の吟

2　序　章　本研究の意義と方法

味・修正も十分できないと考えられるからである[5]。

　したがってこのような資質を育成するには，社会認識教育の中でも，事実認識だけでなく価値認識にも深く関わる「倫理」教育がますます重要になるであろう。具体的には，これからの「倫理」教育には，生徒が自らのこととして直面する様々な現代社会の倫理的問題について科学的な事実認識をして，それに対する自己の価値観を吟味したり修正したりしていく，すなわち自己の価値観を形成していく主体的で開かれた学習が必要となろう。なぜなら社会の激しい変化とともに，自己の価値観で判断しなければならない切実な倫理的問題も生成し続けると考えられ，それらに対してわれわれは，生涯にわたって自ら価値観を形成し続けなければならないからである。

　このように「倫理」の授業においては，「価値観形成力」を育成するために，生徒に現代社会の倫理的問題を認識させ，それに対する価値観形成を図ることにとどまるのではなく，それらを生徒が自らよく認識したり，吟味・修正したりしてみる必要があると考えられる。本研究では，このような主体的で開かれた学習を「価値観形成学習」と定義したい。

　ところで，このような「価値観形成学習」の視点から，公民科「倫理」に代表される従来のカリキュラムを見てみると，そこにはいくつかの課題があると考えられる。具体的には，先哲等の人生観や世界観を教師が選んであらかじめ教養として理解させるものに止まっているのである。このため，「倫理」授業では，生徒が諸価値観を手がかりに，現代社会の倫理的問題に対する自らの価値観を吟味・修正していくようになっていないのである。換言すれば，生徒が自らのこととして現代社会の倫理的問題をよく認識し，それに対する自己の価値観を，多様な価値観を手がかりにしながら形成していく学習となっていないのである。これらの課題の要因は，「在り方生き方教育」として行われている高等学校学習指導要領公民科「倫理」のカリキュラムに，またその背後にある「在り方生き方教育」として行われている「倫理」教育の目標・内容・方法を貫く学習原理にあると考えられる。

従来の「倫理」カリキュラムが抱えるこうした課題を克服するには，新たな学習原理を構築し，それに基づくカリキュラムを開発していく必要がある。これは，「在り方生き方教育」としての「倫理」を，市民的資質の育成を目指す「市民性教育」としての「倫理」に改革していくことでもある。本研究では，この「在り方生き方教育」から「市民性教育」へと改革するための学習論として「価値観形成学習」を提案したい。

第2節　研究の特質と意義

本研究の特質と意義は，次の3点に集約される。

1点目は，これまでの「倫理」カリキュラムに関する研究の多くが，高等学校学習指導要領公民科の科目「倫理」に代表されるように，「在り方生き方教育」としての，特定の「人生観，世界観ないし価値観」について理解させるものに止まっていたのに対して[6]，本研究は，生徒が現代社会の倫理的問題を認識し，それに対する自らの価値観を形成していく，「市民性教育」としての「倫理」カリキュラムに転換することを目指した改革研究になっていることである。

2点目は，「在り方生き方教育」としての「倫理」の抱える課題を克服しようとして，多様な価値観形成学習の理論の提案と，それに基づく授業開発をしてきた先行研究の多くが，単元レベルの授業開発に止まっていたのに対し[7]，本研究は年間指導計画まで視野に入れたカリキュラムの全体像を明らかにしようとしていることである。なぜなら，多様にある現代社会の倫理的問題に対して，市民として必要な価値観を形成し，さらに「価値観形成力」を育成するには，それらの問題の内，どれをどのように学習していくのかまで明らかにする必要があるからである。

3点目は，本研究が同様の倫理的問題に直面した先人と学級の仲間という，2つの他者との対話を重視した新たな「価値観形成学習」の理論仮説に

基づいてカリキュラムを開発していることである。すなわち理論仮説に基づいて全単元を計画し，その一部分を高等学校等で研究授業として実践し，その結果に基づいて理論仮説と計画の吟味・修正を行い，現時点で到達した授業モデルとして開発するという，実験・実証的な研究によるカリキュラム開発を試みていることである。

こうした特質と意義を持つ本研究を行うことで，将来にわたって自ら価値観を形成していく資質を育成する「市民性教育」としての「倫理」，すなわち主体的で開かれた「倫理」学習のあり方を提案することができると考える。

第3節　研究方法と論文構成

本研究は，「倫理」カリキュラムを改革していくことをねらいとしている。すなわち，これまで「倫理」を改善しようとしてきた実践及び研究が，「在り方生き方教育」を目標の根底においてきたのに対し，「市民性教育」としての「倫理」カリキュラムを構築し直すことを目指す。研究の基本的な方法として，「倫理」で育成すべき市民的資質として「価値観形成力」を位置づけ，この育成のために，どのような内容とどのような方法が必要なのかを明らかにし，その方法原理に基づくカリキュラムを開発していく。すなわち，先ず「市民性教育」としての「倫理」カリキュラムを構築する意義と，この視点から，従来の「倫理」実践及び研究が抱える課題を明らかにする。次に，その「倫理」カリキュラムにおける課題を克服し，「価値観形成力」を育成する学習原理となる「価値観形成学習」の理論仮説を構築する。そしてこの理論仮説に基づく年間レベルの「倫理」カリキュラムを開発する。

こうした方法により進めていく本研究は，基礎研究と開発研究の2つに分かれており，それぞれ次のような手順と方法により進めていく。

第1部の基礎研究では，市民的資質の育成，特に価値観形成の視点から，

学習指導要領に準拠した公民科「倫理」だけでなく，それを改善しようとした実践，さらに価値観形成学習の諸理論も取り上げて，従来の「倫理」カリキュラムの分析を行い，それらの課題を抽出し，改善の方向性を明らかにしていく。

　具体的には，①「在り方生き方教育」として性格づけられてきた，これまでの高等学校学習指導要領「倫理」を分析し，内在する課題を明らかにする。次に，②その課題の克服を図ろうとしてきた代表的な「倫理」授業改善実践を分析し，それらの特質と課題を明らかにする。さらに，③その課題を乗り越えようとしてきた「市民性教育」，特に社会認識教育学における価値観形成に関する学習理論の分析を行い，それらの展開と残されている課題を明らかにする。そして，④明らかとなった諸課題を克服し，今日の「在り方生き方教育」としての「倫理」カリキュラムを「市民性教育」としてのそれへと改革していくための学習原理となる「価値観形成学習」の理論仮説を構築する。

　第2部の開発研究では，第1部で「在り方生き方教育」としての「倫理」の課題を克服するために新たに提案した，「価値観形成学習」によるカリキュラムの編成原理を明らかにするとともに，それに基づいて開発した，年間指導計画に位置づくすべての単元の授業モデルを紹介していく。

　具体的には，⑤「価値観形成学習」によるカリキュラム編成の視点を明らかにして，「倫理」カリキュラムの構造，全体のカリキュラムデザイン（すなわち年間指導計画），単元の授業構成を明らかにする。そして，⑥このカリキュラム編成原理に基づいて全単元を作成し，高等学校等での研究授業を通して吟味・修正し，授業モデルとして完成させる。

　これに従い，本論文の各章の構成は以下のようになる。

　第1部は第1章から第5章までで構成する。

　第1章では，市民的資質を育成する「倫理」教育が持つ今日的な意義を明らかにするとともに，「市民性教育」，中でも社会認識教育における価値観形

成の意味を踏まえ，「市民性教育」としての「倫理」カリキュラムを開発するための視点を明らかにしていく。

第2章では，これまでの高等学校学習指導要領における「倫理」等科目の内容編成から，「在り方生き方教育」としての学習指導要領「倫理」カリキュラムの構造と課題を明らかにしていく。

第3章では，第2章で明らかにした「在り方生き方教育」としての「倫理」の課題を改善しようとして開発されてきた優れた「倫理」単元を分析し，それらが抱えている課題を明らかにしていく。

第4章では，「在り方生き方教育」としての「倫理」を「市民性教育」としてのそれへと転換するために，「市民性教育」として構築されてきた，価値観形成学習理論の分析を行い，それらの展開と，なお抱えている課題を抽出して，授業理論の改革とそれにもとづくカリキュラム構築の方向性を明らかにしていく。

第5章では，第4章で明らかにしたカリキュラム改革の方向性に基づき，関連諸学における価値観形成の理論の分析を踏まえて，新たな授業理論としての「価値観形成学習」の理論仮説，すなわち目標及び方法原理について明らかにしていく。

第2部は第6章から第10章までで構成する。

第6章では，新たな「価値観形成学習」の理論による「倫理」カリキュラムの編成原理を明らかにしていく。すなわち，カリキュラム編成の視点，その構造及びデザイン（年間指導計画），さらには単元の授業構成を示していく。

第7章からは，第6章で明らかにしたカリキュラムの編成原理により，全単元を開発していく。第7章では，現代の社会問題の根本，基本にある倫理的問題と自己との関わりについて認識することを通して，それらに対する自己の価値観を形成していく意義と方法について学習する導入単元「エリクソンとサンデルの技―倫理的問題と自己の価値観形成を考える―」を開発していく。

第8章では，現代の社会構造における，政治的には民主主義，経済的には資本主義に関する倫理的問題を取り上げた単元「プラトンとその師ソクラテスから学ぶ―民主主義の倫理的問題を考える―」，単元「ジョブズとゲイツの挑戦―資本主義の倫理的問題を考える―」を開発していく。

　第9章では，現代の文化構造における生命，情報，環境に関する倫理的問題を取り上げた単元「山中教授と日野原医師の願い―生命に関する倫理的問題を考える―」，単元「孫社長とザッカーバーグCEOの描く未来―情報に関する倫理的問題を考える―」，単元「マータイとカーソンの訴え―環境に関する倫理的問題を考える―」を開発していく。

　第10章では，全単元の学習を通して形成してきた現代社会の倫理的諸問題の認識及び自己の価値観を基にして，今日の社会で深刻かつ，自らにとっても切実な科学・技術に関する倫理的問題を取り上げた単元「オバマとアインシュタインの呼びかけ―倫理的問題に対する自己の価値観を形成する―」の開発をしていく。

　そして終章では，「市民性教育」を基本的性格とする「価値観形成学習」を構築し「倫理」カリキュラムを改革する意義と，この理論仮説に基づいて実際に開発したカリキュラムの意義について明らかにしていく。

［註］
1）文部科学省『高等学校学習指導要領解説　総則編』東山書房，2009年，p.19.
2）社会認識教育学会編『公民科教育』学術図書出版社，2010年，p.2.
3）加藤尚武『価値観と科学／技術』岩波書店，2001年，p.2. 池内了『科学の限界』筑摩書房，2012年，pp.7-14. 二宮皓編著『市民性形成論』日本放送出版協会，2007年，p.224 他参照.
4）佐々木力『科学論入門』岩波新書，1996年，p.214. 加藤尚武『哲学原理の転換』未來社，2012年，p.30. 二宮皓編著，同書，pp.26-27，221，224，228. W. M. アレキサンダー編，中留武昭訳『未来の高校　価値形成の教育』学事出版，1975年，pp.28-34，78，118，170，172，221，234-235 他参照.

8　序　章　本研究の意義と方法

5）二宮皓編著, 同書, p.31. 澤瀉久敬『哲学と科学』ＮＨＫブックス, 1967 年, p.142.
　見田宗介『価値意識の理論』弘文堂, pp.70-71, 172. 森分孝治『現代社会科授業理論』
　明治図書, 1984 年, p.106 他参照.

6）具体的には, 各高等学校学習指導要領の目標及び内容構成によりカリキュラムを
　研究したものとして, 東京都高等学校倫理・社会研究会編『公民科「倫理」の指
　導内容の展開―「人間としての在り方生き方」についての自覚を深めさせる「倫
　理」―』清水書院, 1992 年. 日本公民教育学会編『テキストブック公民教育』第
　一学習社, 2013 年 他. また, 各学習指導要領に基づきながらも課題を克服の視点
　からカリキュラム開発をした研究として, 田渕五十生『国際理解・人権を考える
　社会科授業』明石書房, 1990 年, pp.187-201. 大塚健司「高校倫理で体系性と主
　題性を統合する試み―「競争」を教材化する―」日本公民教育学会『公民教育研究』
　Vol. 1, 1993 年, pp.49-64. 児玉康弘「『公民科』における解釈 批判学習―『先哲
　の思想』の扱い―」社会系教科教育学会『社会系教科教育学研究』第 16 号, 2004 年,
　pp.73-81, 等がある。

7）具体的には, 溝口和宏「開かれた価値観形成をめざす社会科教育―『意思決定』
　主義社会科の継承と革新―」全国社会科教育学会『社会科研究』第 56 号, 2002
　年. 吉村功太郎「社会的合意形成能力の育成をめざす社会科授業」全国社会科教
　育学会『社会科研究』第 59 号, 2003 年. 桑原敏典「合理的な思想形成をめざした
　社会科授業構成―シティズンシップ・エデュケーションの目的と社会科の役割の
　検討を踏まえて―」全国社会科教育学会『社会科研究』第 64 号, 2006 年. 大杉昭
　英「社会科における価値学習の可能性」全国社会科教育学会『社会科研究』第 75
　号, 2011 年. 他に, このような考え方と関連させ公民科「倫理」の授業開発をした,
　樋口雅夫「『批判的価値受容学習』としての公民科『倫理』の授業構成―単元『"天
　賦人権"は外来思想か？』の場合―」全国社会科教育学会『社会科研究』, 第 78 号,
　2013 年, 等がある。

第1部 「倫理」カリキュラム改革のための基礎研究

　第1部の基礎研究では，市民的資質の育成，特に価値観形成の視点から，学習指導要領に準拠した公民科「倫理」だけでなく，それを改善しようとした実践，さらに価値観形成学習の諸理論も取り上げて，従来の「倫理」カリキュラムについての分析を行い，残されている課題を抽出し，改善の方向性を明らかにしていく。

　具体的には，①市民的資質を育成する「倫理」教育の意義を明らかにし，そのカリキュラムを開発していくための視点を明らかにする。次に，②「在り方生き方教育」として性格づけられてきた，これまでの高等学校学習指導要領「倫理」を分析し，内在する課題を明らかにする。また，③その課題を克服しようとしてきた代表的な「倫理」授業改善の実践を分析し，それらの特質と課題を明らかにする。さらに，④その課題を乗り越えようとしてきた「市民性教育」，すなわち社会認識教育における価値観形成に関する学習理論の分析を行い，それらの展開と残されている課題を明らかにする。そして，⑤明らかとなった諸課題を克服し，今日の「在り方生き方教育」としての「倫理」カリキュラムを「市民性教育」としてのそれへと改革していくための学習原理となる「価値観形成学習」の理論仮説を構築する。

　このように第1部では，市民的資質の育成，特に価値観を形成する視点から，学習指導要領に準拠した従来の公民科「倫理」に内在する課題を明らかにし，それを改善しようとした実践，さらに価値観形成学習の諸理論を取り上げ，従来の「倫理」カリキュラムの分析を行い，それらの課題を抽出し，改善の方向性を明らかにしていく。

第1章 「市民性教育」としての「倫理」の意義

　現代社会は急速に変化しており，従来の価値観によっては直ちに判断できないような倫理的問題が生じ続けている。こうした社会に生きる市民は，新たな自己の価値観を形成していく必要があると考えられる。

　そこで第1章では，このような現代社会に生きる市民に必要な資質を育成する上で「倫理」教育が持つと考えられる意義を明らかにするとともに，「市民性教育」，すなわち社会認識を通して市民的資質育成を目指す社会認識教育における価値観形成の持つ意味を明らかにし，本研究において，「市民性教育」としての「倫理」カリキュラムを開発していく視点を明らかにしていく。

第1節　市民的資質を育成する「倫理」教育の意義

　本節では，市民的資質の育成を目指す「倫理」が，今日どのような意義を持っているのかを明らかにしていきたい。

　科学・技術の発展などに伴い大きく変動し，多様な問題を抱えている現代社会で，市民性の形成，すなわち政治的社会化をして政治的参加を可能にする市民的資質（公民的資質）の育成は，世界，そして日本の教育において中核的な課題となっている[1]。

　今日，市民的資質については，知識だけでなく技能や態度も重要だという議論もあるが，認識が前提であり中核であることに変わりはないと考えられる[2]。この認識の内容としては，民主主義社会を支えるための基本的知識とともに価値観がきわめて重要になる。なぜなら，市民が民主主義的な価値観を内面化し，政治に参加しなければ民主主義は成り立たないからである[3]。

12 第1部 「倫理」カリキュラム改革のための基礎研究

今日，このような市民的資質育成の中核を担っているのは，「社会認識を通して公民的資質を育成する」社会科等の社会認識教育であり，高等学校においては公民科である[4]。

社会認識教育は，社会認識形成か市民的資質育成かという捉え方ではなく，これらを連続的に捉えようとしている。また社会科や公民科という教科において社会認識を形成していく場合，科学的な事実認識を担うべきだとする主張を乗り越え，価値や規範等も取り上げ，子どもの価値観（ないし価値認識）まで形成することを目指している。ただし，事実認識によって価値観は変わる，すなわち「より〈正しい〉〈科学的〉な事実認識が，より確実な価値認識を形成する」のであり，科学的な事実認識を踏まえなければ市民として必要な価値観の形成はできないと考えられる[5]。公民科は1989年の学習指導要領により設置されて以来，「市民を育成する教科」であり，一貫して「現代社会の認識を通して市民的資質を育成を図る教科」であったのであり，社会認識を通して市民的資質の育成をはかる「市民性教育」をねらいとしてきた[6]。2009年改訂の高等学校学習指導要領では，「平和で民主的な国家・社会の有為な形成者として必要な公民としての資質」を育成する公民科の「究極目標」に向かい，地球規模の課題が山積する「現代社会についての理解を踏まえ，生徒が人間としての望ましい在り方について学び自己の生き方を主体的に選び取り，意義ある人生を送れるようになる」よう指導の充実が求められている[7]。なお公民科は，戦前と戦後直後に設置された時にも，それぞれ「合理的な社会認識に基づいて民主的な社会を形成しようという展望」を持っていたのであり，市民的資質育成を目指す点は現行のものと通底している[8]。

現行の公民科の中でも，市民的資質として，特に価値観の形成に中心的に関わる科目に「倫理」がある。「倫理」は設置当初から「社会の変化に主体的に対応できる良識ある公民として必要な能力と態度を育てること」が求められ，「人間の存在や価値について思索を深め，生徒が自らの人格の形成に

努める実践的な態度を育てる」という基本的性格を持ってきた[9]。

　また「倫理」は，その目標にあるように，「青年期における自己形成」の課題の理解を踏まえ「人間としての在り方生き方について理解と思索を深めさせること」，すなわち生徒が「青年期における『人間としての在り方生き方』を探究」することも目指してきた[10]。「人間としての在り方生き方」（以下，「在り方生き方」）とは，（後に章節を改めて分析・考察を加えるが，）高等学校学習指導要領解説の記述によると「生徒が生きる主体としての自己を確立する上での核となる，『自分自身に固有な選択基準ないし判断基準』，つまり『人生観，世界観ないし価値観』」とされる[11]。

　「倫理」は，この「在り方生き方」（自己の価値観）を形成しようとする「高等学校における道徳教育の考え方」である「在り方生き方教育」の中核的な指導場面として，「現代社会」及び特別活動とともに位置付けられているのである[12]。

　同じ公民科の科目「現代社会」では，その設立以来，「現代社会の基本的な問題に対する判断力の基礎を養うとともにそれと関連させながら人間としての在り方生き方を考える力を養うこと」が基本的性格とされてきたことと比較すると，「倫理」においては，生徒が実際に主体的な自己の価値観形成を行っていくことが求められていると考えられる[13]。

　本節でみてきたように，現代の市民が民主主義を実践し，その展開を支え，これから生じる深刻で多様な社会問題を解決していくには，市民的資質の中でも，特に民主主義的な価値観の形成が重要となる。ただし科学的な事実認識に基づくものでなければならない。またそれは，生徒が主体的に形成していくことが求められており，重要である[14]。なぜなら現代社会は，止まることのない科学・技術の急速な進歩に伴い，今後もめまぐるしく変化していくと考えられるからである。

　これらのためには，生徒が現代社会の認識を通して主体的に自己の価値観を形成することを目指す「市民性教育」としての「倫理」教育が求められて

14 第1部 「倫理」カリキュラム改革のための基礎研究

いると考えられる。

第2節 「市民性教育」と価値観形成

今日，「市民性教育」としての「倫理」は，生徒の価値観形成に関わる重要な意義をもつと考えられる。ではこの「倫理」を含め，「市民性教育」としての社会認識教育では，生徒の価値観形成についてどのように捉えられてきたのであろうか。本節ではこの点を明らかにしたい。

そのために先ず，社会認識教育や「在り方生き方教育」における価値観ないしは価値認識の意味を整理して，本研究における価値観の意味を明らかにしておく。

前節で示した通り，「在り方生き方教育」においては，「在り方生き方」について生徒個々の判断基準であり，人生観や世界観，ないし価値観だと説明されている[15]。

そして社会認識教育においては，市民的資質の中核となる社会認識体制の中の価値的知識によって構成されているのが価値認識ないし価値観だと図解されている[16]。なお，社会認識教育における価値観は，より限定的なものとして説明されている場合もある。すなわち，価値的知識によって構成される価値認識には，事象や事実を評価する基準となる「一般的評価的知識」と，とるべき態度や行動を決定する基盤となる「一般的規範的知識」とがあり，前者が社会観であり，後者を価値観だとする[17]。先の「在り方生き方」の世界観に相当するのが「一般的評価的知識」であり，人生観に相当するのが「一般的規範的知識」であると理解することもできる。

ここで価値観の意味を整理するために，さらに諸学の知見も得ると，社会学においては，価値観とは「対象を評価または志向する際，主体の判断を支える基準・枠組であり，文化的背景をも含めた経験や学習に基づいて，ある一貫性を保って形成されてきた認知の基盤をなす。」と説明されている[18]。

すなわち，経験や学習を通して得られた認識に基いた，一貫性のある評価や行為のための基準と理解できる。また心理学においては，「価値判断の総体」である価値意識，あるいは価値志向とほぼ同義と捉えられているが，「価値意識が十分に分化し，パーソナリティの統合に重要な機能を果たすようになっている認知組織」という意味を持つとも説明されている[19]。すなわち，価値判断が統合され，機能している認識体制のことを意味していると理解できる。

これらの説明をふまえ，本研究において育成を目指す価値観について整理すれば，それは事象を評価したり，行為したりするための基準（ないし規準）であり，価値判断が統合されて機能している価値認識体制だと捉えられる。

ではこうした価値観の形成について，社会認識教育ではどのように捉えられてきたのであろうか。社会科教育研究において社会認識教育学の呼称が用いられるようになった時点（1971年）では，目標論的に「主知主義と生活主義（態度主義・価値主義など）」が対置してあった[20]。その後，価値判断や論争問題を扱うアメリカのメトカーフやオリバー等の「生活主義的」な社会科の研究が行われつつも，「価値認識の指導を含めると，それだけ研究の領域が拡大し理論化が困難となる」，また，守備範囲を拡大すれば事実認識の指導が疎かになるとして，一教科の社会科で目指すべきことを事実認識の指導，開かれた科学的社会認識の形成に限定した研究が進められてきた[21]。すなわち，「子どもの認識を閉ざし市民的活動を方向づけるか，認識・活動は価値的に開かれるが，主観的恣意的になる」として価値観形成に禁欲的であった[22]。

しかし，こうした価値自由である社会科は，価値判断を生徒個人に委ねており，社会に内在する価値観に対し無防備となり，それらを無意識に受け入れさせることにもなる。そもそも「『より説明力のある』ということ自体がすでに価値関係的であるとの指摘」を受けた[23]。これに対しては，「科学的な事実認識と反省的に吟味された価値判断に基づいて決定を行う」意思決定

16 第1部 「倫理」カリキュラム改革のための基礎研究

を方法原理とする社会科に代表されるように，価値的知識及び価値判断力，あるいは実践的知識及び意思決定力の育成まで目指す社会科等が提案されるようになってきた[24]。

このように今日の社会認識教育では，育成の対象とする子どもの社会認識体制を，価値観にまで広げようとしており，開かれた社会認識，特に開かれた価値観形成を通して，価値判断力や意思決定力まで育成しようとしている。

ただし価値観を形成できたとしても，それは絶えず吟味や修正が必要であり，形成し直していく必要があると考えられる。なぜなら序章で述べたように，科学・技術の発展等により社会は急激に変化し続けており，それに伴う価値的，倫理的な問題も生成され続けるからである。すなわちわれわれは，行為の可能性を広げていくと同時に様々な倫理的問題に直面し，それらを抱えていくことが必要になってきている。現代では，だれもが多様で困難な倫理的問題に向き合い生きていく必要があるのである。しかしそれらの中には，既存の価値観を越えるものも多くある。

したがって，こうした社会を生き抜くとともに，新たな社会を創り出していくためには，今日の社会にある倫理的問題に気づき，それを自分にも関わることとして捉え，それに対する価値観を自ら形成していく資質が必要になるのである。すなわち，倫理的問題を認識し，それに対する自己の価値観を主体的，メタ認知的に吟味したり，修正したりする力の育成が必要になると考えられる。このような資質を「価値観形成力」と捉えれば，それはこれまで社会認識教育で十分育成されてこなかったものといえるが，自己教育力ないし自己学習能力の育成が求められる今日，一層その重要性が増していると考えられる[25]。

何よりも，今日の市民が規準ないし基準にしようとする自己の価値観は，変化し続ける現代社会に対する開かれた確かな認識に基づかなければ吟味・修正，すなわち形成していくことができない。したがって，主体的な現代社

会の認識を通して市民的資質を育成する教科である公民科，中でも生徒の価値観形成に中心的に関わっている「倫理」において，この「価値観形成力」を育成することが求められていると考えられる。

第3節 「市民性教育」としてのカリキュラム開発の視点

これまで述べて来たように，生徒の主体的で開かれた社会認識を通して，その「価値観形成力」の育成を図る「市民性教育」としての公民科「倫理」教育は重要になってきている。特に，そのための「倫理」カリキュラムが持つ意義は大きい。

本節では，先に明らかにした「市民性教育」における価値認識，特に価値観を形成する意義を踏まえて，これから「倫理」カリキュラムを開発していく視点を明らかにしていきたい。

1 「倫理」カリキュラム開発の視点

ここで改めて，生徒が認識する対象であり，市民として生き抜いていくことになる現代社会の特質について述べれば，それは社会科学・技術の発展とともに，複雑で急激に変化する社会であり，ここでは価値の多様化・多元化が進み，「絶対的でゆるぎない考え方や生活様式を見いだすことは困難」なのである[26]。可能な行為の範囲が拡張し，倫理的な空白が生じており，「既成の倫理的・法的・社会的な判断の枠組み」，すなわち従来社会にあった価値観は揺るがされている[27]。したがって，われわれ市民は，この「断絶を埋める作業を積み重ねていかなくてはならない」のであり，そのために，「古今東西の概念枠を丁寧に比較し，そのまま使えなくても参照用に残すべきものを選りすぐって，新規の概念枠と組み合わせ直していく」必要があると考えられる[28]。

このような現代社会に生きる市民が，価値観を形成していくための「倫

理」カリキュラムとはどうあればよいのであろうか。

それは前節で明らかにしたように，倫理的問題に対する自己の価値観を主体的に吟味したり，修正したりする力，すなわち「価値観形成力」を育成できるものとなろう。

したがって，それは生徒が自ら，科学的な社会認識を通して自己の価値観を吟味したり，必要であれば修正したりしていくようなカリキュラムとなる。すなわち生徒が，主体的で開かれた価値観形成をしてみるものとなる。

なぜなら，現代社会は科学・技術の発達に伴い急速に変化しており，われわれは，それらを認識し直し，自己の価値観も形成し直していかなければならないからである。われわれの現代社会に対する認識は科学的なものにしていかなければならないし，それに対するわれわれの価値観は開かれたものでなければならない。そして，それらを自分たちで吟味・修正していかなければならないのである。

また，個々の単元においてだけでなく年間を通じて，現代社会に対する自己の価値観を繰り返し吟味・修正していくカリキュラムにする必要がある[29]。

なぜなら，現代社会は複雑でありその認識は容易ではないからであり，それに対する，（あるいはそれに基づく）自己の価値観を形成していくことも容易ではないからである[30]。そして「倫理」教育が目指す資質である「価値観形成力」を育成するには，生徒がその意味や方法を理解し，実際に自ら繰り返し価値観を吟味・修正してみる必要があると考えられるからである[31]。

2　高等学校現場におけるカリキュラム開発の課題

では，このようなカリキュラム編成の基本的な考え方からみれば，高等学校現場で開発されてきた公民科「倫理」カリキュラムはどのような課題を抱えているといえるだろうか。これまで，高等学校教員らにより体系的にまとめられた公民科「倫理」カリキュラムには，①東京都高等学校倫理・社会研

究会編『公民科「倫理」の指導内容の展開—「人間としての在り方生き方」についての自覚を深めさせる「倫理」—』清水書院，1992年，②東京都高等学校倫理・社会研究会編『公民科「倫理」「現代社会」教材化の研究』東京書籍，1994年，③全国公民科・社会科教育研究会編『高等学校公民科　指導と評価—課題追究学習をどう展開・評価するか—』清水書院，2003年，④日本公民教育学会編『テキストブック公民教育』第一学習社，2013年，等がある[32]。

　この内，特に①及び④については，高等学校現場で実践を重ねてきた研究者らの開発した年間レベルの「倫理」カリキュラムについて，その理論の説明及び学習指導案レベルの具体が示されている。なお①は，1989年の高等学校学習指導要領改訂により社会科が再編成され，公民科と科目「倫理」等が設置されたことを受けて刊行された。また④は，2009年の高等学校学習指導要領改訂による公民科「倫理」の目標，内容等に基づいて刊行されている。これらのカリキュラムが抱えている課題とは何であろうか。

(1) 東京都高等学校倫理・社会研究会編『公民科「倫理」の指導内容の展開 —「人間としての在り方生き方」についての自覚を深めさせる「倫理」—』の カリキュラムの課題

　本書によれば，東京都高等学校倫理・社会研究会は，高等学校学習指導要領に科目「倫理・社会」が発足（実施）するのを前に創立され，指導内容の研究，実践研究を進めてきた。また「今回の改訂で，社会科は公民科と地歴科に再編成され，公民科に属する『現代社会』『倫理』もその内容が大幅に変わり，…選択必修になりました。『人間としての在り方生き方に関する教育』が重視され，学校の教育活動全体を通じて推進し，公民科には目標に掲げられ，その中心としての役割が期待されています。」として，改訂を前に，これまでの指導内容の研究及び実践研究を基に，研究会創立30周年記念として本書を発刊するとしている[33]。また，本研究会を中心とする全国高等

20 第1部 「倫理」カリキュラム改革のための基礎研究

学校「倫理」「現代社会」研究会（全倫研）による全国の高校生を対象とした意識調査の結果にふれ，高校生が学校教育に期待することとして最も多いのは「人間の生き方など人格形成についての指導」であり，「すべての高校生に，『人間の生き方』についての学習の場を与えねばならない。新学習指導要領による公民科倫理は，真に高校生の切望に応えてやらねばならない。」とし，そのために本書の刊行は時機を得ているとする[34]。

本書は，1989年に改訂された高等学校学習指導要領による公民科「倫理」の内容構成全体及び各項目の意味について独自の批判，解釈を加えて，カリキュラム開発の視点や工夫点等について論じるとともに，学習指導要領の全ての大項目及び中項目それぞれについて，単元レベルの「指導事例」を示している。

本書の「第3章　第1節　指導計画の作成」によれば，「指導計画とは，内容，教材の時間的配列」であり，その配列の基礎には「内容の論理的な系列が自覚されている必要がある」とする[35]。その上で，当時の学習指導要領の公民科「倫理」[36] の各項目の意味と全体の構造について以下のように論じている[37]。

先ず，「①　青年期に関する学習と倫理学習の接点」（学習指導要領では，大項目「（1）　青年期と人間としての在り方生き方」の意味）について説明している。

「青年期学習」（学習指導要領では，大項目（1）の「ア　青年期の課題と自己形成」に相当）は，自己の生き方を選択する主体として倫理の問題に目覚めた青年に，「青年の発達的特質についての学習を通して，倫理的な思索の手がかりを与えようとして」，導入に置かれるとする。また，「社会的存在としての青年」に「社会の観点からの自己理解を目指す」ものだともする。

大項目（1）の「イ　人間としての自覚」については，「生徒自身の『人生における』意義につながるよう，教材を工夫することが必要」とする。

なお，この中の内容「自己探究と倫理的自覚」は，「実際の学習内容がさほど明確でない」が，前の「青年期学習」と，後の「哲学，宗教，芸術など

第1章 「市民性教育」としての「倫理」の意義　21

の学習」の接点となり，「青年期にある生徒が自己に目覚め，生き方を求めることを，先人の考えを学習することを通して深めさせようとする」ものだとする。

　次に，「②　現代社会と倫理」(学習指導要領では，大項目「(2)　現代社会と倫理」の意味) について説明している。

　ここは，前の「青年期学習における現代青年の社会的諸問題の発展として位置付けることができる。」とする。そして，民主社会での倫理を基準にして倫理的課題を考察させて，現代社会の諸問題について考える力を身に付けさせる必要があるとする。

　最後に，「③　日本の思想・文化学習の意味」(学習指導要領では，大項目「(3)　国際化と日本人としての自覚」の意味) について説明している。

　ここは，国際化に対応するよう「日本人としての自己理解のために，日本の文化や伝統の特色を，それらの基盤にある風土や思想の観点から学習させる構成」になるとする。そこで，大項目 (3) の「ア　日本の風土と日本人の考え方」の内容については，「日本人の文化的特質を現代的視点から構成する」のが妥当とする。

　なお，関連して「内容精選の方法」に，「内容の中心となる要素を抽出して，主題化する。」こと，「典型的教材を用いて内容の融合を図る。」こと，「内容の組み合わせを工夫する」ことがあるとも論じられている。

　このように本研究会は，当時の学習指導要領の各大項目に対する批判と解釈を行うとともに，その内容構成も解釈し，図1-1のような「倫理」全体の「内容の系列と構成」を示している[38]。

　以上のように本研究会は，新設された公民科「倫理」に対する独自の批判及び解釈を加え，高等学校現場でカリキュラムを開発していく上での視点や工夫点について論じ，具体的な単元開発を行っていた。

　こうして，学習指導要領の改訂を踏まえ，実践に基づく指導内容の研究を重ねてきた本研究会の示す，カリキュラム開発の視点や工夫点及び具体的な

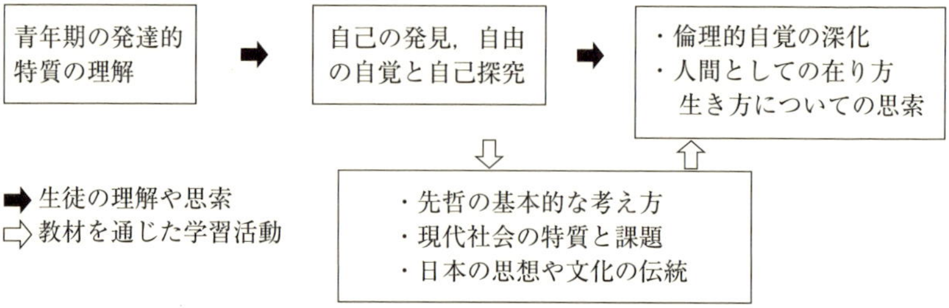

22　第1部　「倫理」カリキュラム改革のための基礎研究

```
┌─────────────┐    ┌─────────────┐    ┌──────────────────┐
│ 青年期の発達的 │ ➡ │ 自己の発見，自由 │ ➡ │ ・倫理的自覚の深化      │
│ 特質の理解    │    │ の自覚と自己探究 │    │ ・人間としての在り方    │
└─────────────┘    └─────────────┘    │   生き方についての思索  │
                          ⇩            └──────────────────┘
                   ┌──────────────────────┐    ⇧
➡ 生徒の理解や思索     │ ・先哲の基本的な考え方      │
⇨ 教材を通じた学習活動  │ ・現代社会の特質と課題      │
                   │ ・日本の思想や文化の伝統    │
                   └──────────────────────┘
```

図1-1　東京都高等学校倫理・社会研究会による「倫理」の内容の系列と構成

東京都高等学校倫理・社会研究会編『公民科「倫理」の指導内容の展開—「人間としての在り方生き方」についての自覚を深めさせる「倫理」—』清水書院，1992年，p.348 より。

　単元モデルを実践することは，教育研究として一定の意義があるといえよう。しかし，そのための基本的な枠組みはあくまでも学習指導要領であり，その全体の構造そのものに対する吟味については，図を示すことに止まっており，十分に行われているとはいえない。

　また，各大項目に対する批判は必ずしも十分とはいえない。先ず，大項目（1）に関して，「倫理」学習の導入にあたり，特に「青年期学習」として行う意義について論じているが，自らの生き方を選択しようとして倫理の問題に気付いた高校生に，先ず青年期の発達的特質という心理学的知識を教えることは効果的なのであろうか[39]。基本的に倫理の問題とは周りの世界，社会との問題である。先ず，社会で生じ生徒にも関わる問題に向き合わせることが，彼らの生き方の選択に必要なのではないか。本研究会は「青年期学習」で社会の観点からの自己理解も目指すとするが，これこそが，社会認識を通して市民的資質育成を目指す公民科としての「倫理」の導入に必要だと考えられる[40]。しかし，ここで取り上げるべき社会の観点とは何か，またそれをどのように学習させ，自己の理解へとつなげるのかは述べられていない[41]。他に，大項目（1）イの内容に関しては，先人の考えを学習させることを通して，自己の生き方に目覚め，それを求めさせるものだとしながらも，どう学習させるのかまでは述べられていない[42]。ここで扱うとされる先人の考え

第1章　「市民性教育」としての「倫理」の意義　23

も，先の心理学的知識も，社会の倫理に対する生徒の問題意識とよく関連付けなければ，教え込みになってしまい，年間を通して自己の価値観形成をしていく学習の導入にはならないと考えられる。

　次に，大項目（2）に関して，「青年期学習」における社会的問題の学習の発展として位置付けるもの（すなわち展開部に相当すると考えられる）として，民主社会の倫理を基準に倫理的課題について考察させ，現代社会の諸問題を考える力を育成すると論じている[43]。しかし先に述べた通り，導入部である「青年期学習」等において，どのような社会の問題を取り上げるか明確でない上に，この展開部で民主社会の倫理の学習をさせれば，教え込みに止まってしまい，生徒による倫理的課題の追求は続かないと考えられる。

　最後に，大項目（3）に関して，主題化等の内容精選の工夫は論じられているが，「日本の思想・文化学習の意味」そのものについては明確でない[44]。これを終結部として扱うのか，それとも展開部の続きとして扱うのか（そうであるならば，それまでの学習とどう関連づければよいのか，終結部はどうすればよいのか）等について論じられていない。「日本人としての自己理解のため」としながらも，どう扱うべきかも論じられていない[45]。

　本研究会による「倫理」カリキュラム開発の視点や工夫点は，高等学校教師らによる長い実践的研究を踏まえた意義ある提案ではあるが，本書で示されているカリキュラムは，生徒が現代社会の問題の認識を通して，それに対する自己の価値観形成をしていくようにはなっていないと考えられる。教えるべき内容として心理学的知識，先人の考え，日本の文化や伝統，さらに風土や思想等を示しているが，それらを生徒がどのように手がかりにして，自己の価値観形成をしていくのか，そもそもどのような社会問題を学習すればよいのかという，「市民性教育」としての「倫理」カリキュラムを編成し，開発していく上で必要な視点が明らかではない。

24　第1部　「倫理」カリキュラム改革のための基礎研究

(2) 日本公民教育学会編『テキストブック公民教育』のカリキュラムの課題

　本書を発行する日本公民教育学会は，「高校公民科の設置という新しい事態」を具体的契機にして「戦後社会科の中核的位置を占めてきた公民教育の学会」として初めて1989年12月に設立された[46]。以来，研究大会の開催，会報や学会誌，テキスト，事典の発行等を行っており，「我が国の公民教育の中心的な役割を担う学会」とされる[47]。本学会によれば，公民教育は，「現代社会の理解を手がかりに，様々な社会的課題を解決していく力を身に付け」させ，「これからの国家や社会の形成に積極的に参画していく有能な市民」を育成することを使命とする[48]。また公民教育は，各国のシティズンシップ教育と「ほぼ同義」であり，「今日の厳しい生活の困難とその由来，山積する深刻な社会問題の実態とその背景にある構造を，生徒自らがその生活から科学的に認識しつかみ，〈どのような社会をつくらなければならないか〉を考える力を培うことの『人間形成』的価値は大きい。」とする[49]。これらの記述からは，本学会が科学的な社会認識を通して，社会及びその在り方に対する価値観形成と価値観形成する力とを育成する公民教育の意義を主張していると読み取れる。こうした資質育成に関する本学会の考え方は，本研究で目指す「市民性教育」としての「倫理」の考え方とも通底している。

　では「学生が公民教育の授業づくり（学習指導計画と学習指導案の作成）をするための支援を主たるねらい」とし，公民科等の各科目の「年間指導計画や学習指導案作成の手順，学習指導案の事例を豊富に紹介」している本書では[50]，どのような「倫理」カリキュラム全体の構造とカリキュラム開発の視点や工夫点とを示しているのか。

　本書は，2009年に改訂された高等学校学習指導要領による公民科「倫理」[51]の内容構成，各項目の意味について独自の解釈を行い，カリキュラム開発の視点や工夫点について論じるとともに，学習指導要領の全ての大項目及び中項目それぞれについて単元レベルの「具体的な学習展開例」を示している[52]。

第1章 「市民性教育」としての「倫理」の意義　25

　本書の「第Ⅵ章　高等学校公民科の学習指導計画と学習指導案作成」の「『倫理』　1　『倫理』の年間指導計画と授業づくり」には、「年間指導計画の作成に当たって特に留意することは、大項目（1）（2）（3）それぞれの特色を生かしながら、適切な配分を考えること」とある[53]。

　先ず、学習指導要領の大項目「（1）　現代に生きる自己の課題」に関しては、「青年期に関する内容」が「倫理」学習全体の導入として位置付くものであり、「全体の内容と一体感をもって構成される」必要があるとする。そのために「生徒に考えさせる工夫」が必要だとする[54]。

　次に、大項目「（2）　人間としての在り方生き方」に関しては、知識・理解に偏らないように、「源流思想や芸術、日本思想を自己とのかかわりにおいてとらえさせることができるような工夫」が必要だとする[55]。

　最後に、大項目「（3）　現代と倫理」に関しては、その「ア　現代に生きる人間の倫理」について、「あくまでも学習指導要領に挙げられている『人間の尊厳と生命への畏敬、自然や科学技術と人間とのかかわり、民主社会における人間の在り方、社会参加と奉仕、自己実現と幸福など』について考えさせる授業の流れをつくることに留意しなければならない。」とし、「西洋近現代思想史の学習」、「思想史や思想家の学習」と捉えないよう求めている。そのために、学習指導要領解説にもあるように、先哲の思想を「手掛かり」にする視点をとる必要があるとする[56]。

　また、大項目（3）の「イ　現代の諸課題と倫理」については、十分時間を取る必要があり、「授業内容にも授業方法にも、最も教員の『工夫』が求められるところであり、『倫理』のクライマックスであるという意気込みで年間指導計画を立てるべき」だとする[57]。

　このように各大項目ごとにカリキュラム開発するための視点や工夫点を示す他に、「倫理」カリキュラム全体の構造に関しても論じている。

　先ず、道徳教育（すなわち「在り方生き方教育」）との関連からとして、「倫理」は「基本的にはその全体にわたって、学習事項の理解から進んで、『課

26 第1部 「倫理」カリキュラム改革のための基礎研究

題探究』・『言語活動』を重視し自己探求を深めるような工夫」が求められるとする[58]。

次に，全体の時間配分をして実践する中で，大項目（3）のイが「時間切れ」に終わることは，「倫理」の理念から大きく外れることであり絶対に避けるべきだとする[59]。

以上のように本学会は，改訂された学習指導要領公民科「倫理」の趣旨，内容構成を基本としながらも，それに対し独自の解釈を加え，公民教育（ないし「市民性教育」）としての「倫理」カリキュラムを開発していく上での視点や工夫点について論じ，具体的な単元開発も行っていた。しかし，その基本的枠組みはあくまで学習指導要領であり，全体の構造に対する吟味は十分とはいえない。

本書では，「青年期に関する内容」を導入と位置づけ，学習指導要領の大項目（3）のイを「クライマックス」であり「時間切れ」に終わらせないよう求めており，大項目（1），（2），（3）を，それぞれ「倫理」カリキュラムの導入，展開，終結に相当するものと捉えている[60]。しかし，この全体の構造によれば，思想史や思想家についての「知識・理解」に偏らず，（道徳教育の観点から求められているとする）「自己探求を深める」学習ができるのかどうか，効果的であるのかどうかは論じられていない。

また，本書は「基本的にはその全体にわたって，学習事項の理解から進んで，『課題探究』・『言語活動』を重視し自己探求を深めるような工夫」を求めており，自己の探求（ないし自己の価値観形成）のため，先ず関連する知識の理解をさせることが前提になっていると考えられる[61]。

具体的には，大項目（1）に関しては，「青年期に関する内容」を理解させ，全体の導入とするために，「生徒に考えさせる工夫」が必要としつつ，生徒に年間を通じて自己の探求をさせるために，「青年期に関する内容」が導入として必要だとは論じていない[62]。また大項目（2）に関しては，「源流思想や芸術，日本思想を自己とのかかわりにおいてとらえさせることがで

第 1 章 「市民性教育」としての「倫理」の意義　27

きるような工夫」が必要としつつも，生徒が自己の探求をするために，思想
をどう「手掛かり」とすればよいかは論じていない[63]。大項目（3）でも，
先哲の思想を「手掛かり」にする視点が必要としながらも，そのためのカリ
キュラム開発上の工夫について論じていない[64]。

　これまでの本書の説明によると，学習指導要領の各大項目で示された知識
をそれぞれ理解させるために，「生徒に考えさせる工夫」をして，「自己との
かかわりにおいてとらえさせ」，「学習事項の理解から進んで，『課題探究』・
『言語活動』を重視し自己探求を深めるような工夫」をすることに止まって
おり，このままでは本学会が目指している，生徒が生活上の困難や現代社会
の深刻な問題の背景を科学的につかみ，社会に対する自己の価値観を形成す
る力を育成するカリキュラムにはならないと考えられる。

（3）高等学校現場におけるカリキュラム開発の課題

　これまで，高等学校現場での実践的研究の蓄積を通して開発されてきた
「倫理」カリキュラムの典型を分析したが，「市民性教育」としての「倫理」
カリキュラムを開発する視点からは，次のような課題を抱えていると考えら
れる。

　基本的に，高等学校学習指導要領が示す公民科「倫理」の内容構成を基本
的な枠組みとしており，それが市民的資質を育成する観点からどのような課
題を内包しているかについての吟味は十分になされていない。

　また，各項目ごとにカリキュラム開発するための視点や工夫点を示してい
るが，それは現代社会の認識についてよりも，またそれに対する自己の価値
観を形成することよりも，あくまで手がかりであるはずの思想や価値観をい
かに教え理解させるかということが中心となっている。

　一方で，生徒の価値観形成のためにはどのような現代社会の認識をさせれ
ばよいか，また，生徒にいかに，現代社会及び手がかりとなる思想や価値観
を認識させ，自己の価値観を形成させていけばよいのかという点については

示されていない。

3 「市民性教育」としてのカリキュラム開発の視点と課題

先に明らかにしたように，今日求められる「市民性教育」としての「倫理」カリキュラムは，現代の倫理的問題に対する価値観を自ら吟味したり，修正したりする「価値観形成力」を育成するものである。このために，生徒が自ら科学的な現代社会の認識を通して自己の価値観を吟味したり，必要であれば修正したりしていくものとなる。すなわち生徒が，主体的で開かれた価値観形成をしてみるもの，またそれを年間を通じて繰り返していくものとなる。

このようなカリキュラム開発のための基本的な視点に基づき，これまで実践的研究によって開発されてきた典型的な公民科「倫理」カリキュラムを分析してみると，それらは先哲等の思想や考え方すなわち価値観を理解させる視点や工夫点を示すことに止まっている。価値観をいかに手がかりにして，生徒が自己の価値観を形成してみるのか（さらにはそれを繰り返すのか），科学的な現代社会（例えば現代社会の倫理的問題）の認識はどうすればよいのかは明らかでない。すなわち，いかに生徒が主体的に開かれた価値観形成を繰り返ししてみればよいのかについては明らかでなかった。

こうした課題の背景には，これらのカリキュラムが，高等学校学習指導要領公民科「倫理」の趣旨及び全体の内容構成を，吟味し内在する課題点を明らかにすることのないまま，基準として受け入れ，開発されてきたものであることがあると考えられる。

「市民性教育」としての「倫理」カリキュラムを開発していくには，主体的で開かれた価値観の形成を，どのような内容で，いかに行うかという視点から，さらに異なるカリキュラムを分析していく必要がある。すなわちどのような現代社会の倫理的問題等をどのように認識させていくか，またそれに対する既存の価値観をどのように手がかりにさせて，自己の価値観を吟味し

たり，修正したりさせていくかという視点から，さらにこれまで開発されて
きたカリキュラムを分析し，その課題をも克服しうるものを構築していかな
ければならない。

　先ずは，高等学校現場でカリキュラムを開発する基準となってきた高等学
校学習指導要領について，「市民性教育」としての「倫理」カリキュラム開
発の視点から（各改訂ごとの趣旨や内容構成も踏まえて）分析し，いかなるカリ
キュラム編成上の課題を抱えているのかを明らかにしなければならない。

［註］
1 ）二宮皓編著『市民性形成論』日本放送出版協会，2007 年，pp.17，36，71-72，
　　224．小玉重夫『シティズンシップの教育思想』pp.11，19，109，173．吉村功太郎
　　「シティズンシップ教育としての社会科」社会認識教育学会編『新社会科教育学ハ
　　ンドブック』明治図書，2012 年，pp.102-108．社会認識教育学会編『公民科教育』
　　学術図書出版社，2010 年，p.22．臼井嘉一編著『シティズンシップ教育の展望』ルック，
　　2006 年，pp.6-15 他参照．臼井は社会科教育学において起きた「公民的資質」と「市
　　民的資質」をめぐる議論について詳述している。本研究では，より民主主義的な
　　性格を持つとされ，価値多元な現代社会に求められると考えられる「市民的資質」
　　を用いている。
2 ）二宮皓編著，同書，pp.21，26-27．森分孝治「市民的資質育成における社会科教
　　育―合理的意思決定―」社会系教科教育学会『社会系教科教育学研究』第 13 号，
　　2001 年，pp.47-48．小原友行「公民的資質の育成をどう変えていくか」社会認識
　　教育学会著『社会科教育の 21 世紀』明治図書，1985 年，pp.124-134 参照．イギリ
　　スのシティズンシップ教育も，その育成すべき資質の中核には認識があると考え
　　られる。（B．クリック著，関口正司監訳『シティズンシップ教育論』法政大学出
　　版局，2011 年，pp.214-215 参照．）
3 ）二宮皓編著，同書，pp.26-27 参照．
4 ）内海巖編著『社会認識教育の理論と実践―社会科教育学原理―』葵書房，1971
　　年，p.7．森分孝治・片上宗二編『重要用語 300 の基礎知識』明治図書，2000 年，
　　pp.106，242．文部科学省『高等学校学習指導要領解説　公民編』教育出版，2010 年，
　　p.5．
5 ）森分孝治『現代社会科授業理論』明治図書，1984 年，p.106．他に，内海編著，同書，

p.102. 森分孝治，前掲論文 2），p.47. 澤瀉久敬『哲学と科学』NHK ブックス，
1967 年，p.142. 見田宗介『価値意識の理論』弘文堂，pp.70-71, 172. 社会認識教
育学会編，前掲書 1），p.23 参照.

6）社会認識教育学会編，前掲書 1），p.2.

7）文部科学省，前掲書 4），p.5.

8）森分孝治・片上宗二編，前掲書 4），p.242.

9）文部科学省，前掲書 4），p.24. 文部省『高等学校学習指導要領解説　公民編』実
教出版，1989 年，p.49.

10）文部科学省，前掲書 4），pp.24-25.

11）文部科学省，前掲書 4），p.25.

12）文部科学省，前掲書 4），p.25. 文部科学省『高等学校学習指導要領解説　総則編』
東山書房，2009 年，pp.18-19.

13）文部科学省，前掲書 4），p.7.

14）小原友行「学習の主体性」全国社会科教育学会『社会科教育論叢』第 35 集，1988 年，
p.71 参照. 社会科教育は成立当初から，子どもの主体的な学習を理念としている。
なお学習指導要領の公民科の目標においては，1999 年の改訂以降，（現代社会につ
いて）「主体的に考察させ」ることが明記されている。

15）文部科学省，前掲書 4），p.25.

16）社会認識教育学会編，前掲書 1），pp.22-23. 大杉昭英「社会認識体制の成長を
めざす社会科・公民科授業」全国社会科教育学会『社会科研究』第 60 号，2004 年，
pp.11-20 参照. 大杉は，「公共政策の正当性を判断する基準」という意味で「倫理
的判断基準」という語を用いているが，これは価値認識や価値観の意味に近い。

17）森分孝治「市民的資質育成における社会科教育—合理的意思決定—」社会系教科
教育学会『社会系教科教育学研究』第 13 号，2001 年，pp.45-46.

18）森岡清美他編『新社会学辞典』有斐閣，1993 年，p.197.

19）見田宗介，前掲書 5），pp.23, 80. 依田新他編『現代青年の性格形成』金子書房，
1973 年，p.150.

20）内海巌編著，前掲書 4），pp.102-103. なお，社会認識教育学を社会科教育学の
本質と捉え，「行政的に規定された教科名」でない「教科教育学の独自な性格にみ
あう適切な名称」として，この呼称を用いることとなった。（同書，pp.7-8.）

21）森分孝治，前掲書 5），pp.107-108.

22）森分孝治，前掲論文 2），p.49.

23）金子邦秀「市民科としての社会科」社会認識教育学会編『社会科教育学ハンドブッ

ク』明治図書，1994 年，pp.107-116.

24）小原友行，前掲書 2），p.126. 他に，小原友行「社会科における意思決定」社会認識教育学会編『社会認識教育学ハンドブック』明治図書，1994 年，pp.167-175. 大杉昭英「社会科における価値学習の可能性」全国社会科教育学会『社会科研究』第 75 号，2011 年，pp.1-10. 溝口和宏「社会科と市民社会」社会認識教育学会編『新社会科教育学ハンドブック』明治図書，2012 年，pp.35-42 参照.

25）波多野誼余夫編『自己学習能力を育てる学校の新しい役割』東京大学出版会，1980 年，pp.137-139，152-155. 小原友行「生涯学習時代における学校教育の課題」広島大学学校教育学会『学校教育学会紀要』第 1 号，1992 年，pp.35-42. 井上尚美『思考力育成への方略――メタ認知・自己学習・言語論理―〈増補新版〉』明治図書，2007 年，pp.203-210. 育成すべき資質・能力を踏まえた教育目標・内容と評価の在り方に関する検討会「論点整理　平成 26 年 3 月 31 日」文部科学省 HP（http://www.mext.go.jp/，2014 年 9 月 30 日確認済）参照.

26）社会認識教育学会編『改訂新版　公民科教育』学術図書出版社，2000 年，p.3. 他に，池内了『科学の限界』筑摩書房，2012 年，pp.7-14 参照.

27）加藤尚武『哲学原理の転換』未來社，2012 年，p.20. 他に，加藤尚武『価値観と科学／技術』岩波書店，2001 年，pp.v‐xi 参照.

28）同書，2012 年，p.30.

29）育成すべき資質・能力を踏まえた教育目標・内容と評価の在り方に関する検討会前掲資料 23），pp.21-24. G. ウィキンズ／J. マクタイ著，西岡加名恵訳『理解をもたらすカリキュラム設計―「逆向き設計」の理論と方法』日本標準，2012 年，pp.347-349 参照.

30）見田宗介，前掲書 5），pp.169，172，198-204，252-264 参照.

31）小原友行，前掲論文 24），p.37. 三宮真智子編著『メタ認知』北大路書房，2008 年，pp.9-11. 清水寛之編著『メタ記憶』北大路書房，2009 年，p.171. 丸野俊一『【内なる目】としてのメタ認知』至文堂，2008 年，p.167 参照.

32）東京都高等学校倫理・社会研究会（都倫研）は，高等学校学習指導要領に社会科「倫理・社会」が設置されるのに先立ち 1962 年 11 月に創立され，公民科「倫理」が設置されて以降も大会及び研究例会の実施，紀要（『都倫研紀要』）や出版物刊行等の実践的研究活動を推進している。また，この研究会が中心となり，1964 年 11 月に創立された全国高等学校「倫理」「現代社会」研究会（全倫研）は，全国研究大会の実施，研究会報，研究紀要，全国調査報告書の刊行等の実践的研究活動を推進し，2002 年 8 月に，同様に全国規模で社会科・公民科教育の実践的研究活動

32　第1部　「倫理」カリキュラム改革のための基礎研究

を推進してきた「公民科・社会科教育全国協議会」（公社全協）と統合し，「全国
公民科・社会科教育研究会」となり現在に至る（2014 年 7 月現在）。

33）東京都高等学校倫理・社会研究会編『公民科「倫理」の指導内容の展開—「人間
としての在り方生き方」についての自覚を深めさせる「倫理」—』清水書院，1992 年，
p.1.

34）同書，p.2.

35）同書，p.347.

36）文部省，前掲書 9），pp.48-74 参照.

37）東京都高等学校倫理・社会研究会編，前掲書 33），pp.347-352.

38）東京都高等学校倫理・社会研究会編，前掲書 33），p.348.

39）東京都高等学校倫理・社会研究会編，前掲書 33），p.348.

40）東京都高等学校倫理・社会研究会編，前掲書 33），p.348.

41）東京都高等学校倫理・社会研究会編，前掲書 33），p.348.

42）東京都高等学校倫理・社会研究会編，前掲書 33），p.348.

43）東京都高等学校倫理・社会研究会編，前掲書 33），p.349.

44）東京都高等学校倫理・社会研究会編，前掲書 33），p.349.

45）東京都高等学校倫理・社会研究会編，前掲書 33），p.349.

46）日本公民教育学会編『公民教育の理論と実践』第一学習社，1992 年，pp.3,
230.

47）日本公民教育学会編『公民教育事典』第一学習社，2009 年，p.264. 他に，日本
公民教育学会 HP（http://www 7 b.biglobe.ne.jp/，2014 年 10 月 5 日確認済）参照.

48）同書，p.3. また近年，「今後の公民的資質像」として，現代社会の認識と同時に
社会の見方や考え方を身に付けること，その見方や考え方を用いて幅広い知識や
識見を養うこと，学校で扱う知識の実際化・実用化をすることも主張されている。
（日本公民教育学会編『テキストブック公民教育』第一学習社，2013 年，p.9 参照.）

49）日本公民教育学会編『テキストブック公民教育』第一学習社，2013 年，まえがき，
p.32.

50）同書，まえがき.

51）文部科学省，前掲書 4），pp.24-41 参照.

52）日本公民教育学会編，前掲書 49），pp.134-157.

53）日本公民教育学会編，前掲書 49），p.134.

54）日本公民教育学会編，前掲書 49），p.134.

55）日本公民教育学会編，前掲書 49），p.134.

第 1 章 「市民性教育」としての「倫理」の意義 　33

56）文部科学省，前掲書 4），pp.28, 40. 日本公民教育学会編，前掲書 49），p.134 参照.

57）日本公民教育学会編，前掲書 49），p.134.

58）日本公民教育学会編，前掲書 49），p.135.

59）日本公民教育学会編，前掲書 49），p.135.

60）日本公民教育学会編，前掲書 49），p.135.

61）日本公民教育学会編，前掲書 49），p.135.

62）日本公民教育学会編，前掲書 49），pp.134-135.

63）日本公民教育学会編，前掲書 49），p.134.

64）日本公民教育学会編，前掲書 49），pp.134-135.

第2章 「市民性教育」からみた
「倫理」カリキュラムの現状と課題

　これまで見てきたように，今日求められる「市民性教育」としての「倫理」カリキュラムとは，生徒が現代の倫理的問題の認識を通して，それに対する自己の価値観を，他者の価値観を手がかりにして自ら吟味したり，修正したりする「価値観形成力」を育成しようとするものである。ここでは生徒が繰り返し，自ら科学的な現代社会についての認識をして，それに対する自己の価値観を吟味したり，修正したりすることになる。

　しかし，これまで高等学校現場等で開発されてきた典型的な公民科「倫理」カリキュラムを分析したところ，いかに現代社会（例えば現代社会の倫理的問題）の認識について行えばよいのか，また，いかに生徒が他者の思想や価値観を手がかりにして自らの価値観を吟味したり修正したりすればよいのか，さらには，いかにこのような主体的で開かれた価値観の形成を繰り返していくのかについて明らかにされていなかった。こうした課題の背景には，それらのカリキュラムが，高等学校学習指導要領公民科「倫理」について吟味することのないまま基準として受け入れ，カリキュラムを開発してきたことがあると考えられるのである。

　このことから，「市民性教育」としての「倫理」カリキュラムを構築していくには，これまでの高等学校学習指導要領のねらい及び内容構成がカリキュラム編成上，いかなる課題を内包しているのかを明らかにしていく必要がある。

　以上のことから第2章では，「倫理」等科目の各改訂の趣旨や目標及び内容構成の分析を行い，これまでの高等学校学習指導要領「倫理」がカリキュラムを開発する上で内包している課題を明らかにしていく。

36 第1部 「倫理」カリキュラム改革のための基礎研究

第1節 学習指導要領「倫理」カリキュラムのねらい
―「在り方生き方」の確立―

　公民科「倫理」とともに，それに先立つ社会科「倫理・社会」及び社会科「倫理」についても分析の対象とする。これらの科目には一貫するねらいがあったのではないか。ただしそれは，新たな公民科「倫理」となって変容していったのではないか。例えば各改訂の趣旨等と関連して，昭和35年版高等学校学習指導要領で社会科「倫理・社会」として新設されて以来，道徳教育の充実というねらいを抱えてきたことも考えなくてはならない。これらの視点から，「倫理」等科目が内包してきたねらいを明らかにしていく。

1　「倫理」等科目のねらい

(1) 1960（昭和35）年版高等学校学習指導要領社会科「倫理・社会」

　「倫理」等科目としては先ず，1960（昭和35）年10月に告示された高等学校学習指導要領において，社会科に科目「倫理・社会」が新設された。

　道徳教育の徹底という方針が当時打ち出される中で，全教育活動を通じ行う道徳教育の充実強化のため，社会科の科目として「倫理・社会」が設けられた[1]。高校生は「人生に対して疑問をもち，人生や社会に関する問題を理論的に追求しようとする傾向が強くなる」ため，ここでは，「人間性の理解を深め，人生観，世界観を追求するとともに，現代社会と人間関係について理解させよう」とした[2]。ただし「単に心理学，社会学あるいは倫理思想史といったものの縮刷版を取り扱おうとするものではなく，これらの専門的な学問の成果を生かしながら，さまざまな角度や立場から，人間のあり方について総合的理解を得させ，人生いかに生きるべきかについて思索させることをねらい」としていた[3]。

　またその目標においては，高校生の発達の段階を考慮して，社会科の科目

として様々な角度や立場から人間のあり方について総合的に理解させ，人生いかに生きるべきか思索をさせる，特に現代社会や人間関係について理解や思索をさせることが重視されており，これにより生徒の「自主的な人格の確立」，「人生観，世界観の確立」に資することがねらいとされた[4]。また「人生観・世界観の確立」に資するために，先哲の「基本的な考え方」を理解させるだけでなく，それを現代社会に生きる自己の問題と結び付け「考察する能力と態度」の育成まで求められた[5]。

このように新設された「倫理・社会」は，高等学校における道徳教育の充実強化のために設けられたが，あくまで社会科の科目として，社会について認識を通して，生徒の価値観形成に資することが求められていたのである。（さらには価値観を形成する能力や態度育成まで意図されていた。）ただし社会や人間の総合的な理解を，先哲の価値観の理解といかに結びつけるのかは明確には示されなかったと考えられる。

(2) 1970（昭和45）年版高等学校学習指導要領社会科「倫理・社会」

続く，1970（昭和45）年10月改訂の高等学校学習指導要領においては，社会科の持つ使命と役割は「一貫して変わらない」とした上で，「高等学校社会科では，各科目にも態度や能力に関する目標が設定されて，その面での科目の特色が示されている。」とする[6]。「倫理・社会」には，昭和35年版のねらいを継承するとともに，特に「青年期における自己形成の課題の自覚」をさせること，また「現代社会に生きる人間として望まれる自主性，自立的な態度とそれに必要な能力」を養うことが求められた[7]。

また道徳教育に関して「倫理・社会」は，中学校の「道徳」と密接な関連があり，両者とも「道徳教育についてきわめて重要な使命と役割をもち，目標および内容に関して基本的に共通なものをもっているが，指導の性格や観点には異なったものがある。」として，「生徒の発達段階を考慮し，思索を深めるための理論的考察に重点がおかれるとともに，人間を自律性の主体であ

38 第1部 「倫理」カリキュラム改革のための基礎研究

る人格としてとらえることにおいて，深い意義づけがなされている。」等，
社会科の科目として「倫理・社会」を指導する上で着目すべき観点が示され
た[8]。

　また目標においては，「人格の形成」，「人生観・世界観の確立」に資する
だけでなく，目標（1）で「理解力や判断力」，また同（3）では「行為の倫
理的な価値や基準について判断できる能力」，さらに同（4）では，生徒が
主体的に現代社会に生きる自己の価値観形成をする能力や態度についてそれ
ぞれ育成が求められた[9]。一方，昭和35年版の目標と比較して現代社会や人
間についての総合的な理解や思索を通すことに関する記述が減少していると
考えられる[10]。他に，「倫理的価値に関する理解力や判断力」を養うこと，
「行為の倫理的な価値や基準について判断できる能力」の育成が求められて
おり，倫理的な価値が学習内容として明確に位置付けられた[11]。

　このように本改訂で「倫理・社会」は，引き続き高等学校の道徳教育で重
要な使命と役割を果たすことが求められた。また先の学習指導要領と比べる
と，価値観形成に関する能力等の育成が重視されることになった。ただし，
現代社会等の認識については重視されておらず，その結果として，倫理的価
値そのものの理解が求められていたと考えられる。

(3) 1978（昭和53）年版高等学校学習指導要領社会科「倫理」

　1978（昭和53）年8月に告示された高等学校学習指導要領では，「倫理・社
会」に替えて「倫理」が社会科の選択科目として新設された[12]。これは「中
学校社会科との関連を図り，高等学校教育として必要とされる基本的内容を
精選して構成するとともに，高等学校における各選択科目の基礎をなすもの
として設けられた広領域的な科目」として[13]，原則1年生が履修する新設の
「現代社会」を踏まえて，「生徒の興味・関心に応じて選択履修ができるよう
に」設けられたものである[14]。

　また道徳教育に関しては「倫理」の改訂の要点として，「人間の存在や価

第2章 「市民性教育」からみた「倫理」カリキュラムの現状と課題 39

値についての理解と思索を深めさせ，生徒の人生観・世界観の確立に資するとともに，自主的な人格の形成に努める実践的な態度を育てる科目として目標，内容を組織した。」とあり[15]，特筆はされていないが，従前の「倫理・社会」と同様に，高等学校における道徳教育への寄与が求めらていたと考えられる。

　新設科目「倫理」としてのねらいは，「倫理，哲学などに関する基本的な問題について学ぶことにより，生徒が自ら人生観・世界観の形成を図ることができるようにする」ことであり，「人間についての客観的認識から，更にいかに生き，いかなる人間になることを目指すかという主体的自覚にまで至ること」が目指された[16]。すなわち「『現代社会』を基礎とし，更に人間の存在や価値についての理解と思索を深めさせることを目指し，生徒自らが人生観，世界観を確立していく基礎として一層役立つことができるよう人間の存在や価値についての理解と思索を深めさせ，自主的な人格の形成に努める実践的な態度を育てること」が目指されたと考えられる[17]。なお「倫理」の目標からは，人生観・世界観の確立という記述がなくなったが，「人間の存在や価値についての理解と思索を深めさせる」ことが，「自らの人生観・世界観の確立」を目指していることに変わりはなかった[18]。また現代社会の認識は大切だとして，「『現代社会』の学習の成果を生かして指導するように配慮して目標，内容を定めている。」と説明されているが，目標には，具体的に現代社会の認識に関わる表現はされなかった[19]。

　このように本改訂により新設された選択科目「倫理」では，「倫理・社会」に引き続いて生徒の価値観形成を図ることが目指されていた。しかし，昭和35年版以来求められてきた現代社会の認識も，昭和45年版で求められていた価値観形成に関する能力等の育成も特には目指されなかった。したがってこの科目では，人間の存在や価値についての理解と思索によってのみ，生徒の価値観形成に資することが目指されていたと考えられ，結果として教師が先哲らの価値観を生徒に教え込むことにつながるものであったと考えられる。

40　第1部　「倫理」カリキュラム改革のための基礎研究

すなわち，開かれた主体的な価値観形成，すなわち生徒が現代の倫理的問題の認識を通して，それに対する自己の価値観を自ら吟味・修正し，それにより「価値観形成力」を育成していくことは，従前の「倫理・社会」よりも難しくなったと考えられる。

(4) 1989（平成元）年版高等学校学習指導要領公民科「倫理」

　1989（平成元）年3月の高等学校学習指導要領告示により，高等学校社会科は再編成され，公民科が新設された。このことについては，社会の変化及び児童生徒の発達の段階を考慮して，「日本人として必要な資質」を育成するため，「総合的な学習から次第に専門的，系統的な学習へ発展するよう内容の再構成」がされ，「中学校の社会科における学習との関連を考慮して内容の発展充実を図るため，社会科を再編成して地歴科及び公民科の二つの教科を設ける。」と説明された[20]。公民科全体としては「公民としての資質を育成することの一層の充実を図るため，広い視野に立って，現代の社会についての理解を深めさせるとともに人間としての在り方生き方についての自覚を深めさせるように内容を構成した。」とされ，これにより「生徒の発達段階や科目の専門性・系統性，科目相互の関連に配慮」しつつ，これからの社会に生きる公民としての資質育成が可能になったとする[21]。またこの公民科は「現行の高等学校社会科の科目である『現代社会』，『倫理』及び『政治・経済』をもって構成」されることとなり[22]，「現代社会」または「倫理」・「政治・経済」を全生徒が履修することになった。したがって「現代社会」のみ必修とされ「倫理」は選択科目であった昭和53年版に比べ，生徒が科目「倫理」を選択する可能性は拡大した。

　特に「倫理」のねらいは，「従来必ずしも十分成果を上げているとは言い難い道徳教育の充実を図ることを目指」し，高校生の発達の段階を考慮して「人間の在り方に深く根ざした人間としての生き方に関する教育を推進する」こととされ[23]，「現代社会」，特別活動とともに，「人間としての在り方生き

方に関する教育」（すなわち「在り方生き方教育」）の中核的な指導の場面とされ，「青年期の課題を踏まえ，人間としての在り方生き方を日本や世界の先哲の基本的な考え方を手掛かりに学習させるよう内容を構成している。指導にあたっては生徒自らが人生観・世界観を確立するための手掛かりを得させるよう様々な工夫を行う必要がある。」とされた[24]。

　これらを踏まえた「倫理」の目標では，人格の形成に努められるよう，青年期の自己形成及び「在り方生き方」（すなわち自己の価値観）について理解と思索を深めることが目指されている[25]。ただし，そのための現代社会及び根本にある倫理的問題の認識については特に説明がない。既述の通り，この「倫理」のねらいの中心は，日本や世界の先哲の基本的な考え方を手がかりにして，「生徒自らが人生観・世界観を確立」するための学習をさせることであるが，現代社会についての認識がなければこれらは不十分なものに止まり，結果として，生徒の主体的な価値観の形成はできないと考えられる。

　このように本改訂で新設された公民科には，変化の激しい現代社会の有意な形成者として必要な公民的資質の育成が求められることとなり，特に「倫理」は，生徒の実態を踏まえた高等学校における道徳教育である「在り方生き方教育」の中核として位置付けられた。また「倫理」には，社会科の「倫理」等科目に引き続いて，生徒の人生観，世界観の確立，すなわち価値観の形成に資することが求められたが，より主体的なそれが目指されるようになったと考えられる。ただし，手がかりであるはずの先哲の考え方を学習させることに重点が置かれ，現代社会及び倫理的問題の認識については重視されないままであった。

　したがって，この「倫理」だけで，生徒が主体的で開かれた価値観を形成することは困難だったと考えられる。本改訂において「在り方生き方教育」の中核としては位置付けられなかった「政治・経済」と「有機的な関連」を図ることにより，ようやく可能となるものであったと考えられる[26]。これらのことから，公民科「倫理」のねらい及び目標は，現代社会の倫理的問題の

42　第1部　「倫理」カリキュラム改革のための基礎研究

認識を通して自己の価値観を形成してみることで，自ら価値観を形成する資質の育成を可能にするものとはなっていなかったと考えられる。

(5) 1999（平成11）年版高等学校学習指導要領公民科「倫理」

1999（平成11）年3月の高等学校学習指導要領の改訂は，「完全学校週5日制の下で，各学校が〔ゆとり〕の中で『特色ある教育』を展開し，豊かな人間性や基礎・基本を身に付けさせ，個性を生かし，自ら学び自ら考える力などの〔生きる力〕を培うことを基本的なねらい」としていた[27]。その公民科の「改善の基本方針」は，「現代社会についての理解や人間としての在り方生き方についてこの自覚を深めることを重視」するとして，「現行の三つの科目の特質を一層明確にするよう内容の改善を図るとともに，内容を厳選する。特に，課題を設定し追究する学習を重視し，各科目でそれぞれの特質に応じた諸課題を選択的に取り上げて考察し，社会的事象に対する客観的で公正な見方や考え方を深めることができるようにするとともに，現代社会の諸課題と人間としての在り方生き方について考える力を一層養うことができるようにする。」とされ[28]，特に「倫理」については，「自己や現代社会の倫理的課題を主体的に追究し，人間としての在り方生き方について理解と思索を深め，生きる主体としての自己の形成が図れるようにすることに重点を置く。」とされた[29]。なお本改訂では，公民科の「現代社会」又は「倫理」・「政治・経済」を必履修することに変更はなかったが，「現代社会」の標準単位数はこれまでの4単位から，「倫理」，「政治・経済」と同じ2単位に減り，この「現代社会」の履修をもって，公民科について必要な単位を履修したものとすることも可能となった。

このように，本改訂の基本的なねらいである「生きる力」を育成するために，道徳教育全体が重要とされており，「自分自身や自己と他者との関係，さらには，広く国家や社会について強い関心をもち，人間や社会の在るべき姿について考えを深める時期」にあり，「生きる主体としての自己を確立

第2章 「市民性教育」からみた「倫理」カリキュラムの現状と課題　43

し，自らの人生観・世界観ないし価値観を形成し，主体性をもって生きたいという意欲を高めていく」高校生に応える「在り方生き方教育」の推進が求められた[30]。特に「倫理」は，「現代社会」，特別活動とともに引き続きこの「在り方生き方教育」の「中核的な指導の場面」として位置づけられ，「自己や現代の倫理的課題を主体的に追究し，人間としての在り方生き方についての理解と思索を深め，生きる主体としての豊かな自己形成を図ること」が目指された[31]。

　このように本改訂において「倫理」には，高校生の現代社会に対する関心も踏まえて，主体的な価値観形成とその資質育成が期待されていたと考えられる。

　しかし，これらに基づいているはずの目標において主に目指されたのは，従来通り人格の形成に努められるよう自己の価値観について理解と思索を深めることであった[32]。また目標中には，高校生の関心が高いとされる現代社会及び根本にある倫理的問題の認識については特に記述されなかった。なお目標には，「生きる主体としての自己の確立を促し」という記述も加えられており，個性を生かし，「自ら学び自ら考える力などの〔生きる力〕」を育成しようとする本改訂の趣旨を受けたものと考えられる[33]。ただしこれは，「学習課題を，自然・政治・経済・社会など自己の外側にある諸課題と，人生観・世界観ないし価値観の形成など自己自身の内面的な諸課題とに分けてみたとき，『倫理』の学習が主として自己自身の内面的な形成にあることを明示したもの」と説明された[34]。

　このように本改訂では，「在り方生き方教育」として，生徒に現代社会の倫理的問題を追求させ，主体的な価値観の形成を目指していたが，その中核となる「倫理」のねらいや目標については，従来通り主として先哲の思想や考え方を理解させることで，自己の価値観について考えさせようとしており，現代社会についての認識が特に重視されるようにはなっていない。すなわち本改訂においても「倫理」で，現代社会及び倫理的問題の認識を通し

て，それに対する自己の価値観を形成していくことが目指されるようになったとは考えられない。

(6) 2009（平成21）年版高等学校学習指導要領公民科「倫理」

2009（平成21）年3月に改訂された現行の高等学校学習指導要領は，2008年（平成20年）1月の中央教育審議会「幼稚園，小学校，中学校，高等学校及び特別支援学校の学習指導要領等の改善について（答申）」（以下，「中教審答申」と記す）を踏まえたものである。

この「中教審答申」は，従前の「生きる力」という理念の共有や，豊かな心や健やかな体の育成のための指導の充実等を求め，「現実から逃避したり，今の自分さえよければ良いといった『閉じた個』ではなく，自己と対話を重ね自分自身を深めつつ，他者，社会，自然・環境とのかかわりの中で生きているという自制を伴った『開かれた個』が重要である。他者，社会，自然・環境と共に生きているという実感や達成感が自信の源となる。」として道徳教育の充実・改善を求めている[35]。

この道徳教育については，各学校段階で取り組む重点の明確化，より効果的な指導を求めており，高等学校に関しては「社会の一員としての自己の生き方を探求するなど人間としての在り方生き方についての自覚を一層深める指導を充実すること」を求めている[36]。また「道徳の時間は設定されていないが，社会の急激な変化に伴い，人間関係の希薄化，規範意識の低下が見られる中で，高等学校でも，知識等を教授するにとどまらず，その段階に応じて道徳性を養い，人間としての成長を図る教育の充実を進める。」として，全体計画作成の必須化や，「倫理」等の「中核的な指導場面」での「社会の一員としての自己の生き方を探求するなど，生徒が人間としての在り方生き方にかかわる問題について議論し考えたりしてその自覚を一層深めるよう」内容の改善を図ることを求めている[37]。

また「倫理」の「改善の具体的事項」では，「人間としての在り方生き方

第2章 「市民性教育」からみた「倫理」カリキュラムの現状と課題　45

への関心を高めることを重視し，その手掛かりとして先哲の考え方を取り上げるとともに，自分自身の判断基準を形成するために必要な倫理的な諸価値について理解と思索を深めさせる。また，生命，環境，情報，文化などを取り上げて，課題追究的な学習や討論を行うことを一層重視し，社会の一員としての自己の生き方を探求できるようにする。」ことが求められた[38]。

　このように今回の「中教審答申」は，学習指導要領改訂の眼目として道徳教育の充実を挙げ，「在り方生き方教育」の充実，その中核的な場面で社会の中の自己の価値観を探求する議論等を求め，「倫理」には，生徒が自己の価値観形成に関心を高めるための手がかりとして，先哲の考え方を取り上げ，倫理的諸価値を理解させることを求めている。また，自己の価値観を探求するための課題追究的な学習や討論をするよう求めている。

　これらを踏まえ改訂された高等学校学習指導要領は，「高等学校における道徳教育」について，生徒の発達の段階にふさわしい道徳教育を求め，「在り方生き方教育」として，従前通り「公民科やホームルーム活動を中心に各教科・科目等の特質に応じ学校の教育活動全体を通じて，生徒が人間としての在り方生き方を主体的に探求し豊かな自己形成ができる」よう指導を求めている[39]。また，引き続き公民科「現代社会」及び「倫理」，特別活動を「在り方生き方教育」の中核的な場面とし，「公民科については，人間としての在り方生き方についての自覚を一層深めることを重視」するともしている[40]。これは前学習指導要領の「在り方生き方」について「考える」学習から，「自覚を一層深める」学習へと充実させることを求めているとも考えられる[41]。

　特に「倫理」については，「人間としての在り方生き方への関心を高め，その手掛かりとしての先哲の考え方を取り上げて自分自身の判断基準を形成するために必要な倫理的な諸価値について理解と思索を深めるとともに，課題を探究する学習を一層重視し，論述や討論などの言語活動を充実させ，社会の一員としての自己の生き方を探求できるようにした。」とある[42]。

46　第1部　「倫理」カリキュラム改革のための基礎研究

　これまでのことを踏まえると，今改訂では高等学校の道徳教育としての「在り方生き方教育」の充実が特に求められており，その中核としての「倫理」には，生徒が自己の価値観について自覚を深められる指導が求められていると考えられる。

　これらを踏まえて設定された目標については，従前の基本的性格は変わらないとされつつも改善点として，「高等学校における道徳教育としての人間としての在り方生き方に関する教育の役割を一層よく果たすことができるよう，目標に『他者と共に生きる主体としての自己の確立を促し』と規定し，『倫理』の学習の課題が，他者と切り離された自己ではなく，他者と共に生きる主体としての自己の確立にあることを一層明確にした。そのため，学習内容を生徒が単に知識として受け止めるのではなく，常に生徒自身が他者と共に生きる主体としての自己の課題として受け止める学習となるよう，指導の工夫に幅をもたせることとした。」とある[43]。また「『生命に対する畏敬の念』を目標に加えることによって，生命を尊重するとともに，より深く自己を見つめながら，人間としての在り方や生き方についての自覚を深める学習となることを目指している。」ともある[44]。

　なお本改訂による「倫理」の目標は以下の通りである[45]。

> 　人間尊重の精神と生命に対する畏敬の念に基づいて，青年期における自己形成と人間としての在り方生き方について理解と思索を深めさせるとともに，人格の形成に努める実践的意欲を高め，他者と共に生きる主体としての自己の確立を促し，良識ある公民として必要な能力と態度を育てる。

　このように，今改訂による「倫理」は先ず，従前にも増して「在り方生き方教育」の中核としての役割が一層期待されていると考えられる。また中心的なねらいは，変わらず自己の価値観形成に資することにあるが，自己の価値観について「自覚を深める学習」や，「社会の一員としての自己」ないしは「他者と共に生きる主体としての自己」の確立のための学習が求められている。すなわち，より主体的な学習を通じて，「社会の変化に主体的に対応

できる良識ある公民として必要な能力と態度」の育成が求められていると考えられる[46]。

　ただし，主体的な価値観を形成するために必要な現代社会及び倫理的問題の認識については，その目標において直接説明されていない。また，「『倫理』の学習が基本的には自己自身の内面的な形成にある」とし，その指導においては，「人間についての客観的認識から，いかに生き，いかなる人間になることを目指すかという主体的な自覚を深めさせることを目指している」とすることから，従前どおり，現代社会の認識に重点を置いているとは考え難い[47]。なお既述の通り，「課題を探究する学習を一層重視し，論述や討論などの言語活動を充実させ，社会の一員としての自己の生き方を探求できるようにした。」ことが特記されており，この点については，さらに今改訂「倫理」の内容構成まで分析してみなければならない。

(7) 高等学校学習指導要領の「倫理」等科目のねらい

　これまでの高等学校学習指導要領の「倫理」等科目（社会科「倫理・社会」，同「倫理」，公民科「倫理」）は，一貫して次のことをねらいとしてきたと考えられる。

　先ず社会科，公民科という社会認識教育としての社会科，公民科の中に位置付きつつ，高等学校における道徳教育の中核的な役割を期待され続けてきた。（なお，高等学校における道徳教育は，生徒の発達の特質を踏まえ，小・中学校までの「道徳の時間」として特設して行うのではなく，全教育活動を通じて行うことが求められてきた。）

　次に科目としての中心的なねらいは，生徒の人生観・世界観（公民科新設後は，「在り方生き方」あるいは生徒の「人生観・世界観ないし価値観」）を確立することにあった。すなわち自己の価値観を確立しようとしてきた。ただし，社会の変化や高校生の発達の段階を踏まえ，次第に，現代社会の中でいかに生きればよいかという倫理的問題を追求させ，生きる主体としての自己の形

成が図れるようにすること，すなわち主体的な価値観の確立ないし形成とそのための資質育成も求められるようになってきた。

　さらに，それらのねらいを達成するために，手がかりとなる先哲などの思想や考え方を理解させることを通して，自己の価値観について追求させようとしてきた。

　しかし，生徒が価値観の確立ないし形成をする対象となる現代社会とそこで生じる倫理的問題の認識については重視されてこなかった。これは「在り方生き方教育」の中核として新設された公民科「倫理」になって以降，明確に示されるようになってきたと考えられるのである。

　急速に変化を続ける現代社会とそこで生じる倫理的問題について認識させてみなければ，結果として，一度確立した自己の価値観を生徒が自ら吟味したり修正したりする資質の育成につながらない。また，先哲の思想や考え方（すなわち他者の価値観）も，単に理解しておくだけでなく，それを手がかりとしてみなければ，自己の価値観を形成する資質，すなわち「価値観形成力」を育成することにはつながらない。

　こうして，高等学校学習指導要領における「倫理」等科目は，そのねらいにおいて，市民的資質を育成しようとする上での根本的な課題を内包していると考えられるのである。

　特にそれは「在り方生き方教育」をねらいとして内在するようになった公民科「倫理」において明らかとなるのである。

　ただし，2009（平成21）年版の公民科「倫理」については，ねらいとして社会の一員，他者と共に生きる主体としての自己の価値観形成が目指されるようになっており，そのための内容構成においても現代社会の「課題を探究する学習」が重視されているなど，改善が図られているとも考えられる。

　以下では，今日の「倫理」等科目，すなわち公民科「倫理」のねらいの中核をなしていると考えられる「在り方生き方教育」について，これまでなされてきた説明を分析し，内在する課題を明らかにする。さらに節を改め，今

日の高等学校学習指導要領「倫理」の内容構成上の課題について明らかにしていく。

2 「在り方生き方教育」と「在り方生き方」の確立

今日，高等学校学習指導要領の公民科「倫理」のねらいの中核には「在り方生き方教育」（「人間としての在り方生き方」に関する教育）の考え方がある[48]。改訂の度に，これに基づく「倫理」の改善が求められてきている。現行「倫理」の目標でも，「青年期における自己形成」の課題を踏まえて，「人間としての在り方生き方について理解と思索を深めさせること」が掲げられ，生徒が「青年期における『人間としての在り方生き方』を探究」することが目指されている[49]。ここでは，この考え方に関する従来の説明を分析し，社会認識を通して，市民的資質を育成する「倫理」カリキュラムを開発する上での課題を明らかにしていく。

先ず「人間としての在り方生き方」については，既述の通り，現行の公民科「倫理」の説明で，「生徒が生きる主体としての自己を確立する上での核となる，『自分自身に固有な選択基準ないし判断基準』，つまり『人生観，世界観ないし価値観』」とされている[50]。したがって本研究では，これを基本的には自己の価値観という意味で捉え，「在り方生き方」と表記してきた。

では生徒の価値観形成を目指すと考えられる，この「在り方生き方教育」とはどのような考え方であり，どのような課題があるのだろうか。この用語が登場した頃（1989年当時）の学習指導要領の説明と，関係する研究会等による説明とを分析し，その上で，現行の学習指導要領における説明を分析し比較してみることで，この考え方の特徴や変容，抱えている課題を明らかにしていきたい。

50　第1部　「倫理」カリキュラム改革のための基礎研究

(1) 1989（平成元）年版と1999（平成11）年版高等学校学習指導要領における「在り方生き方教育」に関する説明

1989（平成元）年版高等学校学習指導要領は，その「第1章　総則　第1款」において，高等学校における道徳教育について，「生徒が自己探求と自己実現に努め国家社会の一員としての自覚に基づき行為しうる発達段階にあることを考慮し人間としての在り方生き方に関する教育を学校の教育活動全体を通じて行うことにより，その充実を図る」こととして，学習指導要領で初めて「在り方生き方教育」のことを明示した[51]。

また本改訂に伴う『高等学校学習指導要領解説　総則編』においては，「第3章　教育課程の編成及び実施　第1節　教育課程編成の一般方針　2　道徳教育（第1章第1款の2）」の中で，「（2）人間としての在り方生き方に関する教育」について，「従来必ずしも十分成果を上げているとは言い難い道徳教育の充実を図ることを目指す」ために，人間としての在り方生き方に関する教育を学校教育全体を通じて行うと説明された[52]。

「人間としての在り方生き方」という用語の意味やその趣旨については，同『高等学校学習指導要領解説　総則編』の中で，「高等学校段階の生徒は，自分自身や自己と他者との関係，さらには，広く国家や社会について強い関心をもち，人間や社会の在るべき姿について考えを深め，それらを模索する中で，主体的な自己を確立し，自らの人生観・世界観を形成し，主体性をもって行為したいという意欲を強く抱く時期にある。したがって，高等学校においては，このような生徒の発達段階を考慮し，人間の在り方に深く根ざした人間としての生き方に関する教育を推進することが求められる。その意味で『人間としての在り方生き方』は用語として一体的に理解し，指導を行うように努める必要がある。」とされた[53]。また，「社会の変化に対応して主体的に判断し行動しうるためには，選択可能な幾つかの生き方のなかから自分にふさわしい生き方を選ぶ上で必要な，自分自身に固有な選択基準ないし判断基準をもたなければならない。このような自分自身に固有な選択基準

ないし判断基準は，生徒一人一人が人間存在の根本性格を問うこと，すなわち人間としての在り方を問うことを通して形成されてくる。また，このようにして形成された生徒一人一人の人間としての在り方についての基本的な考え方が自分自身の判断と行動の選択基準となるのである。」とされている[54]。

　この説明によると「在り方生き方教育」は，十分成果を上げているとはいえなかった高等学校の道徳教育を充実するために掲げられた。またそれは，主体性をもって自己を確立し，自己の人生観や世界観を形成し，行為することに強い意欲を持つと考えられる高校生の特質に応じた教育である。さらに「人間としての在り方生き方」とは，「人間の在り方に深く根ざした人間としての生き方」とも捉えられるということである。

　以上のことから，本改訂で登場した「在り方生き方教育」は，個々の生徒が人間の根本的な性格を問うことを通して，主体的に，変化する今日の社会を生きる上での自分固有の選択ないし判断の基準を形成することに関わる教育だと考えられるのである。

　この教育の中核的な指導場面と考えられていた公民科及び「倫理」との関連については，まず同解説の総則編に，「人間としての在り方生き方に関する教育は，学校の教育活動のそれぞれの特質に応じて実施するものであるが，特に公民科の『現代社会』及び『倫理』，特別活動にはそれぞれの目標に『人間としての在り方生き方』を掲げており，これらを中核的な指導の場面として重視する必要がある。」とある[55]。また公民科は，「中学校までの学習の成果の上に民主主義の本質に関する理解を深め，現代における政治，経済などの現代社会の基本的な問題について客観的に理解させるとともに，現代を生きる人間としての存在や価値について理解と思索を深める学習を重視する必要」から新たに設けられた教科であり[56]，そのねらいについては，教育課程審議会の答申を引用して，「広い視野から，現代社会の基本的な問題に関する理解や，人間としての在り方生き方についての自覚を深め，変化の激しいこれからの社会に生きる民主的，平和的な国家・社会の有為な形成者

52 第1部 「倫理」カリキュラム改革のための基礎研究

として必要な公民的資質を養うこと」とされている[57]。

これらの説明からは，新設の公民科はその中核的な指導の場面として，生徒に現代社会や人間の根本的な問題を理解させ，自己の価値観について深く考えさせる学習を求められていたと考えられる。すなわち「在り方生き方」の自覚を深める学習が求められていた。

特に「倫理」に関しては，同解説総則編で，「青年期の課題を踏まえ，人間としての在り方生き方を日本や世界の先哲の基本的な考え方を手掛かりに学習させるよう内容を構成している。指導に当たっては生徒自らが人生観・世界観を確立するための手がかりを得させるよう様々な工夫を行う必要がある。」とされた[58]。他に，『高等学校学習指導要領解説　公民編』では内容構成について，「青年期の課題を踏まえ，日本や世界の先哲の基本的な考え方を手掛かりに学習することにより，生徒が人生観，世界観を確立することができるように内容を構成し」[59]，指導については，「人間についての客観的認識から，さらにいかに生き，いかなる人間になることを目指すかという主体的な自覚を深めさせることを目指している」とある[60]。

以上の説明から，公民科「倫理」には，人間としての在り方生き方，すなわち自己の価値観について，先哲の基本的な考え方を手がかりにして学習することで，生徒自ら人生観・世界観を確立すること，すなわち主体的な自己の価値観形成ができるよう指導することが求められていたと考えられる。

次の1999（平成11）年版高等学校学習指導要領でも，引き続き「人間としての在り方生き方に関する教育を学校の教育活動全体を通じて行う」ことで，高等学校における道徳教育の充実を図るとしている[61]。また「在り方生き方教育」の趣旨についても，基本的には平成元年版における説明を引き継ぐとともに，高校生が生きる主体としての自己を確立したい，自らの人生観・世界観ないし価値観を形成したい，「主体性をもって生きたい」という意欲を持ち，「自分の人生をどう生きればよいか。」「（自分が）生きることの意味は何か。」と問うものであるという説明が加えられ，こうした生徒の特

性に応じるために「在り方生き方教育」を推進することが明示された[62]。

また公民科には、「公正な判断力を養う学習と、人間としての在り方生き方について考える学習を一層充実し、生きる主体としての自己の確立を促す」ことが求められた[63]。

さらに「倫理」は、「在り方生き方教育」の中核的な指導場面として重視され、「指導に当たっては、自己や現代の倫理的課題を主体的に追究し、人間としての在り方生き方についての理解と思索を深め、生きる主体としての豊かな自己形成を図ることができるよう配慮する」ことが求められた[64]。

このように1999年版の学習指導要領は、当初からの「在り方生き方教育」に関する説明を基本的に引き継ぐとともに、高校生の特性を踏まえ、主体的に自己の価値観を形成する学習を目指すものであることを明示したと考えられる。

(2) 研究会等による「在り方生き方教育」に関する説明

ここで、研究会及び研究者らによってなされてきた説明についても分析しておく。

まず瀬戸真らは、「教育は、人間としての在り方生き方のためにこそある」とし、「人間としての在り方や生き方は、倫理学が探求してきた主要課題であった」とする[65]。

人間としての「在り方」は、「人間が他者や社会、あるいは世界にどのようにかかわり、どのような位置づけにあるかを問うときに用いられてきた語」であり、「自らを世界の中にどう位置付け、どのような姿勢をとるかという問題」だとも説明する[66]。

また「生き方」については、「よりよい人生を求めるとき、我々は人生の全体像を描かなくてはならない。だから、自らの、人生に対する統一的な解釈・見方をもたなくてはならない。それ故、『生き方』の問題は、根本において、人生いかに生くべきかという、人生観の問題」だとする[67]。さらに、

54 　第1部　「倫理」カリキュラム改革のための基礎研究

人生観は世界観と密接不離であり，「人生観・世界観」とひとまとめにして言われることが多く，「在り方生き方」も密接不離のものとして表現しようとしたのではないかと解釈している[68]。

　次に，斎藤弘は「在り方生き方教育」が登場するまでの文部省教育課程審議会等での審議経過を分析し，「在り方生き方」教育は，「現実に生きている生徒が，人間としての在り方を求めることを通して自らの生き方を決めていくという主体性の確立が核心をなしている。」とする[69]。また，用語「人間としての在り方生き方」の「人間」について，「いま，ここに生きる現実に存在する人間にほかならない。このことは，まぎれもない事実であり，わかりきっているところでもある。それだけに『人間として』の場合，現実に存在する人間としての視点に立つとらえ方が不可欠」だとする[70]。また，「在り方生き方」が一体的に表現されているのは，「理念としての在り方，現実としての生き方が，主体的に統一されるものとする意味が込められている」とする[71]。

　また，森秀夫は「在り方生き方」の意味について，「『在り方生き方』は一体のものとして表現されており，それは人間としての在り方を踏まえて自己の生き方を主体的に選びとることを意味し」ており，「人間としての在り方を問うことによって，自分の人間としての在り方についての基本的な考え方をもつようになり，それによって自分の生き方を主体的に決めることができる。また人間としての在り方についての基本的な考え方は，自ら追求して内面化された独自のもので，自分の生き方と一体であるべきものである。」と解釈している[72]。

　さらに，文部省の委託を受けて調査研究を行ってきた「在り方生き方教育研究会」によれば，「在り方生き方教育」は「各教科等における『人間としての在り方』を単に客観的な対象として学ぶのではなく，生徒自らの課題に結びつけ実践的に『生き方』として生徒が学ぶことができるよう指導するもの」だとし，こうした意味から「人間としての『在り方』が『生き方』と切

り離されることなく，一体となっていることに留意する必要がある。」とする[73]。また「在り方生き方」についての明確な定義はなく，積極的な意味で解釈の幅が許容されているものだとして，研究会としては，「『人間としての在り方』は，哲学的には人間存在」であり，「『生き方』は一人ひとりによって異なるものであり，一般的な生き方というものはあり得ない。」と解釈する[74]。さらに，「人間としての在り方」について「人間のかつて在った在り方，そして今，現に在る在り方のほかに，人間としての本来の在り方である。」とも説明を加えている[75]。

「在り方生き方教育」が高等学校学習指導要領に登場した時期，用語「人間としての在り方生き方」等について，研究会等から相次いで示された説明・解釈には共通する点と独自の点がある。

共通する点としては，「在り方生き方」が一体的に教育，あるいは学習されるものであり，「在り方」は本来的な人間の在り方を含むもの，「生き方」は自己の固有の生き方を意味するものと捉えられていることがある。

独自の説明・解釈がなされている点としては，瀬戸らが「在り方生き方」のことを「人生観・世界観」として説明している。斎藤は「人間としての」という表現に注目し，この「人間」とは，現実に存在する人間のことを意味するとしている。また森は「人間としての在り方」について触れ，本来的な人間の在り方を問い，自分の人間としての在り方について追求したことによって得られる基本的な考え方は独自だと説明している。さらに，在り方生き方教育研究会は「人間としての在り方」とは，人間の本来の在り方だけでなく，かつて在った在り方，現に在る在り方をも意味していると説明している。

これらの説明・解釈について，その共通点を見る限りでは，1989（平成元）年版と1999（平成11）年版の高等学校学習指導要領における「在り方生き方教育」に関する説明と相違がない。独自の解釈，説明がされている点についても，学習指導要領が説明してきた「在り方生き方教育」及び「在り方生き

56 第1部 「倫理」カリキュラム改革のための基礎研究

方」のことを，それぞれが異なる面から捉え，強調していることと考えられる。

(3) 2009（平成21）年版高等学校学習指導要領における「在り方生き方教育」に関する説明

2009（平成21）年版高等学校学習指導要領に先だち示された「中教審答申」には，「在り方生き方教育」の改善に関する説明がある。まず，高等学校の教育課程の枠組みについて必履修教科・科目の在り方として，「公民については，高校生にとって必要な人間としての在り方生き方に関する内容を充実するため，倫理領域の内容を充実する必要がある」とした[76]。次に，教育内容について，高等学校における道徳教育は「社会の一員としての自己の生き方を探求するなど人間としての在り方生き方についての自覚を一層深める指導を充実する」とした[77]。また公民科は「社会的事象に対する客観的で公正な見方や考え方と人間としての在り方生き方についての自覚を一層深めることを重視して改善を図る。」とした[78]。さらに「倫理」については「人間としての在り方生き方への関心を高めることを重視し，その手掛かりとして先哲の考え方を取り上げるとともに，自分自身の判断基準を形成するために必要な倫理的な諸価値について理解と思索を深めさせる。また，生命，環境，情報，文化などを取り上げて，課題追究的な学習や討論を行うことを一層重視し，社会の一員としての自己の生き方を探求できるようにする。」とした[79]。

このように，本「中教審答申」は，高等学校における道徳教育として「在り方生き方教育」の一層の充実を求め，公民科の中でも「倫理」の教育内容の充実を求めている。具体的には，「在り方生き方」すなわち自己の価値観への関心を高めるため，先哲の考え方を手がかりにさせること，価値観形成のために必要な倫理的価値の理解と思索を深めさせること，「社会の一員としての自己の生き方」を探求できるように，課題追究的な学習，討論を一層

重視することであった。

　このような改善を求める「中教審答申」を踏まえて改訂された，2009（平成21）年版高等学校学習指導要領の総則にある「在り方生き方教育」に関する記述に変更はないが[80]，『高等学校学習指導要領解説　総則編』には，「在り方生き方教育」について加筆された点がある。先ず新たに，小・中学校において明示されている「道徳の内容」の四つの視点をあげて，「この小・中学校における道徳教育もふまえつつ，生徒の発達の段階にふさわしい高等学校における道徳教育を行うことが大切である。」とした[81]。続く変更点は，各教科・科目等における「在り方生き方教育」についての説明である。まず，高等学校の教育活動全体を通じて実施する「在り方生き方教育」は，特に中心的な指導場面である公民科「現代社会」及び「倫理」，特別活動で，「道徳教育の目標全体を踏まえた指導を行う必要がある。」とした[82]。

　また公民科では，「人間としての在り方生き方についての自覚を一層深めること」が重視された[83]。特に「倫理」では，「人間としての在り方生き方への関心を高め」ることが加えられ，「課題を探究する学習」の一層の重視，「論述や討論」などの言語活動の充実，そして「社会の一員としての自己の生き方」の探求が加えられた[84]。

　『高等学校学習指導要領解説　公民編』には，科目「倫理」が「高等学校における道徳教育としての人間としての在り方生き方に関する教育の役割を一層よく果たすことができるよう，目標に『他者と共に生きる主体としての自己の確立を促し』と規定し，『倫理』の学習の課題が，他者と切り離された自己ではなく，他者と共に生きる主体としての自己の確立にあることを一層明確にした。そのため，学習内容を生徒が単に知識として受け止めるのではなく，常に生徒自身が他者と共に生きる主体としての自己の課題として受け止める学習となるよう，指導の工夫に幅をもたせることとした。また，『生命に対する畏敬の念』を目標に加えることによって，生命を尊重するとともに，より深く自己を見つめながら，人間としての在り方や生き方につい

58　第1部　「倫理」カリキュラム改革のための基礎研究

ての自覚を深める学習となることを目指している。」と説明されている[85]。

　このように，2009（平成21）年版高等学校学習指導要領における「在り方生き方教育」は，従来の考え方を継承しつつも，特に公民科及び「倫理」の改善を求めて，新たな考え方を示していると考えられる。

　先ず，より主体的な学習を求めていると考えられる。「在り方生き方教育」は，当初から高校生の特性を踏まえ，主体的に自己の価値観を形成する学習を目指すものであったが，今改訂においては「在り方生き方」の自覚を深められるよう，先哲の考え方を手がかりにして「在り方生き方」への関心を高めさせること，「課題を探究する学習」を重視すること，「論述や討論」などを充実すること等が具体的に示された。これらは，いずれも「倫理」の学習を主体的なものへ推し進めるものと考えられるからである。

　次に，開かれた価値観形成を目指していると考えられる。「中教審答申」を踏まえて，「倫理」では他者と共に生きる主体の確立を目指し，「社会の一員としての自己の生き方」を探求する学習が求められている。また学習の内容として現代社会の課題を重視し，学習の方法として討論を重視している。これらの背景には，開かれた価値観の形成を目指す考え方があると考えられる。

(4)「在り方生き方教育」の変容と課題

　これまで分析してきたように「在り方生き方教育」は，学習指導要領で用いられて以来，高等学校における道徳教育の中心的な考え方であり，生徒が人間の根本的な性格を問うことを通して，「生きる主体としての自己を確立する上での核となる，『自分自身に固有な選択基準ないし判断基準』，つまり『人生観，世界観ないし価値観』」の形成を目指すという基本的性格を変えていない[86]。また，十分な成果を上げられなかったそれまでの高等学校の道徳教育を改善しようとして登場した考え方であり，高校生の心理的な特性を踏まえ，主体的に自己の価値観を形成する学習を目指してきたものと考えられ

る。

　これらのことは改訂を重ねるごとに明確になってきたと考えられる。特に現行の学習指導要領では，具体的な内容及び方法を示すなどして，より主体的な学習を推進しようとしていると考えられる。加えて，現行の学習指導要領では，開かれた価値観形成についても求めるようになっていると考えられる。

　このように「在り方生き方教育」は，自己の確立のため，主体的な自己の価値観形成に資することを目指し，改訂ごとに，次第に主体的で開かれた学習を目指すようになってきていると考えられる。

　しかし，社会認識を通して市民的資質を育成していく「市民性教育」としての「倫理」カリキュラムを開発する上では，より本質的な課題を抱えていると考えることができる。

　この教育は，生徒が人間の根本的な性格を問うことを通して，自己の価値観を形成しようとするが，そのために自分が生きていく現実の社会のことを認識することは重視されていない。具体的には，公民科という教科は，「中学校までの学習の成果の上に民主主義の本質に関する理解を深め，現代における政治，経済などの現代社会の基本的な問題について客観的に理解させるとともに，現代を生きる人間としての存在や価値について理解と思索を深める学習を重視する必要」から新たに設けられたのであり[87]，ねらいは「広い視野から，現代社会の基本的な問題に関する理解や，人間としての在り方生き方についての自覚を深め，変化の激しいこれからの社会に生きる民主的，平和的な国家・社会の有為な形成者として必要な公民的資質を養うこと」とされた[88]。すなわち，現代社会の認識と別に，「在り方生き方についての自覚」を深める，あるいは「現代を生きる人間としての存在や価値について理解と思索を深める」学習を中核とする「在り方生き方教育」があるのである。公民科の中でも，「在り方生き方教育」の中核的な指導場面に「政治・経済」は位置付けられず，「人間としての在り方生き方について理解と思索

を深めさせる」ことを目標に内包し続ける「倫理」が位置付けられてきた。

　この「倫理」の学習では，青年期の自己の課題を認識したり，手がかりであるはずの先哲の考え方や倫理的価値について理解と思索を深めたりすることを通して，「在り方生き方」の確立，すなわち自己の価値観を形成しようとしてきたのである。

　高校生の心理的な特性を踏まえ，また急速に変化する今日の社会を生きるための自己の価値観を主体的に形成させようとする，あるいは「社会の一員としての自己の生き方」を探求させようとするならば，青年期の自己や手がかりであるはずの先哲の考え方や倫理的価値について理解させることだけでなく，現代社会とその中で生きる自分自身にとって切実で根本的な問題，すなわち倫理的な問題を取り上げ追求させる必要がある。それらの問題を自らにとっても切実なこととして受け止め追求していく学習が必要となる。生徒は社会に対する認識を踏まえることによって，人間の根本的な性格まで問うことができるのである[89]。自分たちの生きる社会のことを知らなければ，自己の価値観を吟味したり，修正したりすることは困難である[90]。現代社会は急速に変化しており，これに対する（科学的な）認識を踏まえなければ，これからの社会で自分はいかに生きていくべきか，いかに生きていけば良いのかという判断はよくできないからである[91]。

　このように「在り方生き方教育」によれば，「在り方生き方」を確立すること，すなわち社会の認識とは別に，固定的な価値観を形成することにとどまってしまうこととなり，変化を続ける現代社会とその中で新たに生じる倫理的問題に対し，それまでの自己の価値観を吟味したり，修正したりして形成していくための資質まで育成できないと考えられる。

　では，この「在り方生き方教育」の考え方に基づく内容構成にはどのような課題があるのだろうか。やはり固定的な価値観形成，「在り方生き方」を確立するようになっているのだろうか。

　なお，このことを吟味していく前に，学習指導要領で「在り方生き方教

育」の必要性が説かれる際にも取り上げられる，今日の高校生たちの自己の価値観形成に関する考え方について，諸調査結果をもとに明らかにしておく。

(5) 生徒が求める「在り方生き方」に関する教育

　文部科学省などが所管する財団法人日本青少年研究所は，2010年9月〜11月（韓国のみ同年6月〜7月）に日本，アメリカ，中国，韓国の主に普通科高校の生徒を対象に，「高校生の心と体の健康に関する調査」を行った。これは，めまぐるしく変化する情報化社会の中で，今日の高校生の身体と心の健康の実態を把握することを主な目的としていた[92]。この中の「私は価値のある人間だと思う」等，関連する質問項目で，日本の高校生の自己評価が最も低いことが示されている[93]。

　また同研究所が，2008年9月〜10月に日本，アメリカ，中国，韓国の4か国に対して行った調査「中学生・高校生の生活と意識」においても，自己に対する認識を問う質問では，「相対的に自己肯定感と自己信頼に乏しい点で，日本と韓国は似ているが，日本においてよりその傾向が顕著」[94]であり，「『自分の意思をもって行動できるほうだ』では，日本の中学生と高校生の肯定率が4ケ国で最も低く，特に高校生の肯定率が米中韓をおおむね10ポイント以上も下回っている。日本の生徒は自信に乏しいため，自己決定の能力もほかの国より弱い」ことが示されている[95]。こうしたことから，「中教審答申」で示されていた「自分に自信がある子どもが国際的に見て少ない」[96]という状況は基本的に変わっていないと考えられる。

　次に，今日の社会に対する意識については，（「中教審答申」では触れられていなかったが，）同調査（「中学生・高校生の生活と意識」）によると，「社会のことはとても複雑で，私が関与したくない」，「私の参加により，変えてほしい社会現象がすこし変えられるかもしれない」等の「学校や社会への参加意識」についての質問に，日本の中高生は「最も消極的な態度を示している。」

62　第1部　「倫理」カリキュラム改革のための基礎研究

と考えられる結果であった[97]。

　社会に対する意識については，さらに内閣府政策統括官が，2007年11月～12月（イギリスとフランスは2008年9月～10月）に日本，韓国，アメリカ，イギリス，フランスの5か国の満18歳から24歳の男女に対して行った「第8回世界青少年意識調査」において，自国の「社会への満足度」が「満足」と「やや満足」と回答した割合の合計について，日本は韓国（41.6％）に続いて43.9％と低い。こうした青少年が「自国社会の問題」として挙げている問題は，上位を見ると「老人，身体障害者などに対する社会福祉が十分でない」（51.2％），「よい政治が行われていない」（47.9％），「学歴によって収入や仕事に格差がある」（44.8％），「環境破壊に対して，国民が無関心である」（38.8％），「就職が難しく，失業も多い」（36.1％），「正しいことが通らない」（36.0％）となっている。

　高校生に限ると，社団法人全国高等学校PTA連合会・株式会社リクルート合同調査『第4回「高校生と保護者の進路に関する意識調査」（2009）報告書』（2010年3月）で，「これからの社会は高校生にとって好ましいか」との質問に，74.9％（2007年の同調査では58.8％）の高校生が「あまり好ましい社会ではない」又は「非常に好ましくない社会だ」と回答している。このように，今日の日本の高校生等は，国際的にみても，今日の社会に対する不満や厳しい認識がある一方で，社会に対する参加意欲は乏しいと考えられる。

　これからの自己の生き方に関しては，ベネッセの「第2回　子ども生活実態基本調査—小4生～高2生を対象に速報版」によると，質問「あなたには，将来なりたい職業はありますか。」に対して「ある」と回答した割合は，今回調査（2009）した高校1年生は48.4％であり，中学3年生51.5％であるのと比較して低い。（なお高校2年生でも，53.0％にとどまっている。）これを前回調査（2004年）結果と比較すると，16.4ポイントも低くなっている[98]。また，既述の社団法人全国高等学校PTA連合会・株式会社リクルート合同調査『第4回「高校生と保護者の進路に関する意識調査」（2009）報

告書』によれば，高校２年生に対する質問項目「進路を考える時，高校生は
どんな気持ちになるか」に対して，もっとも多かった回答は「自分がどうな
ってしまうのか不安になる」で，49.4％となっており，この割合は2007年調
査，2005年調査と比較すると次第に大きくなっている。今日の日本の中高生
は，将来の自分の生き方について具体的なイメージが持てず，不安を感じて
いると考えられる。

　次に高校生等が高等学校の授業に対して期待していることに関しては，内
閣府政策統括官『高校生活及び中学校生活に関するアンケート調査　高等学
校中途退学者及び中学校不登校生徒の緊急調査　報告書』（平成21年３月）を
参考にしたい。これは，「ニート，引きこもりなど自立や社会参加に困難を
抱える青少年の支援策の検討にあたって，対象となる青少年の実態を見極め
る」ために実施されたものである。この調査の中で，高等学校中途退学者か
ら「高校の授業への要望（複数回答）」として上位となった項目をみると，
「社会に出てから役立つようなことを教えてほしい」が54.2％，「もっと興味
の持てる教科・科目を設けてほしい」が35.7％，「将来の生き方について，
もっと教えてほしい」が34.5％と続いている。

　上記の中途退学者（有効回収数168票）の意識調査だけで判断はできない
が，これまでの各種意識調査の分析と合わせると，今日の高校生の意識に
は，今後の社会に対する不安や不満があり，また自分の生き方について具体
的なイメージが持てず不安を感じていると考えられる。また高等学校の授業
では，自分が今の社会の中で生きていく上で役立つ知識や自己の生き方に関
して教えてほしいと思っている。換言すれば，今日の高校生は現代社会の中
での自分の生き方について，さらにこれから生きていく社会に対し不安を抱
いており，自己の生き方や将来について，また社会についてもっと理解が深
まるような授業を求めていると考えられるのである。

　このように，今後の自己の生き方に不安を抱える生徒たちが，現代社会と
その中での生き方について学習することを求めていることに対して，現代社

64　第1部　「倫理」カリキュラム改革のための基礎研究

会の認識を前提とせず，先哲の考え方や倫理的価値の理解を通すことで人間の根本的性格を問い，「在り方生き方」を確立，すなわち固定的な価値観形成を図ろうとする「在り方生き方教育」では十分応えることができないのではないか。このことを明確にするために，「在り方生き方教育」に基づく公民科「倫理」，特に主体的で開かれた学習を追求していこうとしている現行「倫理」の内容構成を中心に分析し，これらが抱えている課題を示したい。

第2節　「在り方生き方教育」としての「倫理」カリキュラムの課題

　公民科「倫理」からは，「在り方生き方教育」の考え方を踏まえて，自己の人生観・世界観ないし価値観の確立というねらいが明確化されてきた。またこのために，より主体的で，開かれた学習を通して行うよう求められるようにもなってきた。本節では，これらのことを踏まえ，示された内容構成がどのような課題を抱えてきているかを明らかにしたい。

1　公民科「倫理」の内容構成

(1) 1989（平成元）年版高等学校学習指導要領公民科「倫理」の内容構成

　「在り方生き方教育」のねらいを内包して新設された公民科「倫理」の「内容」として示された大項目と中項目は次の通りである[99]。

　2　内容
（1）青年期と人間としての在り方生き方
　　ア　青年期の課題と自己形成　　イ　人間としての自覚
（2）現代社会と倫理
　　ア　現代社会の特質と人間　　イ　現代社会を生きる倫理
（3）国際化と日本人としての自覚
　　ア　日本の風土と日本人の考え方　　イ　外来思想の受容と日本の伝統
　　ウ　世界の中の日本人

　大項目の順序性は明記されていないが，「『（1）青年期と人間としての在

第2章　「市民性教育」からみた「倫理」カリキュラムの現状と課題　65

り方生き方』においては，…。次いで，『（2）現代社会と倫理』では，…を問い，さらに，『（3）国際化と日本人としての自覚』においては，…としている。」という説明からは，基本的に（1），（2），（3）の順に学習するよう構成されていると考えられる[100]。

　各大項目ごとにみると，大項目（1）では，青年期における自己形成という課題を自覚させ，先哲の考え方を手がかりにして，自己の価値観について考えさせる。次いで，大項目（2）では，現代社会における自己の価値観を問わせ，さらに，大項目（3）では，日本人の見方考え方について理解を深めさせ，日本人としての自己の価値観について思索を深めさせるようになっている。

　この内容構成では，基本的に大項目（2）のアでのみ，現代社会の倫理的問題の認識をさせるようになっており十分とはいえない。結果として，年間を通して取り上げる先哲等の思想や考え方は，問題に対する自己の価値観を吟味したり，修正したりする手がかりとしてというよりも，先ず理解しておくことに止まってしまう。さらに，現代の倫理的問題に対する自己の価値観形成を繰り返してみるようにもなっておらず，生徒は現代社会についての認識を十分に通さないまま，既存の価値観について理解し思索を深めた上で，固定的な価値観を確立することに止まる。生徒は現代社会についての認識を通して自己の価値観を形成してみることができず，価値観形成をしていく資質，すなわち「価値観形成力」を育成することはできないと考えられる。

(2) 1999（平成11）年版高等学校学習指導要領公民科「倫理」の内容構成

　先に述べたように，本改訂においても「倫理」は，目標に「人間としての在り方生き方について理解と思索を深めさせる」ことを含み[101]，主として先哲の思想や考え方を理解させることで，自己の価値観形成に資することが目指されており，現代社会及び倫理的問題の認識を通して，それに対する自己の価値観を形成していくことが特に目指されるようになったとは考えにく

い。ただし，この本改訂による『高等学校学習指導要領解説　公民編』には「『倫理』の指導においては，人間についての客観的認識から，いかに生き，いかなる人間になることを目指すかという主体的な自覚を深めさせることを目指している」という説明がある[102]。目標では明確に説明されていないが，その内容構成により，こうした主体的で開かれた価値観形成を可能にしようとしているか分析していく必要がある。

　本改訂による「倫理」の「内容」として示された大項目と中項目は次の通りである[103]。

2　内容
（1）青年期の課題と人間としての在り方生き方
　　ア　青年期の課題と自己形成　イ　人間としての自覚　ウ　国際社会に生きる日本人としての自覚
（2）現代と倫理
　　ア　現代の特質と倫理的課題　イ　現代に生きる人間の倫理　ウ　現代の諸課題と倫理

　各項目の順序性については，大項目（1）のアが，「この科目の導入としての性格をもつもの」とあり，大項目（2）のアが，続く大項目（2）の「イ及びウへの導入」と説明されていることから，この配列のまま指導することが求められていると考えられる[104]。

　従前の公民科「倫理」の3つの大項目は，「生徒自身の人生観・世界観ないし価値観の形成を図るという観点から二つの大項目による構成」に改めたとする[105]。大項目（1）では，先ず青年期の自己形成という課題を自覚させてから，「在り方生き方」について，先哲の考え方を手がかりにして考えさせたり，日本人の考え方を学ばせたりすることになっている。続く大項目（2）では，「現代における倫理的諸課題」と現代における「在り方生き方」を問い，生徒が自己形成に生かすことができるようにしたとする。特に，（2）のウでは，「生命と環境，家族・地域社会と情報社会，世界の様々な文化の理解と人類の福祉」の3つの視点に即して，一つずつ課題を選択して学

ばせることになっている[106]。

　しかし，この内容構成では，現代社会を生きるための自己の価値観形成が課題であると気付いても，その現代社会と根本にある倫理的問題の認識については大項目（2）で行うようになっており，大項目（1）では，予め先哲及び日本人の考え方を学んでおくことになる。また大項目（2）のアでは，「現代の特質と倫理的課題」で，「イ及びウにおいて自己の問題として追究させるための前提として問題意識をもたせる」ことと，「今日の我々がどのような課題に直面しているかを全体として外観させ理解させる」ことになっている。ここでは現代社会の倫理的問題の全体を理解しておくことに止まり，大項目（2）のイでようやく，「倫理的な見方や考え方を身に付けさせ」，大項目（2）のウで選択して「自己の課題とつなげて追究」をさせるようになっている[107]。このような内容構成によれば，予め理解しておいた「倫理的な見方や考え方」により，「倫理」学習の最後になって，気付いていた倫理的諸問題から選択し，それを自己の課題として考えてみることに止まる。様々な倫理的問題に対して，自己の価値観を繰り返し吟味したり，修正したりしてみることはできず，「価値観形成力」の育成は難しいと考えられる。

(3)　2009（平成21）年版高等学校学習指導要領公民科「倫理」の内容構成

①2009（平成21）年版の公民科「倫理」の内容構成の特質

　では，今改訂による公民科「倫理」の内容構成はどうなっているだろうか。図示すれば次の図2-1のようになると考えられる[108]。

　大項目（1）では，生徒の経験を通して青年期の意義と課題を理解させ，自己形成に向けて自己の生き方を考えさせ，現代社会の倫理的問題にも気付かせる。続く大項目（2）では生徒の人間としての（あるいは日本人としての）課題とかかわらせ，先哲の思想を手掛かりにして，人間の存在や価値について考えさせる。これらを踏まえて，大項目（3）では自己の課題とかかわらせて現代社会の倫理的問題について考えさせ，自己の価値観について自

68 第1部 「倫理」カリキュラム改革のための基礎研究

覚を深めさせたり，「倫理的な見方や考え方」[109]（図2-1の下線部），すなわち，現代に生きる我々が直面する問題を「倫理的な視点」から捉え，自らのこととして考えていく力を身に付けさせたりしようとしているのである。

このように公民科「倫理」の内容構成は，青年期の自己，人間，現代社会の順に，それぞれの倫理的問題を取り上げている。先哲の思想はあくまでも手がかりとしながら，問題について考えさせ（すなわち追求させ），自己の価値観について自覚を深めさせるとともに，倫理的な見方や考え方を身に付けさせようとしており，これらの特質は，公民科の科目として設置されて以来，基本的に変わっていない。これまで公民科「倫理」は，上記の特質を持つ内容構成により，現代社会の倫理的問題に対する自己の価値観を形成していく資質の育成を目指してきたのである。

②2009（平成21）年版の公民科「倫理」の内容構成の課題

では市民的資質育成，特に現代社会の倫理的問題に対する自己の価値観形成を目指すという観点から，この内容構成が抱えている課題は何であろうか。以下の3点を指摘することができる。

1点目は，現代社会の倫理的課題の認識が十分できないことである。なぜなら，先ず現代社会の倫理的課題は基本的に最後尾の大項目（3）で（一部は選択して）扱うことになっているだけであり，年間を通して学習するようになっていないからである。なお，導入として位置づく大項目（1）では，「自分の生き方にとって身近な問題が現代の倫理的課題にかかわってくることに気付かせ」るとあるが，続く大項目（2）では，人間の存在や価値という原理的・根本的な内容を学習するようになっている[110]。大項目（1），（2）の内容構成では，その箇所の学習をしている期間，生徒は課題に気付くだけで，十分に認識することができないのである。現代社会の倫理的課題は事実認識を通さなければ把握できない。それに対する価値判断もできない。しかし，この内容構成では，生徒は倫理的課題について十分な事実認識をしないまま，大項目（3）で課題を選び，追求することになる。倫理的課

第 2 章　「市民性教育」からみた「倫理」カリキュラムの現状と課題　69

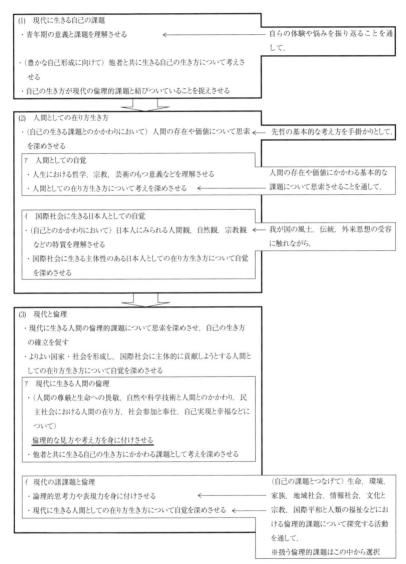

図2-1　2009（平成21）年版の公民科「倫理」の内容構成

拙稿「『倫理』カリキュラムの改善―市民的資質育成の観点から―」広島経済大学経済学会『広島経済大学研究論集』第36巻，第2号，2013年，p.82より。

70　第1部　「倫理」カリキュラム改革のための基礎研究

題に対する価値判断を積み重ね，その総体となる価値観を形成していこうと
すれば，年間を通して，事実認識を踏まえた課題の認識とそれに対する価値
判断を行う必要があるはずである。また列記されている倫理的課題は，「政
治・経済」で事実認識を深めてから扱うほうが良いものが多い。しかし「政
治・経済」の内容構成では，「現代社会の諸課題」は年間カリキュラムの最
後に扱うことになっており，それらの課題を「倫理」で原理的（倫理的）に
追求しようとすると，仮に同学年で両科目を学習するとしても年度末まで待
たねばならない[111]。結局，年間を通して事実認識をよく踏まえた倫理的課
題の認識と追求は困難となる。

　2点目は，現代社会の倫理的問題に対する手がかりとして先哲の思想（す
なわち価値観）を扱うことが難しいことである。結果として，先哲の思想を
理解させることに止まってしまうことになる。なぜなら，先哲の思想を手が
かりにすることを本文中に明記しているのは大項目（2）であるが，ここで
は人間の存在あるいは価値，具体的には哲学，宗教，芸術の意義，また日本
人の人間観や自然観，宗教観に関する先哲の思想を手がかりとして学習する
ようになっているからである。大項目（1）で「現代の倫理的課題に取り組
む上で，先哲の思想が手掛かりとなることを気付かせる」のであれば，続く
大項目（2）では，現代社会の倫理的問題と手がかりとなる先哲の思想を扱
う必要があると考えられるが，実際には，人間の存在や価値と，そのための
先哲の思想が取り上げられることになっている[112]。仮にその中で，大項目
（3）で現代社会の倫理的問題を追求するための手がかりになるものがある
としても，ここでは先に理解させておくことになっている。なお大項目
（2）で，いかに先哲の思想を手がかりとするかについては，「先哲がどのよ
うに問い，どのように答えを求めているかを参考にしながら，自らの答えを
求めて思索を深めさせる。」とあるだけで十分示されていない[113]。これは単
元構成上の課題でもある。

　3点目は，倫理的な見方や考え方を獲得させ，「価値観形成力」を育成す

第2章 「市民性教育」からみた「倫理」カリキュラムの現状と課題　71

ることが難しいことである。いかに現実の社会の中から倫理的課題をとらえ，それをいかに追求すればよいのかがわからなければ，自ら価値観を形成できるようにはならない。したがって，現代社会の問題を倫理的視点から捉え，自己の課題として追求していくための倫理的な見方や考え方は，「倫理」で育成すべき市民的資質である「価値観形成力」の中核をなすともいえるものであり，これを獲得するには，その方法について学習するとともに，実際に現代社会の事実認識を通して，そこに内包される倫理的課題を認識し，それに対する手がかりを得ながら価値判断を修正してみることを繰り返す必要がある。しかし，この学習は基本的に大項目（3）で行うことになる。それまでは（事実認識も含めて）現代社会の倫理的課題について学習するようになっていないからである。したがって生徒は現代社会の中で何が倫理的課題であり，それに対して自分はどのような価値観を持っており，いかに追求していけばよいのかほとんど学習しないまま，大項目（3）で現代社会の倫理的課題を選択し追求しなければならず，ここから倫理的見方や考え方を獲得していくことはさらに難しいのである。

　これらの課題の根本的な要因には，この内容構成が，現代社会とその倫理的課題の認識を中心に位置付けていないことがある。「倫理」で育成を目指しているのが，現代社会の倫理的課題に対する自己の価値観を形成していく資質である以上，大項目（1）の学習では，現代社会の中で生きる自己の形成について，続く大項目（2）では，現代社会で生きる自らの存在や価値についてそれぞれ追求する必要があるにもかかわらず，その前提となる現代社会についての事実認識と倫理的課題の認識は，最後の大項目（3）で行うようになっているのである。結果として，手がかりであるはずの先哲の思想（価値観）を理解しておき，現代社会を倫理的な視点から捉え，追求してみる学習が十分できない。

　では，このような価値観を理解する学習から脱して，現代社会の倫理的課題に対する自己の価値観を形成していく学習に転換するためには，どのよう

なカリキュラムが必要となるだろうか。

2 公民科「倫理」の内容構成が抱える課題

これまで分析してきた公民科「倫理」の内容構成は，いずれも生徒の人格の確立，人生観・世界観の確立，すなわち固定的な価値観形成を図るものとなっていた[114]。

なぜなら公民科「倫理」は，新設時から「在り方生き方教育」の中核的役割を期待されてきており，この考え方は社会の認識とは別に，「在り方生き方」を確立しようとするものだからである。この考え方による内容構成では，基本的に固定的な価値観を形成ないし確立することにとどまってしまい，変化を続ける現代社会とその中で新たに生じる倫理的問題に対し，それまでの自己の価値観を吟味したり，修正したりしていくための資質を育成できないのである。また先にも明らかにした通り，「在り方生き方教育」のねらいは，改訂を経て次第に，より主体的で開かれた価値観形成を目指すようになってきているが，その内容構成は，手がかりとなるはずの他者の価値観を理解させておくことにとどまり，現代社会の認識を十分に扱えるようにはなっていない。

このような考え方と内容構成にしたがって「倫理」カリキュラムを開発する場合，次のような課題があると考えられる。

第1に，現代社会と，その根本にある倫理的問題について十分に認識ができないことである。これにより，「倫理」の学習を通じて形成する生徒の価値観は，固定的で閉ざされたものとなり，今後の現代社会の倫理的問題に対するものにならないと考えられる。

第2に，先哲らの思想や考え方，すなわち既存の他者の価値観を，現代社会の倫理的問題に対する価値観形成の手がかりとして取り上げることが難しいことである。手がかりであるはずの他者の価値観を先ずは理解させておく，ないしは教え込んでしまうことになる。また，いかに手がかりにすれば

よいのかも明らかではない。

　第3に，現代社会の倫理的問題に対する自己の価値観を形成していく資質である「価値観形成力」，ないしは，われわれが直面する現代社会の問題を「倫理的な視点」から捉え，自らのこととして考えていく力である倫理的な見方や考え方を育成しようとすれば，生徒が，どのように他者の価値観を手がかりに自己の価値観を形成すればよいのか学習し，実際に他者の価値観を手がかりにしてみて，自己の価値観を吟味したり，修正したりしてみなければならないと考えられるが，これまでみてきたように，「在り方生き方教育」としての公民科「倫理」の内容構成は，このような主体的に開かれた価値観形成を繰り返し行ってみるようにはなっていないと考えられる。

　これまで明らかにしてきたように，公民科「倫理」は，「在り方生き方教育」のねらいとそれに基づく内容構成を特質としており，これにより教師がカリキュラムないしは授業を開発しても，それは閉じた受け身的なものに止まってしまい，「価値観形成力」を育成することができないと考えられるのである。

　こうした課題点に対しては，改善を目指してこれまでに単元レベルの「倫理」授業が開発されてきている。次章では，どのような「倫理」単元が開発されて，それらはどのような課題を抱えているかを明らかにしていく。

［註］

1 ）文部省『高等学校学習指導要領解説　総則編』光風出版，1962 年，p. 8 参照．これは1959 年 7 月 28 日に文部大臣から教育課程審議会に諮問された事項の一つ「高等学校教育課程の改善について」の特に考慮を要する点としてあげられていた「高等学校における道徳教育の充実徹底」を受けてのことだった。

2 ）同書，p. 9．

3 ）同書，p. 9．

4 ）文部省『高等学校学習指導要領解説　社会編』好学社，1961 年，pp.31-33，194.

5 ）同書，pp.31-32.

74　第1部　「倫理」カリキュラム改革のための基礎研究

6）文部省『高等学校学習指導要領解説　社会編』大阪書籍，1972 年，pp.5-6.

7）同書，p.9.

8）同書，pp.36-38.

9）同書，pp.284-285.

10）文部省，前掲書 4），pp.31-33 参照.

11）文部省，前掲書 6），pp.42-44.

12）文部省『高等学校学習指導要領解説　社会編』一橋出版，1979 年，pp. まえがき，7 参照.

13）同書，p.7.

14）同書，p.3.

15）同書，p.9.

16）同書，pp.150-151.

17）菱村幸彦編著『高等学校新教育課程の解説』ぎょうせい，1978 年，pp.198-199.

18）文部省，前掲書 12），pp.150-151.

19）文部省，前掲書 12），p.150.

20）文部省『高等学校学習指導要領解説　公民編』実教出版，1989 年，p.5.

21）同書，p.6.

22）同書，p.6.

23）文部省『高等学校学習指導要領解説　総則編』東山書房，1989 年，p.64.

24）同書，pp.63-64.

25）文部省，前掲書 20），p.49.

26）文部省，前掲書 20），p.70.

27）文部省『高等学校学習指導要領解説　総則編』東山書房，1999 年，p.3. 他に，第 15 期中央教育審議会答申「21 世紀を展望した我が国の教育の在り方について―子供に［生きる力］と［ゆとり］を―」，文部科学省 HP（http://www.mext.go.jp/b_menu/shingi/old，2014 年 10 月 15 日確認）参照. 同答申では「これからの学校教育は・知識を教え込む教育から，自ら学び，自ら考える教育へと転換を目指します。・［生きる力］という生涯学習の基礎的な力を育むことを大切にします。」とも説明されている。

28）文部省『高等学校学校指導要領解説　公民編』実教出版，1999 年，p.4.

29）同書，p.4.

30）文部省，前掲書 27），pp.76-77.

31）文部省，前掲書 28），p.5. 文部省　前掲書 27），p.78.

第 2 章　「市民性教育」からみた「倫理」カリキュラムの現状と課題　75

32）文部省，前掲書 28），pp.141-142.

33）文部省，前掲書 28），pp.1-3，42-44.

34）文部省，前掲書 28），p.41.

35）中央教育審議会『幼稚園，小学校，中学校，高等学校及び特別支援学校の学習指導要領等の改善について（答申）』，2008 年，pp.22，29，41.

36）同書，p.59.

37）同書，p.126.

38）同書，pp.81-82.

39）文部科学省『高等学校学習指導要領解説　総則編』東山書房，2009 年，p.18.　文部省，前掲書 27），p.76 参照.

40）文部科学省，同書，p.19.　同書では，「公民科については，公正な判断力を養う学習と，人間としての在り方生き方について考える学習を一層充実し，生きる主体としての自己の確立を促すことを求めている。」とする。他に，文部省，同書，p.78 参照.

41）文部省，同書，p.78.

42）文部科学省，前掲書 39），p.20.

43）文部科学省『高等学校学習指導要領解説　公民編』教育出版，2010 年，p.24.

44）同書，p.24.

45）同書，p.25.

46）同書，p.24.　文部省，前掲書 28），pp.41-42.

47）同書，p.26.

48）公民科「倫理」は道徳教育の観点からは，「現代社会」及び特別活動とともに，高等学校における道徳教育としての「在り方生き方教育」（「人間としての在り方生き方」に関する教育）の中核的な指導場面として位置付けられている。（文部科学省，同書，p.24.　文部科学省，前掲書 39），pp.18-19 他参照.）

49）文部科学省，同書，pp.24-25.

50）文部科学省，同書，p.25.

51）文部省『高等学校学習指導要領』大蔵省印刷局，1989 年，p.1.

52）文部省，前掲書 23），p.62.

53）文部省，前掲書 23），p.62.

54）文部省，前掲書 23），p.62.

55）文部省，前掲書 23），p.63.

56）文部省，前掲書 20），p.5.

57）文部省，前掲書 20），p.64.

76 第1部 「倫理」カリキュラム改革のための基礎研究

58) 文部省，前掲書52)，p.64.

59) 文部省，前掲書20)，pp.48-49.

60) 文部省，前掲書20)，p.50.

61) 文部省『高等学校学習指導要領』国立印刷局，1999年，p.1.

62) 文部省，前掲書27)，p.77.

63) 同書，p.78. なお履修のあり方については，引き続き「公民科については，「現代社会」又は「倫理」・「政治・経済」をすべての生徒に履修させることとしている（総則第3款の1の（3））。」とある。（同書，p.79.）

64) 同書，pp.78-79. なお「理解と思索を深め」ることの意味ついては，「先哲の考え方などを単に知識として学ぶことを目指すのではなく，生徒個々が自らの人生観・世界観ないし価値観を形成するよう，自己とのかかわりにおいてとらえ，自ら思索することをめざすものである」とする。（文部省，前掲書28)，p.43.）

65) 瀬戸真，加部佐助編著『人間の在り方を求める新教育1　人間の在り方を求める』ぎょうせい，1990年，pp.2，14.

66) 同書，p.14.

67) 同書，p.15.

68) 同書，p.16.

69) 斎藤弘『公民科教育への歩みと課題』富士教育出版社，2001年，p.343.

70) 同書，p.34.

71) 同書，p.34.

72) 森秀夫『公民科教育法』学芸図書，1992年，pp.10，18.

73) 在り方生き方教育研究会『在り方生き方教育』学陽書房，1994年，p.10.

74) 同書，p.11.

75) 同書，p.2.

76) 中央教育審議会，前掲書35)，p.44.

77) 中央教育審議会，前掲書35)，p.59.

78) 中央教育審議会，前掲書35)，p.82.

79) 中央教育審議会，前掲書35)，p.82.

80) 文部省，前掲書61)，p.1. 文部科学省，前掲書39)，p.135.

81) 文部科学省，前掲書39)，p.18. なお，「中教審答申」により，幼稚園においては「規範意識の芽生えを培うこと」，小学校においては「自己の生き方の指導を充実すること」，中学校においては，「人間としての生き方を見つめさせる指導を充実すること」，高等学校においては，「人間としての在り方生き方についての自覚を一層

第 2 章 「市民性教育」からみた「倫理」カリキュラムの現状と課題　77

深める指導を充実すること」が求められているように，学校段階ごとに取り組むべき重点が明らかになった。（中央教育審議会，前掲書 35），p.59.）

82）文部科学省，前掲書 39），p.19.

83）文部科学省，前掲書 39），p.19.

84）文部科学省，前掲書 39），p.20.

85）文部科学省，前掲書 43），p.24.

86）文部科学省，前掲書 43），p.25.

87）文部省，前掲書 20），p.5.

88）文部省，前掲書 43），p.25.

89）澤瀉久敬『哲学と科学』NHK ブックス，1967 年，p.142 参照.

90）森分孝治『現代社会科授業理論』明治図書，1984 年，p.106. 見田宗介『価値意識の理論』弘文堂，pp.70-71，172. 社会認識教育学会編『公民科教育』学術図書出版社，2010 年，p.23 参照.

91）加藤尚武『哲学原理の転換』未來社，2012 年，pp.29-30，193 参照.

92）財団法人日本青少年研究所『高校生の心と体の健康に関する調査』，2011 年 3 月，p.1.

93）同書，p.48.

94）財団法人日本青少年研究所『中学生・高校生の生活と意識』，2009 年 3 月，p.29.

95）同書，p.29.

96）中央教育審議会，前掲書 35），p.15.

97）財団法人日本青少年研究所，前掲書 94），pp.90-91. 例えば「社会のことはとても複雑で，私が関与したくない」との問いに，「全くそう思う」と「まあそう思う」と回答した割合の合計は，中学生 53.6％，高校生 48.7％と，それぞれ 4 カ国中もっとも大きい。また，「私の参加により，変えてほしい社会現象がすこし変えられるかもしれない」との問いには，「全くそう思う」と「まあまあそう思う」と回答した割合の合計は，中学生 37.3％，高校生 30.1％と，それぞれ 4 カ国中もっとも小さい。

98）Benesse HP（http://benesse.jp/berd/center/open/，2014 年 12 月 4 日確認済）.

99）文部省，前掲書 23），pp.136-137.

100）文部省，前掲書 23），p.51.

101）文部省，前掲書 28），pp.42-43.

102）文部省，前掲書 28），p.44.

103）文部省，前掲書 28），pp.142-143.

104）文部省，前掲書 28），p.143.

78　第1部　「倫理」カリキュラム改革のための基礎研究

105) 文部省，前掲書 28)，p.44.

106) 文部省，前掲書 28)，pp.45，66.

107) 文部省，前掲書 28)，pp.60，65.

108) 文部科学省，前掲書 43)，pp.82-83.

109)「倫理的な見方や考え方」という表現が用いられたのは 1999（平成 11）年版の
　　 公民科「倫理」からであるが，1989（平成元）年から登場した，「人生や社会の問
　　 題を自分自身の問題として，主体的に考える態度や習慣を身に付けさせる」（文部
　　 省，前掲書 20)，p.72.）ことを重視する点は変わっていない。

110) 文部科学省，前掲書 43)，pp.26-28.

111) 文部科学省，前掲書 43)，pp.83-85.

112) 文部科学省，前掲書 43)，p.28.

113) 文部科学省，前掲書 43)，p.40. 同解説は他に「3　指導計画の作成と指導上の
　　 配慮事項」（p.40）の中で，知識の習得に終わらせたり，学習への意欲を減退させ
　　 たりしないために「先哲の生き方・考え方を生徒のもつ課題や悩みなどと結び付け」
　　 るよう求めているが，ここでも現代社会の倫理的問題に対して，いかに手掛かり
　　 とすべきかは必ずしも明らかでない。

114) これは，社会科「倫理・社会」及び社会科「倫理」から通底していると考えられる。
　　 （拙稿「高等学校公民科『倫理』の基本的性格―高等学校学習指導要領のねらいの
　　 変遷と青少年の意識調査の分析を通して―」広島経済大学経済学会編『広島経済
　　 大学研究論集』第 34 巻第 2 号，2011 年，p.41 参照.）

第3章　「在り方生き方教育」としての
「倫理」単元の改善と課題

　これまでに，今後求められる「市民性教育」としての「倫理」カリキュラムを開発するという視点から，高等学校現場等で開発されてきた典型的なカリキュラムが抱えている課題を明らかにしてきた。またその背景には，学習指導要領のねらいや内容構成が課題を内包していることも明らかにした。すなわち現代社会と，その根本にある倫理的問題についての認識をねらいとしていないこと，また，他者の価値観をいかに自己の価値観形成の手がかりにすればよいのか明確でなく，結果としてそれらを教え込むようになっていること，さらに，主体的な価値観を確立ないし形成するための資質育成を目指しながら，実際にそれを生徒がやってみる，繰り返してみるようにはなっていないことがある。

　これらは，「在り方生き方教育」をねらいとして示すようになった公民科「倫理」において明確になってきたが，先の社会科「倫理」等が抱えていた課題とも通底していると考えられる。

　そこで第3章では，従来の高等学校現場における典型的な「倫理」カリキュラムや，その背景にある（「在り方生き方教育」を内包する）学習指導要領「倫理」が抱えている課題を改善しようとした実践的，開発的研究及び開発された単元を分析し，それらの特質とともに，残された課題を明らかにしていきたい。

第1節　「倫理」単元の類型化の指標

　学習指導要領「倫理」の抱える課題を改善しようとしてきた代表的な実践

80 第1部 「倫理」カリキュラム改革のための基礎研究

的研究，特にそこで開発された「倫理」単元を分析していくために，先ず分析の視点を明らかにしておきたい。

「倫理」授業において，現代社会，特にそこで生じる倫理的問題に対する自己の価値観を形成していく資質，すなわち「価値観形成力」を育成しようとするなら，学習の内容には，現代社会の倫理的問題はもとより，そうした問題にかかわる（ないしは対する）他者の価値観を扱う必要があるであろう。なぜならわれわれは，そうした価値観を手がかりにしつつ，問題に対する自己の価値判断の内容（すなわち価値観）を反省したり修正したりして，自己の価値観を形成していると考えられるからである[1]。したがって「価値観形成力」を育成しようとする「倫理」授業では，今日多様かつ豊かにある価値観（すなわち「教養としての価値観」）の中でも特に，現代社会で生じている倫理的問題にかかわる価値観（すなわち「倫理的問題に対する価値観」）を学習の内容として扱う必要があるであろう。

また学習の方法としては，示された諸価値観を理解するだけでなく，生徒が自ら，必要と考える価値観を見つけ出し，選び取り，それらを手がかりにして自己の価値観を形成してみる必要がある。なぜなら，実際に価値観形成してみなければ自らできるようにはならないと考えられるからである[2]。

ここで，学習の内容となる教養としての価値観，あるいは倫理的問題に対する価値観を指標（一）に，また学習の方法としての理解，あるいは形成を指標（二）として「倫理」授業の類型化をしてみると，次の表3-1のような4類型が考えられる。

先ず，「①教養としての価値観理解型」は，将来にわたり現代社会の倫理的問題に対し，自己の価値観を形成していく手がかりとなり得る様々な価値観を理解しておく授業となる。しかし，自らが当面する倫理的問題に直接かかわらないような価値観であっても理解しておこうとすることで教養主義に陥ることが考えられる。

次に，「②倫理的問題に対する価値観理解型」は，自らの現代社会の倫理

第3章　「在り方生き方教育」としての「倫理」単元の改善と課題　　81

表3-1　「倫理」授業の類型

指標(二) ＼ 指標(一)	教養としての価値観	倫理的問題に対する価値観
理解	①教養としての価値観理解型	②倫理的問題に対する価値観理解型
形成	③教養としての価値観形成型	④倫理的問題に対する価値観形成型

拙稿「倫理的問題に対する価値観を形成する『倫理』の学習—ソクラテスとプラトンの『人物研究』を取り入れた民主主義の学習を事例に—」日本社会科教育学会『社会科教育研究』№120，2013年，p.23 より．

的問題に対して手がかりとなる価値観を理解する授業である。ただし，示された価値観を理解するだけでは自ら価値観を形成できるようにはならない。

　続いて，価値観の理解に止まらず，生徒が自ら社会にある様々な価値観や解釈を見つけ選び出せるようになることをめざす「③教養としての価値観形成型」が考えられる。しかし手がかりになる価値観を見つけても，具体的な倫理的問題を追求してみない限り，その問題に対する自己の価値観を形成することはできない。

　最後に「④倫理的問題に対する価値観形成型」が考えられる。生徒が追求した倫理的問題に対して，他者の価値観を見つけ出し，それを手がかりにして自己の価値観を形成してみる授業である。この型の授業を繰り返していくことが，「価値観形成力」を育成することにつながると考えられる。

　以下では，これらの類型ごとの代表的な先行実践を分析し，それぞれの特質と課題について具体的に明らかにしていく[3]。

第2節　教養としての価値観理解型単元

　「教養としての価値観理解型」授業例として田渕五十生の実践がある[4]。田渕は，社会科「倫理」への改訂を前にした「倫理・社会」の授業において，「宗教的情操の涵養」が青年期の価値観形成の基礎としての意義をもつ

82　第1部　「倫理」カリキュラム改革のための基礎研究

として，単元「キリスト教の基本的な考え方」（全5時間。3つの小単元，「『旧約聖書』の人間観」，「イエスの生きざまと思想」，「原始キリスト教団のキリスト信仰」で構成。）を実践した[5]。

　田渕はこの実践にあたり，キリスト教の思想を学び人生における宗教の意味を理解していくためのイエス像に着目している。既存の教科書がイエスについて，「歴史のはざまで，どのように生き，何を語ったかという事実を希薄化」して記述していると批判し，「伝統の中でイエスが何を語り，何を行ったのか，また刑死したイエスが何故弟子達によってキリストと告白され，信仰の対象とされたのか，その根底にはいかなる価値観，人間理解がなされていたのか。」という「史的イエス」にかかわる問題を取り上げている[6]。また単元の最後には，キリスト教の現代における意味に気付かせたり，その考え方を深く理解させたりするため，現代にある人間疎外の問題を取り上げている。

　本実践は，生徒がイエスの人物像を深く理解することを通して，将来，自己の価値観を形成する手がかりとなり得るキリスト教の考え方（特に価値観）やその現代的意味について，深く理解ができる人物学習だといえよう。

　ただし生徒は，この授業で理解したことを，どのように手がかりにして，倫理的問題に対する自己の価値観を形成していけばよいのかまでは学習していない。したがって，将来にわたって自己の価値観形成の手がかりとなり得る様々な価値観を理解しておくことに止まる「教養としての価値観理解型」の授業といえる。

第3節　倫理的問題に対する価値観理解型単元

　「倫理的問題に対する価値観理解型」授業例として大塚賢司の実践がある[7]。大塚は「倫理」教育における「通史学習主義かテーマ学習主義か」という論争を乗り越えるために，公民科「倫理」へ移行する前の社会科「倫

理」の授業において，1，2学期の間に「体系性と主題性の統合・統一の試み」を行った[8]。この実践は，生徒の実生活や生き方と関係があり，いかに現代社会をとらえればよいかを考えられるとともに，根本的に考えようとすれば思想史をさかのぼる必要があるとする「競争」を学習テーマに設定することで，論争となっている問題を乗り越えようとした[9]。

　具体的には，生徒の多くがとらわれ不安を感じている，現代社会における他者との敵対的「競争」状態をいかにとらえ評価すればよいかという倫理的問題について，「第一章　人類の歴史の大略」「第二章　中世から近代へ」「第三章　現代日本の資本主義社会」「第四章　競争を乗り越える思想家」「第五章　競争を乗り越えるための内面の変革（実存主義）」「第六章　競争への超然とした姿勢」「第七章　最後に」という内容の構成によって考えていくようになっている[10]。また，教師が思想史の流れをふまえつつテーマと関連する思想家の考え方を選び，各単元で生徒に理解させ，それらを手がかりにして問題に対する自らの考えをノートに記述させてみるようになっている。

　この実践は基本的に，教師が選んだテーマないしは倫理的問題と，それに関連して教師が選んだ価値観について理解させていくことで「生徒に考えるきっかけを与えること」をめざした，「倫理的問題に対する価値観理解型」の授業といえよう[11]。生徒は，このように示された倫理的問題とそれに対する価値観を理解するだけでは，自ら価値観形成できるようにはならない。また，問題に対する手がかりとして扱うはずの価値観を，思想史の流れをふまえて取り上げようとする限り，教養主義に陥る可能性をもっている。

第4節　教養としての価値観形成型単元

　「教養としての価値観形成型」授業例として児玉康弘の実践がある[12]。児玉は公民科「倫理」，「現代社会」の教育内容である「先哲の思想」に着目

84　第1部 「倫理」カリキュラム改革のための基礎研究

し，「思想の内包する価値を教える」のでも「知識成長を伴わない形式的思考訓練をさせる」のでもない，「事実認識を豊かにしながら思想の社会的背景や意味を考えさせよう」とする「解釈批判学習」として，小単元「ソクラテスの死」（全3時間）を実践した[13]。

　具体的にはソクラテスの死の理由について，当時のアテネの社会状況を探求させることを通して，複数の解釈を発見させ，どれが真実に近いかを主体的に「選択・総合・判断」させている[14]。また解釈は，する側の問題意識によって異なることも学習させている。なお，それぞれの解釈について理解を容易にするために，現代社会で苦悩した青年の例を示している。

　この実践は，社会的背景について認識を深めさせることを通して，生徒に人物の行為や考え方についての異なる解釈を見つけ出させ，選ばせてみるようになっている。異なる人物の考え方について，当時の社会的背景をふまえて解釈を見出し，「思想形成の参考」，すなわち自己の価値観形成の手がかりを得られるようになることをめざしている[15]。

　ただ，自ら価値観の形成が出来るようになるためには，見つけ出した価値観や解釈を，実際に現代社会の倫理的問題に対する手がかりにしてみなければならないであろう。確かに児玉が指摘する通り，「ソクラテスが批判した政治・経済のあり方は，生徒が現代社会のあり方を考える上でも重要な問題を含む」と考えられる[16]。しかし実際の展開では，学習したソクラテスの考え方やその社会的背景を手がかりにして，現代社会の根本にある倫理的問題に気づき捉え，それに対する自己の価値観を考えていくようにはなっていない。

　この実践は生徒が，与えられた価値観を理解することに止まっておらず，人物の行為について社会的背景まで探求し，そこから新たな価値観や解釈を見つけ出し，自己の価値観を形成する手がかりを得ていくことをめざす人物学習だといえる。しかし，獲得した価値観等を，実際に現代社会の倫理的問題に対する手がかりにしてみるようにはなっておらず「教養としての価値観

形成型」の授業となっている。

第5節 「倫理」単元の課題
―倫理的問題に対する価値観形成型の単元を求めて―

　これまで，生徒が自ら倫理的問題に対する価値観を見つけ出し，それを手がかりにして自己の価値観を形成してみる，すなわち「価値観形成力」を育成することにつながる「倫理」授業について明らかにしていくために，学習の内容と方法を指標として授業の類型化を行った。

　その上で，学習指導要領「倫理」の抱えている諸課題を乗り越えようとしてきた代表的な「倫理」実践を分析してきたが，いずれも様々な価値観について生徒に学習させようとしていながら，現代社会に対する自己の価値観を形成する資質を育成する上では課題を抱えていた。すなわち，生徒が他者の価値観を教養として理解しておくこと，あるいは倫理的問題に関連するとして教師から示された他者の価値観を理解することに止まっていたり，生徒が価値観を見つけ選び出しても，それらを手がかりにして，実際に倫理的問題に気づき，追求し捉え，それに対する自己の価値観を形成してみるようにはなっていなかったりした。倫理的問題に対して閉じられた価値観の形成に止まっているのである。

　これらの課題を克服するには，「倫理」の授業を，生徒が実際に他者の価値観を見つけ選び出し，それらを手がかりにして，自らにもかかわることとして捉えた現代社会の倫理的問題に対し，自己の価値観を形成してみる「倫理的問題に対する価値観形成型」へと転換していく必要があると考えられるが，管見によれば，この型の実践的研究がいまだないのである。

[註]

1）見田宗介『価値意識の理論』弘文堂，1996 年，pp.107, 172. 鑪幹八郎『アイデンティ

86　第1部　「倫理」カリキュラム改革のための基礎研究

ティとライフサイクル論』ナカニシヤ出版，2002年，p.268．依田新他編『現代青年の性格形成』金子書房，1973年，pp.68-74，159-162．大杉昭英「社会科における価値学習の可能性」全国社会科教育学会『社会科研究』第75号，2011年，pp.1-10参照．

2）小原友行「学習の主体性」全国社会科教育学会『社会科教育論叢』第35集，1988年，p.74参照．

3）分析の対象にした実践は，田渕五十生『国際理解・人権を考える社会科授業』明石書房，1990年，pp.187-201．大塚健司「高校倫理で体系性と主題性を統合する試み―『競争』を教材化する―」日本公民教育学会『公民教育研究』Vol.1，1993年，pp.49-64．児玉康弘「『公民科』における解釈批判学習―『先哲の思想』の扱い―」社会系教科教育学会『社会系教科教育学研究』第16号，2004年，pp.73-81．

　　他に，代表的な「倫理」の実践として，熊田亘『高校生と学ぶ死―「死の授業」の一年間―』清水書院，1998年．中嶌裕一「公民科『倫理』グループ・プレゼンテーションの実践とその検討」日本社会科教育学会『社会科教育研究』No.83，2000年，pp.45-54．大谷いづみ「高等学校公民科『倫理』におけるカルト対策授業の試み―『自分探し』に着目して―」日本社会科教育学会『社会科教育研究』No.87，2002年，pp.64-74等．

4）田渕五十生，同書，pp.187-201．

5）田渕五十生，同書，pp.187，192-200．

6）田渕五十生，同書，pp.191-192．

7）大塚健司，前掲論文3），pp.49-64．

8）大塚健司，前掲論文3），pp.50，62．

9）大塚健司，前掲論文3），p.62．

10）大塚健司，前掲論文3），pp.55-62．

11）大塚健司，前掲論文3），p.63．

12）児玉康弘，前掲論文3），pp.73-81．

13）児玉康弘，前掲論文3），pp.78-80．

14）児玉康弘，前掲論文3），p.79．

15）児玉康弘，前掲論文3），p.80．

16）児玉康弘，前掲論文3），p.80．

第4章 「市民性教育」としての
価値観形成学習理論の展開と課題
―「在り方生き方教育」から「市民性教育」への転換（1）―

これまでに，高等学校における実践の基準，カリキュラム開発の背景であり，「在り方生き方教育」としての性格をもち続けてきた学習指導要領「倫理」を，「市民性教育」としてのそれへと改善しようとして開発されたと考えられる代表的な「倫理」単元を分析し，それらが抱えている，すなわち残された課題を明らかにしてきた。具体的には，現代社会及び倫理的問題に対しながらも，生徒が手がかりにする他者の価値観のことを教師が理解させることに止まっていたり，生徒が手がかりとなる他者の価値観を見つけ選び出しても，実際に生徒が手がかりにしてみるようになっていなかったりしたのである。

このように未だ，生徒が主体的に，現代社会の倫理的問題に対する他者の価値観を見つけ出し，すなわち形成し，それを手がかりにして自らの価値観を吟味したり修正したりしてみるような単元がない。したがって，それをカリキュラム全体で繰り返していくようにもなっていないと考えられるのである。

そこで第4章では，こうした課題を克服して，「在り方生き方教育」としての「倫理」を「市民性教育」としてのそれへと転換するために，これまで社会認識教育学が蓄積してきた，社会認識を通して市民的資質を育成する「市民性教育」としての価値観形成に関する学習理論を分析し，それらの展開と，なお残されている課題を抽出し，「倫理」の授業理論の改革及びカリキュラム構築の方向性を明らかにしていく。

第1節　価値観形成学習理論の展開

　現代社会では，社会的な行為の規準となる価値観（すなわち倫理）の違い
により生じる社会問題や，科学・技術の急速な進歩により生じる価値的，倫
理的な問題が生成し続けている。こうした問題に対し，自己の価値観を反省
し続けることになる生徒に，公民科，中でも「倫理」はどのような市民的資
質を育成すべきであろうか。その中心には，現代社会の特質や課題とそこで
生きる人間の認識にもとづいて，自己の生き方を追求していく力がある[1]。
すなわち，現代社会で生じる倫理的問題に対する自己の価値観を主体的に形
成していくための力を公民科は育成すべきと考えられる。具体的には，現代
社会の倫理的問題に対する自己の価値観を，生徒が自ら多様な他者の価値観
を手がかりにして，吟味し修正していく資質を育成することになろう[2]。

　このような資質は，実際に，生徒が自主的・自発的に価値観を吟味し修正
してみなければ育成できない。すなわち倫理的問題を自分にかかわることと
して把握し，それに対する自己の価値観を修正する計画を立て，自分たちで
調べた多様な価値観を手がかりにし，話し合いを通して吟味し修正してみる
ような学習活動が必要となる[3]。

　このように現代社会の倫理的問題に対する自己の価値を生徒が主体的に
形成していく学習，すなわち「価値観形成学習」[4]に関して，これまで社会
認識教育学において，「市民的資質」育成の観点からどのような理論が考え
られてきたであろうか。

　高校生の価値観形成に焦点を当てた学習理論としては，『意思決定』主義
の社会科が目指す能力を育成する前提としての「開かれた価値観形成」をめ
ざす社会科（溝口和宏），公共的価値の形成を可能にする「社会的合意形成能
力」の育成をめざす社会科（吉村功太郎），科学的社会認識を核としつつ価値
認識に踏み込み「合理的な思想形成」をめざす社会科（桑原敏典），さらに近

年，価値の多元化する社会で主体的に生きる市民を育成するために「価値認識を成長させる」社会科（大杉昭英）などが提起されている[5]。

以下では，それぞれの学習理論が従前のどのような課題を乗り越えてきたのかを明らかにするとともに，なお残されている課題は何かを抽出し，「倫理」の授業理論の改革及びカリキュラム構築の方向性を明らかにしていく。

第2節　「開かれた価値観形成」をめざす学習理論

「開かれた価値観形成」をめざす社会科は，「市民的資質育成の問題を子どもの社会認識形成の問題から切り離して論じることはできない。」として，社会のあり方について生徒が自主的自律的な判断をすることにより自己の価値観形成をめざす[6]。

この立場からは，主体的な思想形成に関し，すでに「合理的意思決定能力」を目指す「『意思決定』主義社会科」があるとするが，これは活動能力を目標としていることで，「社会科で育成すべき学力像を結果的に曖昧にしてしまいかねない。」ものとして批判する[7]。

そこで，この「『意思決定』主義社会科」も前提としている社会認識についての方法論を明確にするべきだとする。そして，あらためて社会科で育成するべき市民的資質の基盤には社会認識体制があるとし，これがより開かれた中で成長できるようにして，社会的判断力を育成していくために，科学的な社会認識の形成だけでなく，「社会のあり方についての自主的自律的判断にもとづく開かれた価値観形成が必要」だとする[8]。

この学習理論が求める「開かれた価値観形成」を社会科において行うには2つの方途があり，1つは，「社会問題の個人化・個別化」につながる「自主的判断」を子どもが行う学習である[9]。すなわち子どもが，これまでの論争でなされてきた選択や判断の基準を吟味し評価することで，それぞれにとっての社会問題と，それを問題だとする自己の基準とを作り上げる学習であ

90 第1部 「倫理」カリキュラム改革のための基礎研究

る。

　もう1つの方途は，「判断基準の普遍化要請」のための「自律的判断」を子どもが行う学習である[10]。論争や対立の生じている社会問題には，焦点となっている法や制度等の妥当性について正当化（理由づけ）が求められており，それはより普遍的で根元的な判断基準によってなされる必要があり，これを構築していくためには，子どもに社会のあり方に関する自律的な判断を求める学習が必要だとする。

　これらの方途による社会科の学習では「クラス集団による特定の社会的論争問題の擬似的共同的解決という方法」をとらないで，「一人ひとりの子どもが社会的に検討されるべき問題を明確」にし，「問題が社会的に検討されるべきであると判断する根拠を，より普遍性をもった観点から見出す」ことになるのである[11]。

　具体的には，「社会問題を個人化する回路を通して，個人の視点から『問題』を普遍化する契機を探るという，新たな社会問題学習」として開発した単元において，高校生が提示された法や制度にかかわる社会問題への認識を深め，社会的に検討すべきだと考える問題を自ら構成し，それを検討すべきと判断するためのより普遍的な基準まで構築していくという学習を提案している[12]。この単元の中では，生徒が問題を構成し，その判断基準を構築するための手がかりとして，複数の社会的な判断（訴訟）を吟味してみる学習が行われ，「開かれた価値観形成」がなされるのである。

　ただ，この学習理論に対しては，生徒が吟味し価値観形成の手がかりにしているのは，「法律の含意する保護法益」についてであり，このような時代や状況に依存し，限定的で適用範囲も狭いものではなく，より根本的なものにするべきだという批判がある[13]。

　また，その「価値観形成が自己内在的なもの」に止まり，民主主義社会における市民的資質としての価値観形成としては課題が残っているとの批判もある[14]。

このように本学習理論は，あらためて社会科が育成を目指す市民的資質とは社会認識と別個のものではないという基本的な考え方にもとづき，特に思想形成ないし価値観形成に関して，「開かれた価値観形成」というこれからの学習の方向性を明示しているが，各生徒が見出していくことになる「より普遍的で根元的な問題についての判断基準」を，次には，どのように他生徒と吟味し，「対立する双方の立場のものが互いに承認し合える，より普遍的な基準」にしていくのか，そのための議論の方法までは明らかにしていないという課題を抱えているのである[15]。

第3節　「社会的合意形成能力」の育成をめざす学習理論

「社会的合意形成能力」の育成をめざす社会科は，社会的問題を自らの問題として自己内在的に考察し，それに対する互いの主張を「間主観的な対話である議論」によって相互批判，相互調整していく「合意形成過程」を組織することで，先ず，公共的な価値の基盤となる民主的で主体的な個々の価値観形成をめざす。なぜなら価値観形成は，「民主主義社会における市民的資質の基盤」だからである[16]。

この価値観形成を基盤として育成が目指される「社会的合意形成能力」とは，公共的な空間を創出する，すなわち公共的価値を形成する能力とされ，これこそが民主主義社会の主権者に育成するべき資質だとする[17]。

なぜなら民主主義社会は，全ての人々の「主体的な判断の積み重ね」により形成されるものであり，そのための市民的資質には，問題解決方策を社会的過程で合理的に形成する能力や態度があり，その基盤は「民主的で主体的な価値観形成」だからだとする[18]。

このような立場，特に価値観形成という観点から，従来の社会科教育を分類すると，「国民としての教養育成をめざす社会科」，「社会科学研究としての社会科」，「価値認識力・反省的思考力育成の社会科」，「価値選択型の社会

科」,「子どもによる価値の自主的追求による主体的な価値観形成を目指す」社会科の5つ分けられるとする[19]。そして, いずれも「民主的な社会的過程における主体的な価値観形成の保障」という点で不充分なものになっているとする[20]。

このような社会科教育の抱える課題に対しては, 既に「開かれた価値観形成をめざす社会科」が提起されているが, それによる価値観形成は自己内在的なものでしかなく,「主体性と社会性という課題」を克服していく必要があると批判する[21]。

そこでこの学習理論では, 社会科において, 主体性と社会性の課題に応えられる価値観形成, すなわち公共的な価値の基盤となる民主的で主体的な個々の価値観形成をめざすには2つの原理にもとづく学習が必要だとする。1つは, <批判・調整の原理>である。すなわち,「価値観を批判的に相互検証し, 互いに承認可能な価値に基づく価値観の調整を行う」ことである[22]。今1つは, <社会的形成の原理>である。すなわち,「自己と他者の存在を前提とし, 社会的過程を経る」ことである[23]。2つの原理は, この学習理論によれば「社会科授業における価値観形成論にとって必要不可欠な基本原理」だとする[24]。

この2つの原理にもとづく, ないし内包する授業は,「価値観の対立を含む社会的論争問題を授業に取り上げ, 子どもが自らの問題として意識し得るよう, 問題に関する十分な認識を行う段階を設ける。そして, 民主主義原理に基づいた相互批判と相互調整を行う議論の過程を合意形成過程として」構成することになる[25]。

実際に開発された単元の構成をみると, 社会的論争問題として, 情報化に伴う「知る権利」と「プライバシー権」にかかわる問題を取り上げ, 授業過程は「問題の提示」,「問題の把握と分析」, 前半のまとめ及び後半の導入,「再び問題の把握と分析」,「合意形成」という, 社会のあり方について問う合意形成の過程となっている[26]。

第4章 「市民性教育」としての価値観形成学習理論の展開と課題　93

　ただ，この学習理論に対しては，2つの原理，すなわち「批判・調整と合意形成」という手続きを踏めば，公共的な価値を必ず創造できるとはいえないとする批判や，この学習理論によって創出される公共的価値は，生徒の判断によっており質的に稚拙で包括的なものに止まるとする批判がある[27]。

　このように本学習理論は，個々の生徒の価値観と判断を，議論を通して社会的合意，公共的価値まで引き上げさせてみようとするものであり，民主主義を担う市民に必要な中核的な資質育成を図るものと考えられる[28]。

　しかし，社会的問題の把握と分析による生徒間の議論においては，実社会にみられる議論をどう手がかりにするのかまでは重視されていない。「活動主義に堕す」ことなく[29]，より開かれた価値観形成をさせようとするならば，自分達とは異なる多様な他者の議論までも手がかりにして，吟味や修正をしていく方法が必要になる。

第4節　「合理的な思想形成」をめざす学習理論

　「合理的な思想形成」をめざす社会科は，「どのように社会と関わっていくかについては各自の判断に委ねるべき」だとして，個々の自立した思想形成にその役割を限定した学習理論を展開している[30]。

　なぜなら，シティズンシップ・エデュケーションが直接的に市民的資質育成にかかわろうとして，生徒に社会参加や議論をさせようとすることは，確かに「自分を取り巻く社会のあり方を批判させることによって，子ども自身の態度や行動だけでなく社会そのものをも改善しようとしている点で評価」されるが，実際に授業をすることの困難さがあり，こうしたねらいが十分に達成できない（例えば議論で，生徒は自分の感情的な意見に固執したり，多数意見に同調したりする）と考えられるからであり，それに対応しようとする意図的計画的な授業構成は複雑になり，結果として中核である社会認識の形成が不充分になることも考えられるからである[31]。

94 第1部 「倫理」カリキュラム改革のための基礎研究

　この学習理論においては，社会科で育成する資質を生徒の社会認識に限定した上で，科学的な社会認識だけでなく価値認識まで含んで，日々の生活を通し形成してきている，必ずしも合理的ではない生徒個々の思想を，より合理的なものにするよう「直接的な支援」を図ろうとする[32]。なぜなら，対抗社会化を原理とする社会科は，個々の子どもが，社会で受け入れられている考え方について，ただ同調するのでなく，自らよく「納得して自立的に判断できるようになること」を目指しているのであり，そのためには「自主的自立的な思想形成が不可欠」となるからである[33]。

　そこで，このための授業構成は，社会科学にもとづく複数の他者によってなされた社会的問題に対する解釈や評価，判断について，生徒が吟味・検討し比較し，その上で生徒が，（私的な価値観を抑え第三者的立場から）批判をして判断をしていくものとなる。

　このような学習によって生徒は，対象となっている様々な判断等について，それがいかなる事実の解釈にもとづいているのか，またいかなる価値観にもとづいているのかを解明し認識していくのである。そして，このことを通して自己の価値観を見直し，合理的な思想へと再形成するよう促されると考えられている。

　ここで具体的に，この学習理論にもとづいて開発された単元をみていく。示された単元では，原子力発電所建設を争点とした住民投票のことを取り上げ，その「住民投票が実施された理由を明らかにすることと，住民投票制度を日本において本格的に導入すべきかどうかについて自らの考えを形成する」ことをめざしている[34]。このために単元を導入のパート，「住民投票がなぜ実施されたのか」について明らかにするパート，「住民投票を制度化できるか」について追究するパートにより構成している[35]。前半部では，住民投票が実施されることになった理由について，一般的な理由だけでなく，特に当該の自治体で実施された理由が考えられることを学習させ，後半部では，争点になっている住民投票の制度化について2つの観点があることを示

し，それに関連する制度や法案を評価させることも通しながら，この問題に対する自己の価値観を吟味するよう促すのであり，これにより，「生徒自身のこの問題に対する価値観の反省がなされるはず」だとする[36]。

本学習理論は，社会科で育成すべき市民的資質を，価値観まで含めた社会認識に限定した上で，以上のような開かれた学習を展開していくことにより，生徒個々人が，その思想を自主的自立的で合理的なものへと再形成することを促している。

しかし，吟味し認識してきた多様な他者の価値観を，どのように手がかりにして，生徒が自己の価値観ないし思想の修正や形成をするのかは明らかにされていない。この点について，開発された「単元の展開」では「（各自の意見を）発表し，それについて議論する。」とだけ説明されている[37]。

この学習理論が，（社会科の授業が複雑になることもあり，）中核でない議論する資質の育成は直接目指さないとしても，生徒の社会認識形成，思想形成において必要としている議論の内容は明らかにしておく必要がある。また，自己の価値観を抑え批判し得られる判断は，自らの問題として判断を行う「前提」であり，最終的には問題を自分のこととし，それに対する価値観を吟味・修正していく学習も必要となると考えられる。

第5節 「価値認識を成長させる」学習理論

「価値認識を成長させる」社会科は，これまで事実認識の育成だけにかかわって授業開発されてきたとして，「『価値』について批判的な視点をもって学ぶ機会がなければ，生徒は社会に散在する『価値』に無防備にさらされ，無意識のうちにそれを受け入れてしまう」と批判する[38]。そして，生徒の価値認識を成長させるために，社会科で扱えばよい「価値」と，扱う方法について明らかにしようとする[39]。

この立場からは，価値認識の成長ないし価値観の形成に関して，既に

96 第1部 「倫理」カリキュラム改革のための基礎研究

「『意思決定』主義社会科」の構想のもと，今日では対照的な構想がでてきているがそれぞれ課題を抱えているとする[40]。すなわち，「『合意形成』社会科」においては，現代社会では合意形成できない場合も考えられること，また「『開かれた価値観形成』社会科」においては，吟味し手がかりにしようとする対象が法律の含意している法益に限られているため，適用範囲が狭いという課題があると批判する[41]。

そこで，この学習理論では先ず，社会科で扱えばよい「価値」について論じており，それは経済的価値や芸術的価値，宗教的価値等の倫理外的価値とは性質の異なる倫理的価値だとする[42]。なぜなら，この倫理的価値は「社会や社会関係を律する価値判断基準」となり，社会的共存を願う人々により受け入れられていき，共有されるべき価値となり，人々への強制を伴うようになるものだからであり，社会科とは，個人と個人あるいは，個人と社会の関係について取り上げて，「社会の在り方を考察する教科」だからだとする[43]。

またこの倫理的価値に関して，それらを「社会の在り方を判断する」ために含みもち，互いの正当性を競ってきた代表的な思想があるとして，功利主義，社会契約主義，自由至上主義，共同体主義をあげている[44]。

この倫理的価値を取り上げ，価値認識を成長させていく授業構成は，社会の「制度と倫理的価値をそれぞれ比較対象させることを中心」としたものになるとする[45]。

それは価値の注入を排除し，「自主的・自律的に価値認識を成長させる」観点から構成する必要があるとして，それまで無自覚でいた自己の価値認識を反省的に捉え直し，「他者の存在と全体の在り方」に配慮しつつ，改めて社会の在り方について考察していくようになるとする[46]。またそのためには，「我々にとって自明な社会制度を相対化するため，他の倫理的価値にもとづく異なる制度と比較対照させ，それまで無自覚であった倫理的価値を明らかにし批判的に吟味させる」ことと，「自分はさておき，皆にとってどのようなものが適切かという視点から考察させる」ことが必要だとする[47]。な

ぜなら，これにより価値の注入が避けられ，生徒は社会の制度が倫理的価値によって変わり得ることを学び，自分のこととしてではなく，「公共的価値」を持って，皆にとって適切かどうかという視点から，社会制度やその基となっている倫理的価値について考えることができるからである[48]。

授業構成についてはまた，生徒の価値認識の質を保証する観点から検討することも必要だとする。このためには今日，互いに正当性を競い合っているような思想，すなわち先に紹介した功利主義，社会契約主義，自由至上主義，共同体主義が含み持っている質の高い倫理的価値が生徒の手がかりになるよう構成するとしている。

ここで価値認識の成長のために開発された「授業モデル」をみると，社会保障制度である医療保障制度を取り上げ，この制度を自由至上主義と社会契約主義を取り上げて考えさせるようになっている。なぜなら社会保障制度については，基にある倫理的価値にわれわれが無自覚だという指摘もあり，これを批判的に吟味させる意義が大きいからだとする[49]。

より具体的には，アメリカの医療保障制度及び自由至上主義と，日本の医療保障制度及び社会契約主義とを比較し，学習の当初には自明だったはずの制度等についての認識をゆさぶり，相対化させ，特に倫理的価値について吟味をさせることで，生徒の価値認識を成長させようとしている。このように本学習理論は，社会科で目指すべき社会認識形成として，価値認識の成長をあげ，そのために価値注入に終わらせない「自主的・自律的」な学習と，質的に高い手がかりを示している。ただ，その手がかりとなる思想は，「質の高い倫理的価値」を含み持つとする4つに限定されており，しかも指導計画によれば，授業者によって教示されることになっている[50]。現代社会の制度や基となる多様な価値観や価値のあることを踏まえて，生徒が選び出し，それを手がかりに自らの価値認識ないし価値観の成長を図っていくような主体的な学習へと改善していく必要がある。

第6節　価値観形成学習理論の課題

本章では，「在り方生き方教育」としての「倫理」を「市民性教育」とし
てのそれへと転換するため，これまで社会認識教育学で構築されてきた，価
値観形成のための代表的な学習理論（「開かれた価値観形成」をめざす社会科，
「社会的合意形成能力」の育成をめざす社会科，「合理的な思想形成」をめざす社会
科，「価値認識を成長させる」社会科）についてそれぞれ分析をしてきた。

これらの理論は，いずれも生徒に現代社会の問題に対する自己の価値観形
成をさせることを目指していた。またいずれも，それまでの社会認識教育に
おける価値観形成に関する学習理論が抱えている課題点を克服しようとして
いた。

学習の内容についてみると，いずれも現代社会の問題に対する認識を求め
ており，この点で，これまでの「在り方生き方教育」としての公民科「倫
理」の課題を克服しうるものと考えられる。それだけでなく，（寧ろ）社会
問題に対する自己の価値観を形成していくための手がかりについて改善を図
ってきたと考えられる。

具体的には，学級内の仲間の価値観に止まらないで，より異なる他者の価
値観を手がかりにするように転換を求めていたと考えられる。すなわち開か
れた学習，価値観形成ができるよう内容の転換が図られてきた。ただし，そ
れが「法律の含意する保護法益」に限定されていたり，「質的に高い」とし
て予め教師が用意しておいた思想や価値観に絞り込まれていたりしており，
この結果としてなお価値注入に陥る危険性があると考えられる。

また学習の方法についてみると，「自主的自律的判断」，「合意形成」，比較
対照等をすることにより，学習を開かれたもの，また主体的なものへと改善
しようとしていた。ただし，社会認識を通して市民的資質を育成する「倫
理」授業を展開する上では課題を抱えていた。すなわち，生徒がいかに多様

な他者を手がかりにして，自らの価値観を吟味したり修正したりしていく，すなわち形成していけばよいのかについて十分明らかにしていなかった。このことは既述の通り，今日の高等学校学習指導要領の公民科「倫理」においても，価値の教え込みの可能性とともに，解決が求められている課題であった。

　さらに目指す資質についてみると，これらの社会認識教育学における学習理論においては，社会問題に対する価値観形成を踏まえて，さらに自ら価値観を形成していく資質，すなわち現代社会の問題に対する自己の「価値観形成力」を育成するという視点が明らかにされてこなかったと考えられる[51]。

　なお，それぞれにおいて示されている単元レベルの授業を繰り返すことで，本研究が目指す資質の育成につながっていくことも考えられるが，いずれの理論も，いかなる年間レベルのカリキュラムを構想しているのか明らかでない。

　この年間レベルのカリキュラムの構想に関しては，いずれの学習理論においても，現代社会の問題ないしそこにおける倫理的問題の認識が基本となっているが，どのような問題を「倫理」授業全体で，すなわち年間のカリキュラムにおいて取り上げていけばよいのかは十分明らかにしていなかった。

　以上のように，いずれの学習理論も，従来の「在り方生き方教育」としての「倫理」学習の抱えている課題を克服し得る特徴を持っていた。

　しかし，年間を通して，どのような現代社会の問題（特に根本にある倫理的問題）を取り上げればよいのか，また個々の単元においては，いかに他者の価値観を手がかりにしながら生徒が自ら価値観を形成していけばよいのか，さらにこれらを踏まえて，「倫理」授業でいかに，生徒が自ら倫理的問題に対する価値観を形成していく資質，すなわち「価値観形成力」を育成していけばよいのかについては，それぞれ明らかでない点が残っている。

　未だ残るこれらの課題を克服し，「在り方生き方教育」としての「倫理」を「市民性教育」としてのそれへと転換してしていくには，開かれていると

ともに，より主体的な価値観形成学習となるように，新たな理論仮説を設定する必要がある。さらには，それに基づく年間レベルのカリキュラムを構築していく必要もある。

次章では先ず，「価値観形成力」育成の観点から，「倫理」における価値観形成学習の新たな理論仮説を明らかにしていく。そして以降（第2部）において，それに基づく「倫理」カリキュラムをデザインし開発していく。

[註]

1）小原友行「社会科における意思決定」社会認識教育学会編『社会科教育学ハンドブック』明治図書，1994年，pp.168-169 参照.

2）見田宗介『価値意識の理論』弘文堂，1996年，pp.309-312. 鑪幹八郎『アイデンティティとライフサイクル論』ナカニシヤ出版，2002年，pp.268-269. 依田新他編『現代青年の性格形成』金子書房，1973年，pp.68-74, 159-162. 森分孝治『社会科授業構成の理論と方法』明治図書，1978年，p.77 参照.

3）小原友行「学習の主体性」全国社会科教育学会『社会科教育論叢』第35集，1988年，p.81. 小原友行，前掲書 1），pp.174-175 参照.

4）この語は，加藤幸次『価値観形成をめざす社会科学習』黎明書房，1982年，でも使用されている。本研究ではこれを，「『現代社会の倫理的問題』に対する自己の価値観を生徒が主体的に形成していく学習」と定義しておく.

5）溝口和宏「開かれた価値観形成をめざす社会科教育―『意思決定』主義社会科の継承と革新―」全国社会科教育学会『社会科研究』第56号，2002年，pp.31-40. 吉村功太郎「社会的合意形成能力の育成をめざす社会科授業」全国社会科教育学会『社会科研究』第59号，2003年，pp.41-50. 桑原敏典「合理的な思想形成をめざした社会科授業構成―シティズンシップ・エデュケーションの目的と社会科の役割の検討を踏まえて―」全国社会科教育学会『社会科研究』第64号，2006年，pp.41-50. 大杉昭英「社会科における価値学習の可能性」全国社会科教育学会『社会科研究』第75号，2011年，pp.1-10. 他に，このような考え方と関連させ公民科「倫理」の授業開発をした，樋口雅夫「『批判的価値受容学習』としての公民科『倫理』の授業構成 ―単元『"天賦人権"は外来思想か？』の場合―」全国社会科教育学会『社会科研究』第78号，2013年，pp.25-36. 行壽浩司「公民科『倫理』における価値判断力の育成」社会系教科教育学会『社会系教科教育学研究』第24号，2012年，

pp.91-100. 胤森裕暢「新聞を活用した公民科『倫理』の授業改善」日本 NIE 学会『日本 NIE 学会誌』第 7 号，2012 年，pp.11-21 等がある。

6）溝口和宏，同論文，p.31.

7）溝口和宏，同論文，p.32.

8）溝口和宏，同論文，p.40.

9）溝口和宏，同論文，p.33.

10）溝口和宏，同論文，p.33.

11）溝口和宏，同論文，pp.32-33.

12）溝口和宏，同論文，p.34.

13）大杉昭英，前掲論文 5），pp.1-2.

14）吉村功太郎，前掲論文 5），pp.42-43.

15）溝口和宏，前掲論文 5），p.33.

16）吉村功太郎「社会科における価値観形成論の類型化―市民的資質育成原理を求めて―」全国社会科教育学会『社会科研究』第 51 号，1999 年，p.12.

17）吉村功太郎，前掲論文 5），p.43.

18）吉村功太郎，前掲論文 5），p.41.

19）吉村功太郎，前掲論文 5），pp.41-42.

20）吉村功太郎，前掲論文 5），p.42.

21）吉村功太郎，前掲論文 5），pp.42-43.

22）吉村功太郎，前掲論文 5），p.41.

23）吉村功太郎，前掲論文 5），p.41.

24）吉村功太郎，前掲論文 15），p.20.

25）吉村功太郎，前掲論文 5），p.43.

26）吉村功太郎，前掲論文 5），p.44.

27）大杉昭英，前掲論文 5），p.1.

28）大杉昭英，前掲論文 5），p.1. 片上宗二「調停としての社会科授業構成の理論と方法―意思決定学習の革新―」全国社会科教育学会『社会科研究』第 65 号，p.4 他参照．なお議論に関して吉村は，「間主観的な対話」という用語も用いているが，その意味は必ずしも明確でない。（吉村功太郎，前掲論文 16），p.19.）

29）溝口和宏，前掲論文 5），p.32.

30）桑原敏典，前掲論文 5），p.41.

31）桑原敏典，前掲論文 5），p.42.

32）桑原敏典，前掲論文 5），p.44.

102   第1部 「倫理」カリキュラム改革のための基礎研究

33) 桑原敏典，前掲論文 5），p.43.

34) 桑原敏典，前掲論文 5），p.44.

35) 桑原敏典，前掲論文 5），p.44.

36) 桑原敏典，前掲論文 5），pp.41-42.

37) 桑原敏典，前掲論文 5），p.49.

38) 大杉昭英，前掲論文 5），p.1.

39) 大杉昭英，前掲論文 5），p.2.

40) 大杉昭英，前掲論文 5），p.1.

41) 大杉昭英，前掲論文 5），p.1.

42) 大杉昭英，前掲論文 5），p.2.

43) 大杉昭英，前掲論文 5），p.2.

44) 大杉昭英，前掲論文 5），p.2.

45) 大杉昭英，前掲論文 5），p.4.「比較対象」は原文のママである。「比較対照」と表記されている箇所もある。(大杉昭英，前掲論文 5），p.9.)

46) 大杉昭英，前掲論文 5），p.4.

47) 大杉昭英，前掲論文 5），p.4.

48) 大杉昭英，前掲論文 5），p.4.

49) 大杉昭英，前掲論文 5），p.4.

50) 大杉昭英，前掲論文 5），p.4.

51) 既に明らかにした通り，例えば「社会的合意形成能力」の育成をめざす社会科は，自己の「価値観形成力」育成をめざすより，議論を通して，民主主義社会で必要とする公共的価値を形成する能力の育成をめざしていた。

第5章 新たな「価値観形成学習」による
カリキュラム改革
―「在り方生き方教育」から「市民性教育」への転換（2）―

第5章では，これまでに明らかにしたカリキュラム改革の方向性にもとづき，関連諸学における価値観形成に関する理論の分析を踏まえながら，新たな「倫理」授業の目標及び方法原理，すなわち「価値観形成学習」の理論仮説について明らかにしていく。

価値観形成学習の理論仮説に関しては，すでに「市民性教育」としての社会認識教育において優れた研究がなされている。これまでの分析から，その代表的な理論はいずれも，生徒に社会問題に対する開かれた価値観を主体的に形成させることを目指していると考えられる。ただし，本研究で追求している「価値観形成力」の育成に関しては，どのような現代社会の倫理的問題を取り上げればよいのか，いかに他者の価値観を手がかりにして，それに対する自己の価値観を形成していけばよいのかという点について十分明らかにされていなかった。

いまだ残るこれらの課題を克服し，「在り方生き方教育」としての「倫理」を「市民性教育」としてのそれへと転換してしていくには，より主体的で開かれた新たな価値観形成学習の理論仮説が必要であり，そのために本章では，広く関係諸学からも手がかりを得つつ構築をしていく。

第1節 関連諸学における価値観形成

本節では，人間，特に生徒がどのように自己の価値観を形成していくのか，関連諸学における価値観形成の理論の分析を踏まえながら，明らかにし

104 第1部 「倫理」カリキュラム改革のための基礎研究

ていく。関連する諸学問としては哲学，倫理学，社会学，心理学（特に青年心理学）があり，これらの中でも価値観（人生観，世界観を含む）の形成について具体的に論じられている点について分析をしていく。

1 哲学・倫理学における価値観形成

　哲学は「人間の生き方と世界・自然のあり方を統括すべき全一知への希求」だとされ，本質的に価値判断を問題にしており，われわれにとって最大の問いである「人間とは何か」に方向性を与えようとしてきた学問である[1]。特に現代においては，科学的認識の基礎を分析し，科学の意義を明らかにするとともに，科学的な事実を人間のあり方との関係から考察し，ある世界観を形成し，われわれに一定の態度を与えるという課題を持つ[2]。すなわち，現実を理解し直し，価値意識を形成することがある[3]。

　また，社会を「よくする」，具体的には民主主義を実現するには，多数決によって常によい決定をしなければならず，そのためには結局，個々人が「りっぱな世界観」，「正しい哲学」をもつ以外になく，自分の哲学ないし世界観を反省し，よりよいものを求めなければならないとも考えられている[4]。

　次に，倫理学は基本的に，自らが従い行うべきもの，基準，規範を問題にする，すなわち反省する規範学とされる[5]。また倫理は，広く「人間のありかた」という意味を持つとされ，人間は「個人的なありかた（道徳）と社会的なありかた（法律）との高次の調和」を求めるとも考えられている[6]。さらに，倫理は誰にとっても無関係でなく，一人ひとりの生活に密着した価値判断の1つであり，それらは放置されることなく反省され，個人においては倫理観・人生観・世界観，社会においては倫理思想とよばれるものになるが，それを今一度反省し整理し直すのが倫理学だとされる[7]。

　このように，反省を主題としている倫理学は，「世間の人びとが何を倫理的によいと判断しているかを調べ上げて，それを網羅的に記述するのではなく，そもそもあることを倫理的によいと判断するのはどのような基準による

のか（あるいはよるべきか）ということ」を問題にし，それをもとに新たな問題発見をし，考察していく力を要請する営みと考えられている[8]。

これまで整理してきたように，哲学も倫理学も世界観や人間観，人生観すなわち価値認識ないし価値観の形成に深く関わっており，それを，先ず自らのこととして考えることが求められている。すなわち主体的に価値観について考え，それを自ら形成することが求められていると考えられる。

なぜなら，「明確な価値観を抱いている人は，主体的に行動し存在することができる。」からである[9]。ただし，「あまり主観的な価値判断に固執すると，主体的な行動に出ることができなくなり，その意味で実際には客体として取り扱われることになる」ため，「実践的主体性を保つためには，事態の客観的認識が必要」だともする[10]。現実の認識と関わらないまま，特定の価値観を堅持ないし固執することを求めていないのである。

このように哲学等においては，あくまで「有意味な価値観への節操のみが，主体性の可能条件」であり，価値観とは多元的で，「典型的な人物との出会いや意義深い事件への際会」により，変動するものと考えられている[11]。すなわち，哲学等においては，主体により実現されようのない価値は無意味とされ，価値への関わりがないのであれば主体とはならないのであり，もし主体ならば，「公共的対話」，「対話的弁証」を条件に，価値観の変動にも堪えることができると考えられている[12]。

これらのことから哲学等は，主体的であるとともに開かれた価値観の追求を求めるものだと考えられる。

また科学的な認識に関して，哲学等は本来，外を見ずに内を知ることはできないとして，「哲学者にとって，自然科学的知識および社会科学的な知識の必要なことは，全く明らか」だとする[13]。また今世紀における日本の哲学は，「科学を問題にすることからの退却」だったという批判もある[14]。さらに，このような科学的な認識の重視は，科学・技術の発展に伴う新たな倫理的問題の生じている現代社会においては一層強化されており，「実際に世界

106　第1部　「倫理」カリキュラム改革のための基礎研究

が直面している課題の大きさを考えると，応用倫理学にこそ哲学本来の課題がある」とし，「人間とはなにか」という領域に，「自然的なアプリオリのデータを導入することで，その確実度を高めることが今後，期待される方向である。」という，哲学等内部からの要請をも生み出していると考えられる[15]。

　これまでみてきたように，今日の哲学・倫理学においては，従来の概念ないし価値観の「組み替えの作業」が求められており，それは先ず，個々人において行うことが期待されていると考えられる[16]。またその方法は「公共的対話」や，「古今東西の概念枠を丁寧に比較し，そのまま使えなくても参照用に残すべきものを選りすぐって，新規の概念枠と組み合わせ直していく。」というものであり[17]，他者と対話したり，他者の考え方ないしは価値観を手がかりにしたりするという，主体的で開かれたものであることが求められていると考えられる。

2　社会学における価値観形成

　社会学においては，個々の価値観と深くかかわると考えられる「自我は他者とのかかわりにおいて形成される。」とされる[18]。このように社会的性格を持つ自我は，他者を自らのうちに取り入れ形づくられるが，その他者とは複数存在すると考えられている[19]。しかも，それらの間では「ズレや対立」も少なからずあるのだが，例えば子どもの場合，それらを「まとめあげ，組織化し，一般化」して，それとの関連で自我を形づくる，ないし「十全な自我の発達を成し遂げ得る」と考えられている[20]。諸個人の「自我構造（パーソナリティ構造）」における「『価値意識』（ないし『価値観』）」について明らかにした見田によれば，その大部分は既にある価値体系を内在化したもの，すなわち習得的なもの，「『社会的』ないし『文化的』」なものだとする[21]。また，①その人の既存の欲求を，充足あるいは阻害する結果との連合，すなわち条件付け，②モデルについての，個々の行動様式の模倣と広範囲な同調である同一化，③「推理ないし反省的思考」による再調整と体系化というルー

トをたどって内在化するとしている[22)]。

　さらに見田は，従来の価値意識（価値観）を解体させるだけでなく，新し
い価値意識（価値観）の形成へと導く積極的な条件も示している。この条件
の内から「主として『認知的』な側面にたいするアッピール（インパクト）」
を与えるものを抽出すると，①社会や自己の認識に関わる新たな知識・情報
を得ること，②反省して自己に直面すること，③それまでの態度が自己のよ
り根元的な価値基準と矛盾していることを自覚することの3つにまとめるこ
とができる[23)]。

　すなわち，新しい知識・情報を得て社会と自己に関する問題意識を高め，
新たなモデルとなる人物の行為と価値判断や，生涯と価値観について理解
し，それを手がかりにして，自己の価値判断をし直し，その総体となる価値
観や態度とともに見つめ直してみる，（理由や原則も含めて）反省[24)]してみる
ことが，将来にわたる自己の価値観の形成につながると考えられているので
ある。

　このように社会学において価値観形成は，主体的で開かれたものとして捉
えられている。

3　心理学における価値観形成

　心理学においては，対象の価値が，社会化に従い次第に内面化されること
を「価値観の形成」だとする[25)]。特に青年期における価値観の形成に焦点を
あててみるならば，青年の懐疑も反抗も「所詮は現にある価値観を自己のも
のとして主体化する契機」であり，青年が自律した個人であろうとすれば，
価値観形成は最も急を要する課題であるとする[26)]。

　ここでの価値観とは，価値についての見方であり，価値判断の基準となる
ものを含むと考えられている。それは，一方では価値自体の序列であり，他
方では具体的な状況の諸条件と考えられている。したがって価値観は，事物
や事象の単純な認識ではなく，価値と個人の関わり方を含むものなのであ

り，認知能力の発達が前提となるため，「少なくとも青年期以降にならなくては，十分の形では成立し得ないことは当然」と考えられている[27]。

なお，このような価値観は価値意識と微妙に違っており，「価値意識が十分に分化し，パーソナリティの統合に重要な機能を果たすようになっている認知組織」とみるべきかもしれないとする[28]。さらに「価値観と人生観・世界観は内的に深く結びつき，互いに他を規定し合う関係」にあるとも考えられている[29]。

以上のような意味での自己の価値観は，青年期にパーソナリティの統合とかかわる自我（もしくは自己）同一性を確立することと密接にかかわっており，パーソナリティが成熟していくにつれ価値観はよく分化し，パーソナリティに統合を，また行動に一貫性を与えるようになると考えられている[30]。

では，このような意味での価値観はどのように発達，ないしは形成されていくと考えられているのか。それは，「社会の基本的秩序を構成している社会に現存する価値の取り入れ」として始まるとされる[31]。特に，幼児期から始まっているとされる同一視は，模倣と異なり，「１つの全体的な過程であって，いわばモデルの人格がそっくり模写される」ことであり，モデルである他者の場に自分をおいて，その中で自分の属性となるものを見出し，取り入れることと考えられている[32]。ただし全て取り入れるのでなく，不可避的に取捨選択が行われるのであり，同一視の素地となるものはすでに個人ごとにあると考えられている[33]。

また青年期に入ると人間は，何を規準に行動すべきか迷うようになり，同一視の成果を自分で整理しつつ，「主体としての自己の同一性」を求めると考えられている[34]。特に多様な価値が存在するような社会は，「自己実現のために個人に価値の選択を迫る」ことになるが，青年は「迫られた多様な価値の中から自己を実現させるために，自己のふさわしい価値を主体的に選択していく，あるいは新しく創造していく」と考えられ，このことを「アイデンティティ形成過程」と呼ぶのである[35]。

第5章　新たな「価値観形成学習」によるカリキュラム改革　109

このように，心理学における価値観形成とは，様々な他者からの取り入れがかかわっており，それらを取捨選択しながら主体的に形成（ないしは再構成）していくものと考えられている。

4　関連諸学における価値観形成

これまでみてきた哲学・倫理学，社会学，心理学によれば，自己の価値観形成は社会的にも求められており，青年が自己を確立する上でも極めて重要だと考えられている。そのためには，既にある自己の価値観について，多様な他者の価値観を吟味し取捨選択したり，彼らとの対話（「公共的対話」）をしたりしながらわれわれが自ら修正していく，ないしは形成していくことが求められている。またこの自己の価値観形成には，今日の自然や社会の事象についての認識が不可欠とも考えられているのである。すなわち主体的で開かれた価値観形成が求められていると考えられる。

次節では，これらの関連諸学の知見を手がかりにしつつ，従来の「倫理」を「市民性教育」としてのそれへと改革していくための新たな学習理論の仮説を示していく。

第2節　新たな学習理論としての「価値観形成学習」

これまで考えてきたように，「市民性教育」としての「倫理」の学習は，生徒による価値観の形成を通して，価値観形成していく資質の育成を目指しているが，これはまた関連諸学においても重視されている点であることが明らかになった。すなわち青年にとって，自我同一性の確立と価値観の形成とは不可分なのであり，民主社会の維持発展には，自己の価値観形成とそのための資質育成が必要なのであった。

また自己の価値観形成は，主体的に行う必要があると考えてきたが，この点も関連諸学において明確に示されていた。すなわち，意味ある価値に関わ

110 第1部 「倫理」カリキュラム改革のための基礎研究

らないような主体はないと考えられており，逆に主体によって実現できない
ような価値は無意味とも考えられていた。自ら既有の価値観を反省し形成し
ていくことが必要なのである。

　さらに，これまで開かれた価値観の形成が必要であることを考えてきた
が，関連諸学も，多様な他者の価値観等を手がかりとしながらそれを行うこ
とを求めていたのである。加えて，科学的な社会認識も必要としていた。な
お，われわれの価値観は確立して固定してしまうものではなく，社会の変化
にともない，また異なる他者の価値観を手がかりにして，形成し直されてい
くものとも考えられていた。

　一方，高等学校学習指導要領公民科「倫理」の内容構成及び，それを基準
として開発されたカリキュラムや単元に典型的である「在り方生き方教育」
としての「倫理」は，先哲等の思想や考え方，すなわち他者の価値観を教え
ることを通して，生徒に価値観を確立させることを目指していた。しかしこ
れでは，生徒が教師及び教科書等によって示される先人の価値観を，いつか
手がかりにするため理解しておくことに止まらざるを得ず，主体的に価値観
を形成してみることができない。また，現代社会及びその根本にある倫理的
問題をよく認識しないまま，それとは別に他者の価値観を学んでいくことに
なり，問題に対する自己の価値観を十分に吟味していくことができない。

　また，今日までに「在り方生き方教育」としての「倫理」を改善しようと
する実践的な研究，理論的，開発的な研究がなされてきたが，主体的で開か
れた価値観形成と，それを通して「価値観形成力」を育成していくという視
点から，それぞれ課題を残していた。

　以上の考察から，本研究の目指す市民的資質を育成する「倫理」，すなわ
ち「価値観形成力」育成を目指す「倫理」においては，生徒が現代社会の倫
理的問題の認識を通して自ら価値観を形成していく，またそれを繰り返して
みる学習を保証する必要があると考えられる。すなわち，生徒がより主体的
で開かれた学習のできる「倫理」へと転換しなければならない。そのために

は，自己の価値観を形成していくための新たな学習理論仮説を立てる必要がある。

　ここからは，今まで明らかにしてきた，現代社会の倫理的問題の認識を通して生徒が自ら価値観を形成するという学習原理にもとづいて，新たな「価値観形成学習」の目標及び方法原理を示していく。

第3節　「価値観形成学習」の目標

　「市民性教育」としての新たな「価値観形成学習」の目標は，これまでの「在り方生き方教育」としての「倫理」の学習が，生徒の価値観の確立を目指していたのに対して，現代社会の倫理的問題に対する自己の価値観を形成していく資質の育成となる。すなわち，倫理的問題に対する自己の「価値観形成力」の育成を目指すのである。

　なぜなら青年をはじめとする人間は，自ら既有の価値観を確立してゆく主体だからである。また現代社会の変化にともない，自己の価値観は絶えず吟味し，形成し直していく必要があるからである。

　このような資質を育成できれば，われわれは，変化の激しい現代社会とともに，自己の価値観を吟味し形成し続けてゆく主体として，生きていくことができると考えられる。

第4節　「価値観形成学習」の方法原理

　前節で明示した「価値観形成力」を育成する学習とは，具体的にはどのようなものとなるか。既述の通り「倫理」では，倫理的問題及びそれに関わる新たな価値観が生成し続ける現代社会の中で，生徒が自己の価値観を主体的に形成していく資質を育成する必要がある。具体的には，現代社会の倫理的問題を自分のこととして把握でき，それに対する自己の価値観を，多様な他

112　第1部　「倫理」カリキュラム改革のための基礎研究

者の価値観を手がかりに，また多様な他者との対話を通して主体的に形成できるようになることが必要なのである。

　以下では，どのような学習の内容及び方法によって，このような資質が育成できるのかを示していく。

1　内容—現代の倫理と倫理的価値—

　先ず学習の内容として，現代社会の倫理的問題と，それに対する手がかりとなる価値観が内包していると考えられる現代の倫理及び倫理的な価値とがある。現代の倫理として主なものには義務論，功利主義，徳倫理学，また自由主義，自由至上主義，共同体主義といった公正さをめぐる理論などがある。これらは，現実的な問題の中に潜む，あるいは根本にある倫理的問題に対して倫理基準をつくろうとする応用倫理学が，「積極的に，あるいは批判的に依拠している主要な倫理学説」なのである[36]。ただし，これらはしばしば対立する関係となり，どの理論が適切で，どれを応用すべきかについては論争が続いている[37]。

　また今日の倫理学には，「何が望ましいか，何が望ましくないかを判定する」善（効率等），正（正義等），徳（卓越等）という倫理的評価をするための価値もある[38]。ただし，いずれを上位の価値とするかは先の倫理（学説）により異なる。また，そもそもこれらの価値は，「人間が関心を持つ生活の諸側面の望ましい姿についての観念」であり，人間がその対象を評価しなければ価値はないのであり，人間の「生物学的・文化的要素や体験，環境によって大きな相違を示す」のである[39]。したがって「時代と社会，あるいは状況によってすらその内容が異なる」のであり，その相互関係も変化すると考えられる。このため，倫理学（特に応用倫理学）は今の時代，社会が提起している「倫理的問題について議論を進めること」を通して，それらについて研究していこうとしているのである[40]。

2　方法―形成―

　次に学習の方法は，生徒が自己の価値観を形成してみることとなる。すなわち，生徒が自主的に多様な他者と対話したり，その価値観を手がかりにしたりして，倫理的問題に対する自己の価値観を吟味したり，修正したりしてみるのである[41]。なぜなら既述のような市民的資質（「価値観形成力」）は，実際に生徒が主体的に学習をしてみる，しかもそれを繰り返ししてみなければ育成できないと考えられるからである。また，開かれた学習としなければならない。現代社会は急激な変化を遂げているのであり，それに対する現代の倫理及び倫理的な価値も固定的ではなく，合理的，批判的に吟味されねばならないものだからである。生徒が，「倫理」学習の中で価値観をよく形成できたとしても，将来までそのままでよいとは考えにくいからである。

　より具体的には，学習する倫理的問題が自分とかかわりのあることを理解して，それに対する自己の価値観をどう吟味したり修正したりすればよいかを考え，多様な他者との対話を通じてその価値観を手がかりにする必要のあることを把握し，具体的に学習の計画を立てる。そして自分達で調べた，多様なモデルとなる人物（人物モデル）達の問題に対する価値観をよく理解，吟味し，手がかりとなる点については摂取し（受け入れ），必要ならば自己の価値観を修正するのである。さらには他生徒（学級の仲間）とも互いの価値観を吟味し合い，必要なら修正する[42]。こうして倫理的問題に対する自己の価値観を生徒が自ら形成していく。さらに，これを別の倫理的問題を取り上げながら繰り返すのである。

　こうした主体的で開かれた学習を繰り返すことにより，生徒は現代社会の倫理的問題に対する自己の価値観を形成していくとともに，「価値観形成力」を育成していくことになる。

114　第1部　「倫理」カリキュラム改革のための基礎研究

第5節　「在り方生き方教育」と「市民性教育」としての 「倫理」学習の対比

　これまでの「在り方生き方教育」としての「倫理」と，新たな「価値観形成学習」による「市民性教育」としてのそれとを，本節で示した視点（学習原理，目標，内容，方法）ごとに比較し，それぞれの特徴を示すと次の表5-1のようになる。

　先ず学習原理を比べると，「在り方生き方教育」としての「倫理」が，先哲らによる「人生観，世界観ないし価値観」を教えることを通して，生徒の「在り方生き方」すなわち自己の価値観を確立させようとしているのに対して，「市民性教育」としてのそれでは，科学的な現代社会の認識，特に倫理的問題の認識を通して，生徒が主体的に自己の価値観を吟味したり修正したりする，すなわち形成するのである。次に目標を比べると，「在り方生き方教育」としての「倫理」が，固定的な自己の価値観を確立することをめざしているのに対して，「市民性教育」としてのそれでは，倫理的問題に対する

表5-1　「倫理」学習の比較

視点＼基本的性格	「在り方生き方教育」としての「倫理」	「市民性教育」としての「倫理」（「価値観形成学習」による「倫理」）
学習原理	他者の価値観を教えることを通して生徒の価値観を確立させる	現代社会の倫理的問題の認識を通して生徒が自ら価値観を形成する
目　標	「在り方生き方」（生徒の価値観）の確立	「価値観形成力」（倫理的問題に対する自己の価値観を形成する資質）の育成
内　容	先哲等，他者の価値観が内包する倫理や価値	現代社会の倫理的問題とその手がかりとなる他者の価値観が内包する現代の倫理や倫理的価値
方　法	理解	形成

第5章　新たな「価値観形成学習」によるカリキュラム改革　115

価値観形成及び「価値観形成力」の育成をめざしている。そして内容については，「在り方生き方教育」としての「倫理」では，先哲等，他者の価値観が内包している倫理や価値を扱うのに対して，「市民性教育」としてのそれでは，現代社会の倫理的問題やその手がかりとなる他者の価値観が内包している現代の倫理や倫理的な価値となる。さらに方法については，「在り方生き方教育」としての「倫理」では，教えるべき価値を教師が理解させるのに対して，「市民性教育」としてのそれでは，生徒が主体的に自己の価値観を吟味したり，修正したりする，すなわち形成することになる。

　これまで第1部の第1章から第5章までに明らかにしてきたことは，高等学校学習指導要領及びそれにもとづく従来の「倫理」等の授業が閉じた，受け身的なものに止まっていること（第1章，第2章）。また，これを克服しようとして開発された「倫理」等の改善授業が，倫理的問題に対する開かれた価値観形成のできるものになっていないこと（第3章）。さらに，社会認識教育における，すなわち「市民性教育」における従来の価値観形成学習の理論及びそれに基づく授業は，より主体的な学習のできるものへ転換していく必要があること（第4章），であった。これらをふまえて「倫理」等の授業を分類すると，次の図5-1のようになると考えられる。

　従来の授業は，倫理的問題に対する価値観を形成していくという視点からは，いずれもより主体的なもの，あるいはより開かれたものにしていく必要があった。すなわち「市民性教育」としての「倫理」授業にするには，より主体的で開かれた（倫理的問題に対する）価値観形成をするものに転換していく必要があると考えられる。

　以下では，これまでに明らかにしてきた学習原理，目標，内容，方法を持つ新たな「価値観形成学習」の理論仮説にもとづき，より主体的で開かれた，「市民性教育」としての「倫理」の年間レベルのカリキュラム編成及び単元レベルの授業開発を行うことになる。

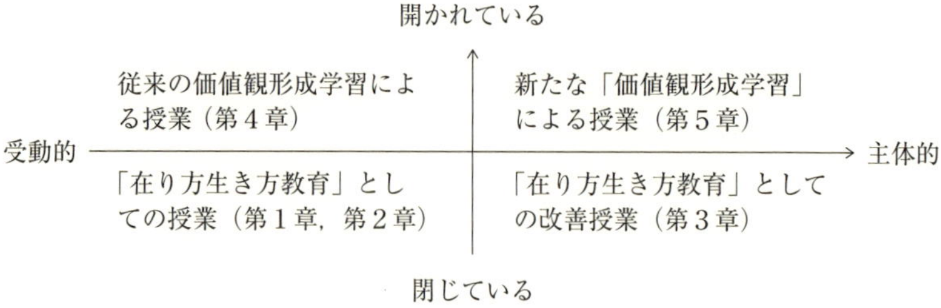

116　第1部　「倫理」カリキュラム改革のための基礎研究

開かれている

| 従来の価値観形成学習による授業（第4章） | 新たな「価値観形成学習」による授業（第5章） |

受動的　→　主体的

| 「在り方生き方教育」としての授業（第1章，第2章） | 「在り方生き方教育」としての改善授業（第3章） |

閉じている

図5-1　倫理的問題に対する価値観を形成する「倫理」等授業の分類

［註］

1）藤沢令夫『哲学の課題』岩波書店, 1989年, p.200. 増渕幸男『21世紀・哲学の役割』
　　至文堂, 1996年, p.12. 岩崎武雄『哲学のすすめ』講談社, 1966年, p.201参照.

2）沢田允茂『哲学』有斐閣, 1967, p.35. S. オカーシャ著, 廣瀬覚訳『科学哲学』
　　岩波書店, 2008年, pp.166-173参照.

3）増渕幸男, 前掲書1), p.13.

4）岩崎武雄, 前掲書1), pp.106-109.

5）久野昭『倫理学の概念と形成』以文社, 1977年, p.27. 宇都宮芳明, 熊野純彦編『倫
　　理学を学ぶ人のために』世界思想社, pp.14-15.

6）佐藤俊夫『倫理学』東京大学出版会, 1960年, pp.2, 14.

7）同書, pp.17-18参照.

8）宇都宮芳明, 熊野純彦編, 前掲書5), p.14. 長友敬一『現代の倫理的問題』ナ
　　カニシヤ出版, 2010年, p.308参照.

9）粟田賢三, 上山春平編『岩波講座　哲学Ⅸ　価値』岩波書店, 1971年, p.101.

10）同書, p.119.

11）同書, pp.102-103.

12）同書, p.104.

13）澤瀉久敬『哲学と科学』日本放送出版協会, 1967年, p.142.

14）中村雄二郎他著『いま哲学とは』岩波書店, 1985年, p.302. この批判に関しては他に,
　　戦前の哲学への熱狂についても,「いまから見ると人生論への関心の高まりであっ
　　て, 科学の根としての哲学, ヨーロッパの学問的伝統の根幹としての哲学ではな
　　かったように思われる。」と捉えられている。（同書, p.302.）

15）加藤尚武『哲学原理の転換』未來社, 2012年, pp.10, 197.

16) 同書，p.30.

17) 同書，p.30.

18) 井上俊，上野千鶴子，大澤真幸，見田宗介，吉見俊哉編『自我・主体・アイデンティティ』岩波書店，1995 年，p.52.

19) 同書，p.53 参照.

20) 同書，pp.52-53.

21) 見田宗介『価値意識の理論』弘文堂，1996 年，pp.46-47，80-83，169. なお，価値意識は欲求成功と規範意識から成り立つ。また，意識の基底的な層から，状況的な層まで包括しうるタームとされている。(同書，pp.83-84.) 社会学者の作田啓一は，価値観という言葉について，用い方は一定していないとしながらも，「価値観とは行為の選択規準である」という定義を提案している。なお価値とはその価値観(すなわち行為の選択規準)により選ばれた目標のことだとする。(作田啓一『生成の社会学をめざして価値観と性格』有斐閣，1993 年，pp.135-136.)

22) 同書，p.107. 社会学等の概念である同一化と模倣は相互に密接に関連していると考えられる。(作田啓一『価値の社会学』岩波書店，1972 年 参照.)

23) 見田宗介，前掲書 21)，pp.169-179. 見田があげる積極的条件の内，認知的な側面にインパクトを与えるのは次の 6 つである。①問題の所在に関する新しい情報・知識，②価値対象の客観的な属性に関する新しい情報・知識，③状況の変化に関する新しい情報・知識，④より適切な手段に関する新しい情報・知識，⑤価値主体としての自己自身に関する反省的な認識の深化，⑥自己自身のより根元的な価値基準との矛盾の自覚。

24) 反省は他人を媒介しながらの自己との対話であり，モノローグは哲学の方法と考えられる。なお対話とはまず「聞くこと」でもある。(澤瀉久敬，前掲書 13)，pp.48-49. 村岡晋一『対話の哲学』講談社，2008 年，p.210 他参照.)

25) 藤永保識他編『新版心理学事典』平凡社，1981 年，p.103.

26) 依田新他編『青年の性格形成』金子書房，1973 年，pp.137，184. なお「価値観は，社会にとっては，その基本的秩序の構成原理であり，個人にとっては，パーソナリティ統合の原理として機能するもの」とされる。(同書，p.138.)

27) 同書，p.156.

28) 同書，p.150.

29) 同書，p.151.

30) 同書，p.156.

31) 同書，p.157.

118 第1部 「倫理」カリキュラム改革のための基礎研究

32) 同書，pp.159-160.

33) 同書，p.160. 鑪幹八郎『アイデンティティの心理学』講談社，1990年，pp.14-15，61-62.

34) 同書，p.161. 高田利武『他者と比べる自分』サイエンス社，1992年，pp.52-53，120. 岡田努『現代青年の心理学』世界思想社，2007年，p.87参照.

35) 鑪幹八郎『アイデンティティとライフサイクル論』ナカニシヤ出版，2002年，p.268. こうした主体的な価値の選択については，エリクソンにより「同一化（identification）から同一性（identity）」への転換として説明されている。（同書，p.269.）これに関しては他に，溝上慎一『自己形成の心理学』世界思想社，2008年，pp.93-98，110-133，144-164. R. I. エヴァンズ著，岡堂哲雄，中園正身訳『エリクソンとの対話』北望社，1971年，pp.50，171参照.

36) 長友敬一，前掲書 8），pp. i-ii. また，加藤尚武編集代表『応用倫理学事典』丸善，2008，p. i 参照.

37) 馬渕浩二『倫理空間への問い』ナカニシヤ出版，2010年，p.13 参照.

38) 塩野谷祐一『経済と倫理』東京大学出版会，2002年，pp.18，22-26. 見田宗介，前掲書21），pp.31-36参照. 塩野谷に先立ち見田が，価値意識の研究のために，伝統的な真，善，美を単純に並列したものでない，「時間的パースペクティヴ」と「社会的パースペクティヴ」をそれぞれ縦軸と横軸として，低次，根元的なものから，高次，総合的なものへと配列した「価値の類型表」を明らかにしている。しかし本研究では，社会的規範の中でも倫理ないし道徳に注目し，そこで用いられる善，正，徳という基本的な価値概念や効率，正義，卓越という操作的な価値概念を用いて，「倫理学の体系」を示し得た塩野谷の類型を主に手がかりにする。

39) 塩野谷祐一『価値理念の構造』東洋経済新報社，1984年，p.27. また，思想の科学研究会編『新版哲学・論理用語辞典』三一書房，p.95参照.

40) 水谷雅彦他編『情報倫理の構築』新世社，2003年，pp.4-5.

41) 日本教育方法学会編『教育方法学研究ハンドブック』学文社，2014年，pp.30-31参照.

42) 見田宗介，前掲書21），pp.105-122 他参照.

第2部 市民的資質を育成する「倫理」カリキュラムの開発研究

　第2部の開発研究では，第1部で「在り方生き方教育」としての「倫理」の抱えていた課題を克服するために新たに提案した「価値観形成学習」の理論仮説により，「市民性教育」としての「倫理」カリキュラムの編成原理を明らかにするとともに，それに基づく年間指導計画を明らかにして，そこに位置づく全ての単元の授業モデルを開発していく。

　具体的には，①「価値観形成学習」により「倫理」カリキュラムを編成する視点を明らかにし，カリキュラムの構造，カリキュラム全体のデザイン（すなわち年間指導計画），単元レベルの授業構成を明らかにする。そして，②これらのカリキュラム編成原理に基づいて，年間の全単元の授業モデルを開発する。すなわち年間の導入部として，「現代社会の倫理的問題と自己の価値観形成を考える単元」，展開部として，「現代の社会構造における倫理的問題を考える単元」及び，「現代の文化構造における倫理的問題を考える単元」，終結部として「現代社会の倫理的問題に対する自己の価値観を形成する単元」を作成し，高等学校等での研究授業を通して吟味・修正し，授業モデルとして完成させる。

　このように第2部では，第1部で明らかにした「価値観形成学習」の理論仮説による「倫理」カリキュラムの編成原理とともに，それに基づく年間指導計画と全単元の授業モデルを示していく。

第6章 「価値観形成学習」による 「倫理」カリキュラムの編成原理

　第6章では，新たな「価値観形成学習」の理論仮説による「市民性教育」としての「倫理」カリキュラムの編成原理を明らかにしていく。すなわちカリキュラム編成の視点，その構造及び全体のデザイン（年間指導計画），そして単元レベルの授業構成を示していく[1]。

第1節 「倫理」カリキュラム編成の視点

　本節では，先に明らかにした「価値観形成学習」の理論仮説による「倫理」カリキュラム編成の視点を明らかにしていく。

　従前の「在り方生き方教育」としての「倫理」は，先哲等の他者の価値観を教えることを通して，個々の生徒の価値観（すなわち「在り方生き方」）を確立させるものであった。これでは，現代社会の倫理的問題に対する自己の価値観を形成することが十分できない。また，急激な変化を続ける現代社会で生じる新たな倫理的問題に対する自己の価値観を形成し続けていく資質の育成もできない。

　このような資質育成のためには基本的に，年間を通して主体的で開かれた価値観形成ができるようにカリキュラムを編成する必要があると考えられる。すなわち生徒自ら，現代社会とそこに内在する倫理的問題を認識し，それに対する自己の価値観を他者の価値観を手がかりにして吟味したり，修正したりすることを繰り返すことで，自己の価値観形成ができるように編成する必要がある。

　この視点をより細かく，「在り方生き方教育」としての「倫理」の内容構

成と対比させながら示せば次の３点からなると考えられる。

　１点目は，現代社会の倫理的問題についての認識を十分にできるようにすることである。「在り方生き方教育」としての「倫理」，その典型と考えられる2009（平成21）年版高等学校学習指導要領の公民科「倫理」の内容構成においては，年間の最後の大項目でようやく倫理的問題を扱うことになっており，倫理的問題に対する自己の価値観の吟味や修正を繰り返してみるようになっておらず，これでは自己の価値観形成及び形成していく資質の育成が十分できない。これに対して，「価値観形成学習」による「市民性教育」としての「倫理」では，年間を通して様々な現代社会の倫理的問題を取り上げ，生徒がそれに対する自己の価値観を吟味したり，修正したりしていくことを繰り返すようにする。全ての単元で現代社会の認識と倫理的問題の認識を行うのである。

　２点目は，扱う倫理的問題に向き合いながら生きたり，特徴的な価値観を持っていたりすると考えられる人物モデルのことを生徒が手がかりにして，自己の価値観を吟味したり，修正したりすることを繰り返すことができるようにすることである。従前の「倫理」の内容構成によれば，倫理的問題について考えさせる前に，先哲等の価値観を教えることになっているのに対して，「価値観形成学習」の理論仮説による「倫理」では，生徒は先ず倫理的問題を認識してから，それに対する他者の価値観を手がかりにして自己の価値観を形成していくのである。

　３点目は，いかに現実の社会の中から倫理的問題を自己のこととして捉え，いかに自己の価値観を吟味したり修正したりすればよいかについて生徒が理解し，それらを実際にできるようにすることである。従前の「倫理」の内容構成においては，これが最後の大項目で扱われる等して十分でなかった。これに対して，「価値観形成学習」による「倫理」では，年間の始め，導入部でまず現代社会にある倫理的な諸問題に気づき，それらを自己のこととして認識し，それらに対する自己の価値観の形成について理解し，具体的

第6章 「価値観形成学習」による「倫理」カリキュラムの編成原理　123

に計画する。続く展開部では、その計画によりながら、それぞれの問題について自己の価値観を吟味、修正していくことを繰り返す。そして終結部では、あらためて倫理的諸問題を捉え直すとともに、それらに対する自己の価値観について吟味、修正し直してみるのである。また、「倫理」で学習してきたこと、自己の価値観を形成してきたことについて評価するのである。

　では、このような視点から編成する、「価値観形成学習」による「市民性教育」としての「倫理」カリキュラムは、「在り方生き方教育」としてのそれをどのように転換したものとなるであろうか。両者を対比して示すと次の図6-1のようになる。(なお、「在り方生き方教育」としての「倫理」については、その典型と考えられる現行の2009(平成21)年版の公民科「倫理」の内容構成を取り上げ図示している。)

　先に分析した通り、「在り方生き方教育」としての「倫理」の内容構成では、生徒に自己形成という青年期の課題に気付かせ、それとかかわらせつつ先哲の基本的な考え方、価値観についての理解を深めるようになっており、現代社会とその倫理的問題についての認識は最後に行うことになる。これで

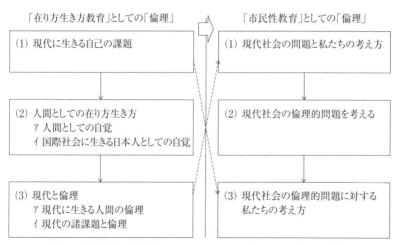

図6-1　「価値観形成学習」による「倫理」カリキュラムへの転換

は教師の用意した価値観を生徒に理解させ，変化する現代社会とは十分に関わらないまま価値観を確立させてしまうことに止まる。

これを「市民性教育」としての「倫理」カリキュラムへ転換しようとすると，基本的には図6-1に示したような内容構成になると考えられる。

先ず年間の導入部に相当する中単元（1）「現代社会の問題と私たちの考え方」では，生徒が現代社会の問題の根本にある倫理的問題に気付き自己に関わりのあることとして理解し，それに対する自己の価値観をよりよくしていく計画を立てる。

次に展開部に相当する中単元（2）「現代社会の倫理的問題を考える」では，典型と考えられる倫理的諸問題を複数取り上げ，それぞれに対する自己の価値観を，多様な他者の価値観を手がかりにして吟味したり，修正したりする。

そして終結部に相当する中単元（3）「現代社会の倫理的問題に対する私たちの考え方」では，これまでの学習を踏まえて，自らのこととして捉えている倫理的問題に対して，自己の価値観をあらためて吟味したり，修正したりして，形成するものとなる。

こうした内容構成の転換により，生徒が，年間を通して現代社会とその倫理的問題について認識していくことができ，それに対する自己の価値観を，先人等，多様な他者の価値観を手がかりにして吟味や修正をしていくことのできる新たな「倫理」カリキュラムを開発することができると考えられる。そして，このようなカリキュラムの中で，生徒は現代社会の倫理的問題を自らのこととして捉えたり，他者の価値観を手がかりにして，自己の価値観を形成したりすることを繰り返していくことができると考えられる。

第2節　「倫理」カリキュラムの構造

本節では，先に示した「価値観形成学習」による「市民性教育」としての

第6章 「価値観形成学習」による「倫理」カリキュラムの編成原理　125

「倫理」カリキュラム編成の視点，すなわち年間を通して，生徒が現代社会の倫理的問題を自らのこととして捉え，それに対する自己の価値観を，多様な他者の価値観を手がかりにして，吟味や修正をしていくことを繰り返すということと，これにもとづいた基本的な内容構成により，開発するカリキュラムの構造を明らかにしていく。

　この基本的な視点と内容構成によるカリキュラムの構造を具体的に示すと，次の図6-2のようになる。(図中の「中単元（1）」～「中単元（3）」は，前節の図6-1中の「市民性教育」としての「倫理」の（1）～（3）と対応している。)

　ここでは先ず，年間を通しての導入部である中単元（1）は，生徒が現代社会にある問題とその根本にある倫理的問題に気付いて，それらを自らのこととして捉え，それらに対する自己の価値観を表現してみて，それぞれをよりよくしていくための方法について調べ理解し，学習の計画を立てる単元，すなわち「現代社会の倫理的問題と自己の価値観形成を考える単元」となる。

　次に展開部である中単元（2）では，それらの倫理的問題に対する自己の価値観を，多様な他者の価値観を手がかりにして吟味したり，修正したりすることになる。この展開部において取り上げることになる倫理的問題としては，先ず民主主義と資本主義といった現代の社会構造におけるものが考えられる[2]。次に，科学・技術，特に生命，情報，環境等の現代の文化構造におけるものが考えられる[3]。なぜなら，生徒が直接的に学習する現代社会における文化的な諸現象及びここに内包されている価値意識・価値体系について考える際には，それらを規定している，客観的な基盤である社会構造とそこにおける価値意識・価値体系に関してもさかのぼって考える必要があるからである[4]。

　したがって，この展開部では先ず，「現代の社会構造における倫理的問題を考える単元（展開部 A）」の学習をしてから，「現代の文化構造における倫理的問題を考える単元（展開部 B）」の学習を進めていくことになる。

126　第2部　市民的資質を育成する「倫理」カリキュラムの開発研究

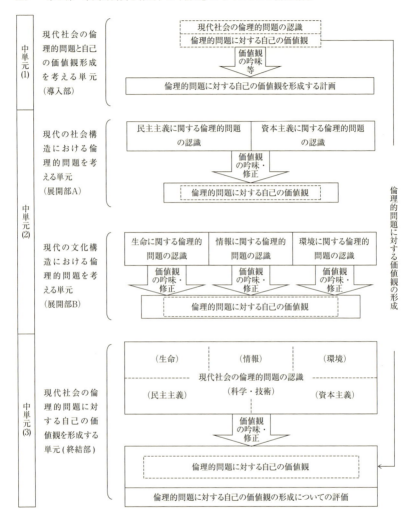

図6-2　「市民性教育」としての「倫理」カリキュラムの構造

拙稿「『倫理』カリキュラムの改善―市民的資質育成の観点から―」広島経済大学経済学会『広島経済大学研究論集』第36巻，第2号，2013年，p.87より作成。

第6章 「価値観形成学習」による「倫理」カリキュラムの編成原理　127

　そして終結部である中単元（3）は，これまで学習してきた倫理的問題と関わり，それらの中核と考えられるような問題に対して，これまで形成してきた自己の価値観を，また新たな他者の価値観を手がかりにしながら吟味し，必要ならば修正して，自己の価値観を形成する。また年間の学習を通じて，当初の自己の価値観をどのように吟味・修正してきたか，どのように形成してきたかについて評価してみる単元，すなわち「現代社会の倫理的問題に対する自己の価値観を形成する単元」となる。

　以上のような構造に基づき年間指導計画及び全単元を開発することで，生徒が繰り返し，現代社会の倫理的問題の認識を通して自己の価値観を吟味し修正していく，すなわち形成していく，「市民性教育」としての「倫理」カリキュラムへの転換ができると考えられる。

第3節　「倫理」カリキュラムのデザイン―年間指導計画―

　前節に示した構造に基づく「市民性教育」としての「倫理」のカリキュラムデザイン，すなわち年間指導計画は表6-1のようになる。（表中の（1）～（3）は，図6-1の（1）～（3）と対応している。）

　この計画は，公民科「倫理」の標準単位数が2単位で，70単位時間で実施されることに合わせ作成している。（表中の（　）内の数字は各単元における単位時間数を示している。）

　単元ごとにねらいと，〈中心的な学習課題例〉，さらに「関連する発問例」を示した。

　なお〈中心的な学習課題例〉については，特に年間の展開部に相当する（2）のAにおいて，現代の社会構造，すなわち民主主義，資本主義に関する倫理的問題を，またBにおいて，現代の文化構造における，特に生命，情報，環境に関する倫理的問題をそれぞれ1つずつ取り上げている。

　また「人物モデルの例」には，それぞれの倫理的問題に向き合い活動して

128 第2部 市民的資質を育成する「倫理」カリキュラムの開発研究

きた等，問題によく関与しており，その活動ないし生き方（価値判断）や主張ないし思想・考え方（価値観）についての資料（書籍，記事等）が比較的得やすい人物，すなわちそれぞれの問題に対するモデルとして取り上げることのできる人物を複数，例示している。

さらに「取り扱う社会的事象や知識の例」には，倫理的問題及びその手がかりとなる人物モデルの例に対応して，各単元で取り扱いたい社会的な事象やそれに関する知識・概念，あるいは自己の価値観形成に関する知識・概念

表6-1 「倫理」カリキュラムデザイン

内容 （単位時間数 全70）	単元名	単元のねらい 〈中心的な学習課題例〉 「関連する発問例」	人物モデル の例	取り扱う社会的 事象や知識の例
(1)現代社会の問題と私たちの考え方(10)	エリクソンとサンデルの技―倫理的問題と自己の価値観形成を考える―	現代社会の諸問題とその根本に内在している倫理的問題に気付き，自分にも関わることとして捉える。 〈現代社会の問題はだれの課題か。〉 「これらの問題は自分にとっての課題といえるだろうか。」		東日本大震災 原子力発電所事故
		現代社会の倫理的課題に対する自己の価値観を表現して，それをよりよく形成していく方法について考える。 〈倫理的問題に対する自己の価値観をどう形成していけばよいか。〉 「今の自分の考え方（価値観）をよりよくするにはどうすればよいだろうか。」	エリクソン＆サンデル	アイデンティティ 価値観 対話 人物の研究

第6章 「価値観形成学習」による「倫理」カリキュラムの編成原理　129

(2)現代社会の倫理的問題を考える（45） A 現代の社会構造における倫理的問題を考える（18）	プラトンとその師ソクラテスから学ぶ―民主主義の倫理的問題を考える―	民主主義社会に生きる自己が抱えている倫理的課題を認識し，それに対する自己の価値観を吟味・修正する。 〈民主主義が危機に陥ったとき，市民である自分はどう行動すべきか。〉 「選んだ代表者が民主主義を廃止しようとしたらどうするべきか。」	プラトン＆ソクラテス	消費税増税 選挙制度改革 衆愚政治 対話法
a 民主主義に関する倫理的問題（9） b 資本主義に関する倫理的問題（9）	ジョブズとゲイツの挑戦―資本主義の倫理的問題を考える―	資本主義社会に生きる自己が抱えている倫理的課題を認識し，それに対する自己の価値観を吟味・修正する。 〈資本主義の仕組みの中で，消費者も生産者も幸せになるには，どのような商品を生産すべきか。〉 「ジョブズとゲイツの商品の生産に対する考え方の特徴は何だろうか。」	ジョブズ＆ゲイツ	市場競争 消費社会 企業の社会的責任
B 現代の文化構造における倫理的問題を考える（27） a 生命に関する倫理的問題（9）	山中教授と日野原医師の願い―生命に関する倫理的問題を考える―	私たちの生命が抱えるようになっている倫理的問題を認識し，それに対する自己の価値観を吟味・修正する。 〈超高齢社会において，いかに医療技術を活用して生きていけばよいか。〉 「長寿化が進むと私たちの生活はどう変化するだろう。」	山中伸弥＆日野原重明	再生医療 生殖医療 長寿化 生命の質
b 情報に関する倫理的問題（9）	孫社長とザッカーバーグCEO の描く未来―情報に関する倫理的問題を考える―	私たちが利用する情報により生じるようになっている倫理的問題を認識し，それに対する自己の価値観を吟味・修正する。 〈いかにインターネットの活用と規制をすればよいか。〉 「どのようなインターネット関連の人物を調べればよいだろうか。」	孫正義＆マーク・ザッカーバーグ	情報公開 知る権利 プライバシー 情報リテラシー

130　第2部　市民的資質を育成する「倫理」カリキュラムの開発研究

c 環境に関する倫理的問題(9)	マータイとカーソンの訴え―環境に関する倫理的問題を考える―	私たちをとりまく環境に生じている倫理的問題を認識し，それに対する自己の価値観を吟味・修正する。〈なぜわれわれが地球環境を保護しなければならないのか。〉「カーソンは地球環境の保護に関連して，どのような生き方をしたのか。」	マータイ＆カーソン	生態系地球有限主義世代間倫理自然の生存権
(3)現代社会の倫理的問題に対する私たちの考え方（15）	オバマとアインシュタインの呼びかけ―倫理的問題に対する自己の価値観を形成する―	これまでの学習をもとに，現代社会の中核となる（科学・技術に関する）倫理的問題を自己の課題として認識し，それに対する自己の価値観を形成する。〈自分たちにとっても深刻で切実な現代社会の倫理的問題を見つけよう。〉「科学・技術に関する倫理的問題の中でも，特に深刻なことは何か。」「核兵器の保有は仕方がないと，認められるか。」	オバマ＆アインシュタイン	原子力発電核兵器科学・技術民主主義資本主義正戦論平和主義
		なお残されていると考える科学・技術に関する倫理的問題を認識し，これに対する価値観を自ら形成してみることで，年間を通して吟味・修正してきた自己の価値観の評価をするとともに，価値観を形成する方法についても評価する。〈現代社会で市民として生きるための倫理的課題をいかに考えるか。〉「問題に対する小論文を書き，学級の仲間に配布し，発表会を行おう。」「自分の考え方（価値観）をどのように形成してきただろうか。」	学級の仲間	理解比較対話「人物研究」

拙稿「『倫理』カリキュラムの改善―市民的資質育成の観点から―」広島経済大学経済学会『広島経済大学研究論集』第36巻，第2号，2013年，pp.88-89 より作成。

第6章 「価値観形成学習」による「倫理」カリキュラムの編成原理　131

等を示した。

　このカリキュラムデザイン（年間指導計画）の特徴をあげると，年間を通して，現代社会の倫理的問題について繰り返し学習できるようになっている。なお，取り上げる倫理的問題は精選しており，それぞれについて学習する時間を確保することにより，現代社会及び倫理的問題についての事実認識をよく行い，それを自分のこととしてよく捉えてから，それに対する自己の価値観の吟味等をしていくことが可能である。すなわち，このカリキュラムは基本的に，現代社会及びそこに内在している倫理的問題の認識を中心に据えて編成している。

　また，各単元ごとに例示した人物モデルは，それぞれの倫理的問題によく関連しており，これらを手がかりにすれば，問題に対する自己の価値観を生徒が吟味したり，修正したりできるようになっている。

　さらに，年間の導入部と終結部では，価値観形成の方法について学習できるようになっている。これにより生徒は，現代社会の倫理的問題に対する自己の価値観を吟味したり，必要ならば修正したりすることの意味と方法をよく理解した上で，年間の学習に取り組むことができ，最後に，自分たちが行ってきたこの「倫理」学習そのものを評価することができる。

　これらの特徴を持つカリキュラムデザインにより，生徒は現代社会の倫理的問題を自らのこととして捉えることができるようになるとともに，多様な他者の価値観を手がかりにして，自己の価値観を吟味したり，必要ならば修正したりする，すなわち形成できるようになると考えられる。

第4節　「価値観形成学習」の授業構成

　ここまで，「価値観形成学習」により「倫理」カリキュラム編成の視点，構造，さらに全体のデザイン（年間指導計画）について明らかにしてきた。これらを踏まえて本節では，各単元レベルの授業構成について，教材と授業

過程とに分けて示していく。

1　教材―「現代社会の倫理的問題」と手がかりとなる価値観―

教材の中心は，現代の倫理や価値を含み，生徒にも関わる現代社会の倫理的問題になると考えられる。問いは「何をするのがよいことか」，「何をなすべきか」，「何をすることが許されるか」等となる[5]。なお，価値が何であるかは時代，社会，状況により異なるとされるから，先ずは今の時代，社会が提起しているこの倫理的問題について，よく議論を進め考えていくことが必要になると考えられる[6]。今日生じている倫理的問題の多くは，現代の文化構造の中でも科学・技術の進展等によってできた「倫理的な空白」に生じているものであり，これらが「既成の倫理的・法的・社会的な判断の枠組みを揺るがす」ようになっていると考えられる[7]。したがって，こうした問題を学習していくには先ず，関連する正しい事実認識が必要となる[8]。

具体的には，図6-3のようなものが考えられる。（倫理的問題の例は発問の形で示している。）

すでに明らかにしてきたように，生徒が現代の文化構造における倫理的問題についてよく考えていくには，その基盤である社会構造とそこにおける価値意識にまでさかのぼって考える必要もある。そこで現代の社会構造における倫理的問題について挙げるとすれば，政治的には民主主義，経済的には資本主義に関する問題がある[9]。いずれも現代社会の枠組み，倫理ないしは価値意識とかかわっており，生徒にとっても切実な問題になると考えられる。

具体例として，ここでは資本主義に関する倫理的問題について示したい[10]。資本主義では自由競争の中で企業の利益追求が行われ，社会の自由や物質的な豊かさがもたらされる。

ただ一方では，社会的不平等，消費や労働のあり方，企業の社会的責任，国家による福祉のあり方等の倫理的問題が生じている。具体的には，公害や欠陥商品，事故・災害等が問題となる中，企業に対して効率性の追求だけで

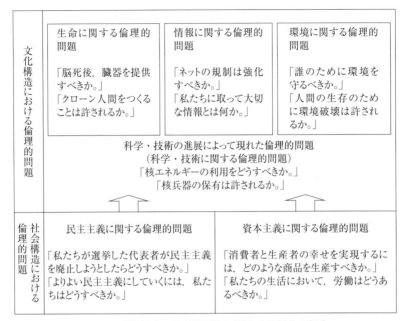

図6-3 現代社会の倫理的問題に関する教材化の視点

拙稿「対話を重視した『価値観形成学習』による『倫理』の授業開発―単元『ジョブズとゲイツの挑戦―資本主義の倫理的問題を考える―』」全国社会科教育学会『社会科研究』第80号，2014年，p.48 より作成。

なく，いかに適正な価格で優れた商品を提供すべきか，消費者や環境をどこまで保護すべきか，労働者の権利をどこまで認めるべきか，いかに社会貢献すべきか等の倫理的問題が投げかけられている。

こうした現代の社会構造における倫理的問題，すなわち資本主義及び民主主義に関する問題を踏まえて取り上げるべきは，応用倫理学が解決を図ろうとする問題群，中でも生命，情報，環境に関する問題であろう[11]。これらは現代の文化構造における，特に今日の科学・技術の急速な進歩，発展により，われわれが直面するようになった倫理的問題であり，「従来の生活の中になかったような新しい形の行為や社会関係についての『良い』『悪い』の

134　第2部　市民的資質を育成する「倫理」カリキュラムの開発研究

判断根拠をめぐる問題」だからである[12]。これらに対しては，だれもが従来の倫理学の成果や価値観を「手がかり」，「たたき台」にして，新たに自らの価値観を形成していかなければならず[13]，この学習の典型的な教材になると考えられる。

　教材には，こうした倫理的問題に対する手がかりとなる価値観も必要である。それは現代の倫理及び価値を含み持つ。具体的には人物モデルによる問題に対する考え方（価値観）さらに生き方である。なぜなら，倫理的問題に対する自己の価値観を形成していくには，問題に対するモデルとなる人物の価値観だけでなく，その行為及び結果までも手がかりにして反省する方が総合的で有効だからである[14]。そして人物モデルは複数扱う。その価値観を相対化でき，比較することで特徴をよく理解し，吟味し，選び取ることができるからである。なお生徒には，人物モデルによる行為とその結果が，自分や社会に影響を与えていたり，自分と類似点があったりすると考えられる場合に理解されやすい[15]。

　ここで，倫理的問題及びその手がかりとなる人物モデルの具体的な選び方について，資本主義の場合を例に考える。塩野谷によれば，経済は財・サービスを通じて人々の「善」を生み出す点で倫理と接続する[16]。この経済の世界は，資源等の制約下でより多くの欲求を充たすよう，つつましい行為を合理的に選択する「効率」と，選択や競争の「自由」という価値に主導されつつも，生産される稀少な財の公正な分配を図る「正義」及び個性的で文化的な社会を作り上げる「卓越」という倫理の世界からの価値により規制されるとする[17]。換言すれば，経済は効率や自由だけでなく，社会の基礎としての正義と社会の目的としての卓越という価値と結びついていると考えられている。

　この考え方にもとづけば，資本主義の倫理的問題と人物モデルには，効率や自由だけでなく，正義や卓越という価値を含み持つものが適切と考えられるのである。

2 授業過程—「対話」,「人物研究」—

　授業過程は,生徒が倫理的問題に対する自己の価値観を,多様な他者との対話を通して自主的に吟味し,修正していくように組織する。具体的には図6-4（パートa～f）のようになる。この図には,生徒の価値観が修正され形成されていく過程も示している。

　生徒は,パートaで身近な社会的事象や問題について認識し,そこに内在する倫理的問題に気づき,それが自分達にも関わりのあることを理解する。すなわち倫理的問題に「生徒が気づき,自らのこととして捉え」るのである[18]。

　パートbでは,自分がすでに有している倫理的問題に対する価値観（考え方）をトゥールミン図式等の図式を用いて表現し,対象化してみる[19]。

　パートcでは,このようにして構造的に明示した互いの考え方が正当であるかどうかを吟味し合う[20]。すなわち,矛盾していたり一面的であったりする等,不十分と考えられる点を疑問として出し合い,ゆさぶり合う。そして,これを修正していくにはどのように学習を進めればよいか計画する。このパートで生徒は,自分とは異なる他者の考え方をよく理解し,吟味して正当である点は,自分の不十分さを補完するために受け入れ（摂取し）,自らの図式を修正,発展させていけばよいこと,すなわち「他者との対話」をすればよいことについて考える[21]。なぜなら,倫理的問題に対する自己の価値観をわれわれが主体的に形成していくには,それを反省する,すなわち自ら価値観を吟味し修正するために,それを対象化できなければならず[22],それは,「他者との対話」によってよく行えると考えられるからである[23]。なぜなら,われわれは「他者との対話」により自分の価値観を外へ投げ出し対象化してみることができ,自分と異なる価値観があることに気付くことができるからである。また「対話」は互いの考え方をよく理解し,吟味して,手がかりとなる点は摂取し（受け入れ）,自らの考え方を修正し,発展させていく

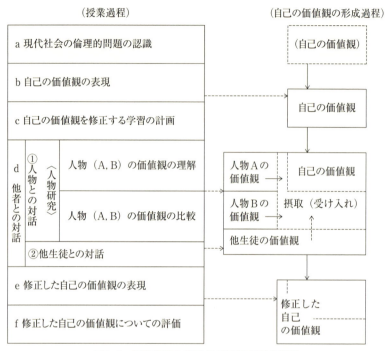

図6-4 授業過程と自己の価値観の形成過程

拙稿「対話を重視した『価値観形成学習』による『倫理』の授業開発―単元『ジョブズとゲイツの挑戦―資本主義の倫理的問題を考える―』」全国社会科教育学会『社会科研究』第80号, 2014年, p.49 より作成。

主体的な方法だからである[24]。このような「対話」を, 他生徒とだけでなく, より異なる他者, すなわち問題に向き合い生きてきたモデルとなる人物達とも行えばより開かれた学習となる[25]。(もとより生徒が, こうした多様な他者との対話によって自己の価値観を修正する計画を立て, 実際に活動することにより自主的な学習ともなる。)

そこで生徒に, この対話する他者には, 学級の仲間(他生徒)だけでなく, より広く異なる立場から, 同様の倫理的問題に対する考え方を持つと予想される人物モデルもあり得ること, また人物モデルの考え方については,

その生き方も含めてよく理解し，正当性を吟味すれば，自らの手がかりにできる点があること等について理解する。そして具体的に複数の人物モデルを選び，その調べ方等の具体的な学習の計画を立てる。

　パートdでは，生徒が２つの他者との「対話」，すなわち人物モデルそして仲間との「対話」をそれぞれ通して，自らの価値観を吟味し修正していく。先ず，各人物モデルの生き方と考え方それぞれについて，分担し協力して調べる。またお互いの発表を聞いて疑問に思うことを質問し合い理解を深める（dの①）。次に，それぞれの人物モデルが持っている，この問題に対する考え方を表に整理して比較し，共通点や相違点を明らかにする。またそれぞれの考え方を図式化してみて，その中の要素相互が矛盾していないか，論理的に整合しているかどうか，また各要素が一面的ではないか，普遍的にあてはまるかどうか等，不十分な点がないかを吟味する。このように正当であるかどうかを吟味した人物モデルの考え方から，自分の考え方を修正するための手がかりとなる点を得る（dの①）。なお，このパートにおいて，複数の手がかりとなる人物モデルの生き方と考え方について生徒が調べ理解し，さらに相互に比較してから，自分の考え方を修正する手がかりとなる点について摂取する（すなわち人物モデルと対話する）ことを，特に「人物との対話」ないしは「人物研究」と呼ぶ[26]。

　このように「人物との対話」（「人物研究」）を通して，人物モデルの考え方から手がかりとなる点を受け入れて修正した自分の考え方を図式化して，互いに発表し，疑問点を出し合って吟味し，なお不十分で修正しようとする点があれば，仲間の考え方の中で手がかりとなる点を摂取し（ないしは受け入れて）修正する（dの②）。

　パートeでは，こうして修正してきた互いの考え方を発表し合い，学級の仲間達による考え方，「議論の束」として図式にまとめてみて，それをもとに各自の考え方も図式にまとめる[27]。

　パートfでは，当初の自分の考え方の図式をいかに修正したか，計画と実

138　第2部　市民的資質を育成する「倫理」カリキュラムの開発研究

際の学習（「他者との対話」）は適切に行えたかについて評価し，残っている課題について考える。

　以下では，このような「価値観形成学習」による授業構成に基づき開発した各単元を，カリキュラムデザインにしたがい具体的に明らかにしていく。

［註］

1）日本教育方法学会編『教育方法学研究ハンドブック』学文社，2014年，p.29参照.

2）見田宗介『価値意識の理論』弘文堂，1996年，pp.256-264参照.

3）同書，pp.198-204. 加藤尚武編『現代世界と倫理』晃洋書房，1996年，p.2参照. なお倫理学においては，現代は「科学技術文明」の時代と捉えることができ，一般に多くの問題を「広義の科学技術倫理問題」と称することもできるとする。また，今日の倫理学で扱う「科学，技術，医療，環境，情報という領域」の問題は，「人間が生み出した，従来の生活の中になかったような新しい形の行為や社会関係についての『良い』『悪い』の判断根拠をめぐる問題」だとする。（加藤尚武編，同書，pp.ii，iv，2.）

4）見田宗介，同書，pp.209，252〜254. 篠原一『市民の政治学』岩波書店，2004年，pp.96-99. 見田宗介『社会学入門―人間と社会の未来―』岩波書店，2006年，p.7参照.

5）水谷雅彦他編『情報倫理の構築』新世社，2003年，p.2.

6）同書，pp.4-5参照.

7）加藤尚武『哲学原理の転換』未來社，2012年，p.20.

8）水谷雅彦他編，前掲書5），pp.6-7参照.

9）塩野谷祐一『経済と倫理』東京大学出版会，2002年，p.247参照.

10）柘植尚則他『経済倫理のフロンティア』ナカニシヤ出版，2007年，pp.ii-iii，20-21，76-77. 山脇直司『経済の倫理学』丸善，2002年，p.13. P.コスロフスキー他『資本主義の倫理』サイエンス社，p.88. 馬渕浩二『倫理空間への問い』ナカニシヤ出版，2010年，pp.188-213参照.

11）栗原隆『現代を生きてゆくための倫理学』ナカニシヤ出版，2010年，p.i他参照. 応用倫理学の主要な問題には他に，経済（企業，市場，資本主義）に関するもの等がある。（加藤尚武『応用倫理学入門』晃洋書房，2001年，p.i.）

12）加藤尚武『現代世界と倫理　改訂版』晃洋書房，1996年，p.iv.

13) 柘植尚則『プレップ倫理学』弘文堂, 2010 年, p.15.

14) 山崎正一他編『現代哲学事典』講談社, 1970 年, p.139 参照.

15) 菊池章夫『社会化研究「序説」』川島書店, 2011 年, p.14 参照.

16) 塩野谷祐一, 前掲書 9), pp. 37-40 参照.

17) 塩野谷祐一, 前掲書 9), pp. 2, 24, 37-50, 378-382 参照. なお自由は, 2 つの世界の基底的な価値と捉えられる.

18) 拙稿「『価値観形成力』を育成する環境倫理授業の改善」社会系教科教育学会『社会系教科教育学研究』第 26 号, 2014 年, p.61.

19) 生徒には既有の内面的体制がある.（森分孝治『現代社会科授業理論』明治図書, 1984, p.75 他参照.）また議論の図式に関して, トゥールミン図式については, 池野範男「市民社会科の構想」社会認識教育学会編『社会科教育のニュー・パースペクティブ』明治図書, 2003 年, pp.44-53. 尾原康光「社会科授業における価値判断の指導について」全国社会科教育学会『社会科研究』第 39 号, 1991 年, pp.70-83. 尾原康光『自由主義社会科教育論』渓水社, 2009 年, pp.13-31, 37-53. 福澤一吉『議論のレッスン』NHK 出版, 2002 年, pp.65-68, 96-98. 島崎隆『増補新版　対話の哲学』こうち書房, 1993 年, pp.104-119, 153. 足立幸男『議論の論理　民主主義と議論』木鐸社, 1984 年, pp.94-146, 163-168. S. E. トゥールミン著, 戸田山和久訳『議論の技法』東京図書, 2011 年, pp.12, 31, 143-166 参照. 他の図式については, 野矢茂樹『新版　論理トレーニング』産業図書, 2006 年, pp.22-23, 45-50, 55-65, 74-79, 87-96, 145-146 他参照.

20) 池野範男, 同書, p.48. 島崎隆, 同書, pp.119, 202. 尾原康光, 同書, p.40. 伊勢田哲治『哲学思考トレーニング』ちくま新書, 2005 年, pp.189-191. 塩野谷祐一『価値理念の構造』東洋経済新報社, pp.30-40 参照。価値観（価値判断の内容）が正当であるかどうかは, 図式で示される言明が論理的に整合しているかどうか, 普遍的で妥当性があるかどうかを吟味する必要がある.

21) 拙稿「対話を重視した『価値観形成学習』による『倫理』の授業開発—単元『ジョブズとゲイツの挑戦—資本主義の倫理的問題を考える—』」全国社会科教育学会『社会科研究』第 80 号, 2014 年, pp.45-56 参照.

22) 見田宗介, 前掲書 2), pp.107, 173. 澤瀉久敬『哲学と科学』日本放送出版協会, 1967 年, pp.45-56 参照。反省とは, 対象化した現在の自己を他者を媒介として吟味し, 新たな自己を見出すこと.

23) 依田新他編『現代青年の性格形成』金子書房, 1973 年, p.68. マイケル・サンデル『これからの「正義」の話しをしよう』早川書房, 2011 年, pp.52-55. 藤田正

140　第 2 部　市民的資質を育成する「倫理」カリキュラムの開発研究

勝『哲学のヒント』岩波書店，2013 年，pp.2-16．J．ハーバーマス著，清水多吉・朝倉輝一訳『討議倫理』法政大学出版局，2005 年，pp.120-122，144．金子晴勇『対話の構造』玉川大学出版部，1985 年，pp.120-129．E．ミュラー著，佐伯晴郎訳『対話の形術　話し合いの方法と実際』日本基督教団出版局，1968 年，pp.39-62 他参照．

24）島崎隆，前掲書 19），pp.68，73，84．澤瀉久敬，前掲書 22），pp.47-48．金子晴勇『対話的思考』創文社，1976 年，pp.119，185-188 参照．

25）見田宗介，前掲書 2），pp.107-111 参照．

26）拙稿「倫理的問題に対する価値観を形成する『倫理』の学習―ソクラテスとプラトンの『人物研究』を取り入れた民主主義の学習を事例に―」日本社会科教育学会『社会科教育研究』No.120，2013 年，pp.22-34 参照．

27）足立幸男『議論の論理』木鐸社，1984，pp.138-142．倫理的問題に対する価値観を理念や信念，証言に基づく議論と捉えれば，それらが組み合わされた「議論の束」が形成される考えられる．他に，島崎，前掲書 19），p.203，尾原，前掲書 19），pp.14，51．福澤，前掲書 19），pp.96-98．野矢茂樹『論理トレーニング 101 題』産業図書，2001 年，pp.79-84 参照．「結合論証」あるいは「合流論証」の図式も参考となる．（野矢茂樹，同書，pp.83-84 参照．）

第7章　現代社会の倫理的問題と
自己の価値観形成を考える単元開発

　第7章からは，第6章で明らかにしたカリキュラムの編成原理により，全単元を開発していく。第7章では，生徒が現代の社会問題の根本，基本にある倫理的問題と自己との関わりについて認識することを通して，それらに対する自己の価値観を形成していく意義と方法について学習する導入単元「エリクソンとサンデルの技―倫理的問題と自己の価値観形成を考える―」を開発していく。

第1節　単元「エリクソンとサンデルの技
―倫理的問題と自己の価値観形成を考える―」の開発

1　単元の基本的な考え方

(1) 教材としての倫理的問題

　解決が求められる倫理的問題は，どの時代あるいは社会においても存在したのであり[1]，今日も多様に存在していると考えられる[2]。その中でも，この「倫理」のカリキュラムにおいて学習させようとするものとしては，前章（特に第4節の1）において示した通り，現代の社会構造における（民主主義，資本主義に関する）倫理的問題と，文化構造における（科学・技術，生命，情報，環境等に関する）倫理的問題とが考えられる。

　そこで本単元では，生徒が現代社会の問題の学習を通して，それらの根本に倫理的な問題があることに気付き，それらが単に社会にとってだけでなく，自分達にとっても関わりがあり，切実なことであるということを認識で

きるようにする必要がある。なぜなら，先ず本単元で，それらに対する価値判断をしてみて，自己の価値観を表現してみる必要があるからである。また年間を通して，それらの問題についてさらに事実認識をして，それらに対する自己の価値観を吟味したり，修正したりしていくためである。

そこで先ず，今日の新聞記事や関連書籍等でよく取り上げられている社会問題（例えば憲法改正，財政赤字，消費税増税，若者の就職難，電気料金値上げと原子力発電所再稼働，少子高齢化，ネットいじめ，大気汚染などの環境破壊，集団的自衛権，領土，国際紛争等の問題）に気付かせ，なぜそれが生じているのか調べさせ，なぜ社会にとって問題なのか考えさせ，さらにどう自分にとって関わりがあるのか考えさせ，それらの切実な問題に対して自分はどうすべきか，（あるいは，どうすればよいか，どうすることが許されるか等）と問うことによって，上記の各倫理的問題について価値判断させ，自己の価値観を表現させてみる。

(2) 教材としての人物モデル

この単元の中では，個々の倫理的問題に対する手がかりを得るための人物モデルについて想定をしていない。なぜなら生徒は，まだ価値観を形成する方法として，他者（特に人物モデル）の価値観を手がかりとすることを学習し，それについて計画していないからである。

本単元で，生徒は先ず，問題に対する価値判断をしてみて，自己の価値観を表現してみる。次に，それをよりよくするためにどうすれば良いのか考え，異なる他者，すなわち学級の仲間だけでなく，当該の問題に向き合った典型，モデルとなる人物と対話し，その価値観を手がかりにすればよいことを学習するのである。したがって，本単元で手がかりにする必要があるのは，自ら価値観を形成する方法（としての他者との対話）を持っていると考えられる人物モデルとなる。

具体的な例として，E. H. エリクソンとM. J. サンデルがいる。2人

第7章　現代社会の倫理的問題と自己の価値観形成を考える単元開発　143

は自らの問題に対するモデルとなる人物との対話ないしは人物の研究を通して，研究・教育を成し遂げた人物と考えられる。彼らの主張やその行為（研究・教育活動）を調べ理解することを通して，生徒は自己の価値観を形成する方法について手がかりを得られると考えられる。

　先ずエリクソンは，自らの価値観の形成と密接に関連すると考えられる「アイデンティティ」という臨床概念を明らかにしたが，（この理論に詳しい鑪によれば，）アイデンティティの形成過程で人間は，「『同一化』から『同一性』へ」心的転換をする[3]，あるいは「実際予想される未来に照らして，以前の同一化すべてを再構成する」と考えていた[4]。すなわち，多様な価値観から自ら選択したり創造したりしていくと考えていた[5]。そして，このアイデンティティという考え方は，「エリクソン自身の出自に深く根ざし」ていたと考えられている[6]。また歴史的な人物（ルターやガンジー）の心理について，その社会や歴史の中でとらえる方法，「歴史上の人物に生きて語りかける」という方法（「心理歴史接近法」）を通して，自らのアイデンティティを確立し，そしてアイデンティティ学の追求をしていった[7]。すなわち本研究の言葉を用いれば，「人物研究」を方法とし，その中での人物との「対話」（と解釈し得るもの）を通し，自らを形成していったと考えられる。

　このようなエリクソンの生き方や，その思想ないしは方法について調べ理解することを通して，生徒は自己の価値観を形成する意味をよく理解できるとともに，その方法についても重要な手がかりを得ることができると考えられる。

　次にサンデルは，自らを「公共的議論を啓発するよう活気づけ」ようとしている政治哲学者だとする[8]。すなわち最善の政治，真の民主主義には，市民に長い公民的教育，共通善の発達，政治についての「正確な判断と議論」をするための知識が必要なので，公民的教育を促進しようとしているのだとする[9]。このためにサンデルは，高校生の頃から「社会の大きな問題」に向き合わさねばならないとする[10]。彼は，政治哲学の授業を始めた頃から，学

144 第2部 市民的資質を育成する「倫理」カリキュラムの開発研究

生達に有名な哲学者のことだけでなく，学生も市民も高い関心を持つ「現代の道徳的・政治的な論争」，ないしは「お互いに意見が一致しないような難しい問い」に向き合わせようとしてきた[11]。また，彼が講義の中で「ソクラテス的な教え方」，すなわち対話を展開するようになったのは，学生が民主的な市民になるには，自分の意見を理由とともに言ったり，それに対する反論を受けたりする勇気が必要だと考えるから，また抽象的な哲学書を読むだけでは，学生たちを怖じ気づかせてしまうという経験があるから，さらには「本来哲学とは現実の世界につながっているもの」だということを示すためだとする[12]。われわれは問題に出会うと，自らの判断や原則を見直したり修正したりするが，この考察は孤独に行うのでなく，「対話者」とともに行う必要があるとし，それには友人等だけでなく，もっと要求の厳しい「古代から現代までの政治哲学者の面々」もいるとする[13]。サンデルは，こうした他者との対話により，正義（という価値）に関する自己の見解を批判的に検討することを勧めていると考えられる[14]。

このように2人はそれぞれ，我々が自己の形成なしは価値観を形成する手がかりとなる方法を確立してきたのであり，本単元において，いかに自己の価値観を形成していけばよいのかを生徒に考えさせ，計画を立てさせる上でモデルとなり得る人物と考えられる。

2 単元目標

（1）現代社会の問題の根本にある倫理的問題に気づき，自らのこととして理解することができる。
（2）倫理的問題に対する自己の価値観を形成するための年間の学習計画を立てることができる。
（3）倫理的問題に対する自己の価値観を考えることができる。
（4）倫理的問題に対する自己の価値観を表現することができる。
（5）倫理的問題に対する自己の価値観を形成する方法（2つの対話）について理解できる。

第7章　現代社会の倫理的問題と自己の価値観形成を考える単元開発　145

3　展開計画（全10時間）

	教師の指示・発問	教授・学習活動	資料	予想される生徒の回答（生徒に獲得させたい知識）等
現代社会の倫理的問題の認識① 1.5h	○今の社会ではどのような問題が起きているだろうか。	T：発問する T：指示する P：調べ答える	①	・（新聞記事，関連書籍等でよく取り上げられている社会問題を調べればよい。） ・憲法改正，財政赤字，消費税増税，若者の就職難，電気料金値上げと原子力発電所再稼働，少子高齢化，ネットいじめ問題，大気汚染などの環境問題，集団的自衛権，領土問題，国際紛争，等。
	・なぜこうした問題が起きているのだろうか。	T：発問する P：調べ答える T：説明する	① ② ③	・例えば，少子高齢化問題：先ず少子化は，日本の産業が高度化し，女性の晩婚化や未婚率の上昇が起こっているから。高齢化は，少子化や医療技術の発達により起こっている。 ・（科学・技術の発展により生じた問題も多い。）
	・なぜ社会にとって問題となっているのだろうか。	T：発問する P：調べ答える T：説明する	④ 他	〈少子高齢化問題〉 ・先ず少子化は，社会を支えていく人口が減っていくから。その一方で介護や支援の必要な高齢者が増加し，地域社会や国による負担が増すから。 〈他の問題〉 ・高校生も平和主義のあり方について判断することになるから。 ・財政赤字が膨らむと公共サービスの提供が受けられなくなるから。 ・税の負担が増して生活が苦しくなるから。 ・大気汚染により健康の被害が生じるから。 ・領土をめぐる対立により周辺国との交流が途絶えたり，軍事衝突したりして平和が脅かされるから。 ・社会が不安定になり発展できなくなるから，等。

146　第2部　市民的資質を育成する「倫理」カリキュラムの開発研究

◎これらの問題はだれの課題だろう。(自分にとっての課題といえるだろうか。)	T：発問する P：答える T：説明する		・いえる。例えば少子高齢化により，安定した社会が維持できなくなれば，自分や家族の生活なども維持できなくなるから。 ・社会が維持できないと，生命が脅かされるから。 ・幸せな生き方もできないから。 ・(これらの現代社会の問題は自分たちにも切実な課題である。)
○多様な現代社会の問題に対し，自分はどう生きていけばよいだろうか。	T：発問する P：答える T：説明する		・問題について考えるのを避けて生きていけない。 ・各問題のことをよく理解して，それに対するよい判断をし，それに基づく行為をして生きていく。 ・(現代社会では，自分でよい判断をしなければならない切実な問題が多様に生じている。)
・なぜ現代社会では，自ら判断しなければならない問題が新たに生じ続けているのだろうか。	T：発問する T：説明する	⑤	・現代社会では，高度な科学・技術が急速に発展し，人間の行為の可能性が広がっている。そこで自分が社会的な行為をする時に，「何をすることがよいのか」，「何をするべきなのか」，「何が許されるのか」という(善や正などの価値に関する)自分の価値判断とその規準(これらを自己の価値観と呼ぼう)を新たにつくる必要のある問題が生じている。これらの現代社会の問題の基本にある根本的，原理的な問題のことを倫理的問題と呼ぼう。
・現代社会の倫理的問題を理解するにはどうすればよいか。	T：発問する P：答える T：説明する		・集めた資料から読み取った知識を学級の仲間と共有すればよい。 ・互いの知識を関連付けたり，同様の問題のことと比較したりすればよい。 ・要因や背景も理解すればよい。 ・現代社会で生じている倫理的問題を理解するには関連する科学的な知識も重要となる。 ・こうして倫理的問題のことをよく理解した上で，社会を維持・発展させ，自分たちが幸せな生き方をするための価値判断をすればよい。

第7章　現代社会の倫理的問題と自己の価値観形成を考える単元開発　　147

| 自己の価値観を形成する計画 3.5h | ・理解した倫理的問題に対する自己の価値判断，価値観をよくするにはどうすればよいだろうか。 | T：発問する
P：答える
T：説明する | ⑥ | ・自分がよく考えて価値判断する。
・（理由も含めてその内容を吟味する。）
・学級の仲間に表現して，吟味してもらえばよい。
・仲間たちの考え方（価値観）も手がかりにすればよい。
・同様の問題に取り組んだと考えられるモデルとなる人物達の考え方を調べ，手がかりにすればよい。
・（その生き方も調べて，手がかりにすればよい。）
・（現代社会で私たちが生きてゆくには，自らにふさわしい価値観を，すでに社会にある多様な価値観の中から選んだり，それらを手がかりにして創造したりしていくという発達上の課題（アイデンティティの形成，特に自己の価値観の形成）も抱えている。）
・（この理論は，心理学者のエリク・H・エリクソン（1902-1994年）による。彼は治療した人々（幼児から大人まで）や，歴史的な人物モデルの考え方や生き方を研究して，このことを明らかにした。） |
| | ○私たちは，この「倫理」で，何をどのように学習していけばよいだろうか。 | T：発問する
P：答える
T：説明する | ⑥
⑦ | ・現代社会の倫理的問題をいくつか取り上げて，よく理解し，それらに対する自己の価値観を，仲間や人物モデルらの多様な価値観を手がかりに吟味し，必要なら修正し，よいものにしていけばよい。
・（「倫理」で学習する問題についての知識や，それに対する自己の価値観は，将来，新たに知識や手がかりとなる価値観を得ながら，吟味し，修正していくことになるだろう。）
・（倫理的問題に対する自己の価値観を吟味したり修正したりして，自ら形成できるようになろう。） |

148 第2部 市民的資質を育成する「倫理」カリキュラムの開発研究

| 現代社会の倫理的問題の認識② | ・先ず，「倫理」で自分達が学習していけばよい倫理的問題は具体的に何だろうか。 | T：発問する
P：調べ答える
T：説明する
T：板書する | ③
⑧ | ・現代社会の発展，科学・技術の発達に伴い，社会や自分たちが直面している，あるいは直面するであろう問題に関することだろう。

・例えば，インターネットなど情報に関する問題，生や死など生命に関する問題，公害など環境に関する問題など。
・（これらの現代社会の問題に関しては，応用倫理学の分野でも取り上げ議論されている。いずれも現代の社会や人間にとって切実で根本的な，倫理的問題を含んでいる。また，いずれも科学・技術の発達に伴い生じている問題である。）
・（科学・技術の急速な発達により，新たな価値観とそれによる価値判断を求められる倫理的な問題が次々に生じている。）
・（科学・技術に関する倫理的問題には他に，原子力，核エネルギー（特に核兵器）の使用に関する問題などもある。）
・（こうした問題をよく考えていくには，さらに私たちの行為や文化の基盤である社会の構造，政治や経済の特質，民主主義と資本主義そのものに関する倫理的問題も考えておく必要があるだろう。）

板書例
〈現代社会の倫理的問題〉 |

第 7 章　現代社会の倫理的問題と自己の価値観形成を考える単元開発　149

・それぞれに関する倫理的問題を見つけ出そう。	T：指示する T：調べる	⑧ ⑨	・見つけ出す倫理的問題は，「何をすることがよいのか」,「何をするべきなのか」,「何が許されるのか」などの問いの形にしよう。
・見つけ出した倫理的問題を発表しよう。	T：発問する P：発表する T：整理し板書する		板書例 ┄┄┄┄┄┄┄┄┄┄┄┄┄ 〈生命に関する倫理的問題〉 　「脳死後に臓器を提供すべきか。」 　「クローン人間をつくることは許されるか。」 〈情報に関する倫理的問題〉 　「インターネットの規制は強化するべきか。」 　「私たちにとって大切な情報とは何か。」 〈環境に関する倫理的問題〉 　「誰のために環境を守るべきなのか。」 　「人間の生存のために環境を破壊することは許されるか。」 〈科学・技術に関する倫理的問題〉 　「核兵器の保有は認められるのか。」 〈民主主義に関する倫理的問題〉 　「選挙した代表者が民主主義を廃止しようとしたら私たちはどうすべきか。」 　「よりよい民主主義にしていくには，わたしたちはどうすべきか。」 〈資本主義に関する倫理的問題〉 　「消費者と生産者の幸せをともに実現するには企業はどのような商品を生産すべきか。」 　「自分の人生では，どのような働き方をすればよいか。」
・どうしてその倫理的問題について考えたいのか理由も発表しよう。	T：発問する P：発表する		〈生命に関する倫理的問題についての理由例〉 ・「脳死後に臓器を提供すべきか。」は，今やいつか問われる切実な問題である。家族を含めて誰も　がドナーにもレシピエントにもなり得るから。

〈情報に関する倫理的問題についての
理由例〉
・「インターネットの規制は強化する
　べきか。」は，誹謗中傷が深刻化し
　ている一方で，今後ますます普及し
　ていくインターネットのあり方と利
　用の仕方を考えておくべきだから。
〈環境に関する倫理的問題についての
理由例〉
・「誰のために環境を守るべきなの
　か。」は，今日の環境破壊が止まら
　ない要因として，自分には関係ない
　という価値観が人々にあるとも考え
　られるので考えておくべき。
〈科学・技術に関する倫理的問題につ
いての理由例〉
・「核兵器の保有は認められるか。」
　は，科学・技術の発達に伴う最も
　（負の利用である）深刻な倫理的問題
　だから。世界で唯一核兵器による攻
　撃を受け被爆した国の市民だから。
　また最近，国内で世界規模の原発事
　故が起きてしまったから。自分の価
　値観を吟味しておくべきだから。
〈民主主義に関する倫理的問題につい
ての理由例〉
・「選挙した代表者が民主主義を廃止
　しようとしたら私たちはどうすべき
　か。」は，選挙権年齢の18歳以上へ
　の引き下げが議論されており，今
　後，法改正されれば，私たち高校生
　も実際に，代表者を選ぶようになる
　から。
〈資本主義に関する倫理的問題につい
ての理由例〉
・「どのような商品が生産されるべき
　か。」は，自分たちは，日々消費活
　動をしている上に，将来は，財・サ
　ービスを生産し供給する側にもな
　る。だれにとっても常に切実な問題
　だから。

第7章　現代社会の倫理的問題と自己の価値観形成を考える単元開発　151

	・学級の仲間の発表について疑問に思うことは何だろう。	T：発問する P：質問する T：説明する		〈資本主義に関する倫理的問題「どのような商品が生産されるべきか。」に対する質問例〉 ・なぜこれが資本主義に関する倫理的問題といえるのか。 〈他の問題に対する質問例〉 ・省略 ・（出された各問題が，社会や自分たちにとってどのような意味を持っているか吟味しなければならない。）
自己の価値観の表現	・その倫理的問題に対する今の自分の考え方（価値観）を整理して，発表しよう。	T：発問する T：説明する P：図式に整理し発表する T：黒板上で図式に整理する	⑨ ⑩	・その問題に対する自分の考え方（価値観）を，問題の概要，それに対する自分の主張，そしてその根拠とに分けてワークシートに図式化（トゥールミン図式）して整理すると，矛盾しているところはないか，一面的でないか等の吟味ができる。 ・図式に整理した自分の考え方（価値観）を，学級の仲間など他者にも発表すると，自分では気付かないことも吟味してもらえる。 〈資本主義に関する倫理的問題「どのような商品が生産されるべきか。」に対する今の自分の考え方の図式例〉

ワークシート・板書例
〈今の自分の考え方〉

現代の経済では多くの商品が生産され，消費されている。	→	生産者は消費者が欲しいと思う商品を生産するべき。

消費者が欲しいと思う商品なら，消費者を幸せにするから。

〈他の問題に対する考え方の図式例〉
・省略

	・お互いの考え方（価値観）について疑問に思うことを質問しよう。	T：発問する P：質問する		〈資本主義に関する倫理的問題「どのような商品が生産されるべきか。」に対する今の自分の考え方についての質問例〉 ・消費者の欲求に応えるためだけに商品を生産するのがよいのか。 ・生産者にとっては，商品を生産することはどういう意味があるのか。 〈他の問題に対する考え方についての質問例〉 ・省略
人物との対話 3.0h	○今の自分の考え方（価値観）をよりよくするにはどうすればよいだろうか。	T：発問する P：答える		・学級の仲間からの疑問に答えられるように修正すればよい。 ・自分と同様の問題に対する学級の仲間の考え方を手がかりにすればよい。 ・学級の仲間の考え方だけでなく，同様の問題に向き合った先人の考え方，さらに生き方も手がかりにすればよい。
	・その先人たちは，自分たちの価値観を形成するためにどうしたのだろうか。	T：発問する P：答える T：説明する	⑥	・同じような方法をとったのだろうか。具体的にはわからない。 ・（先人たちの中には，その方法を自分の著書や自伝の中に書き残している者もいる。例えば，先に学習したエリクソンなど。）
	・では具体例として，価値観形成の重要性を主張したエリクソンの場合にはどうしたのか。	T：発問する P：調べ答える T：説明する	⑥	・エリクソンは，歴史的な人物の研究を通して，青年がアイデンティティ，価値観形成することの重要性を明らかにした。 ・研究した代表的な人物にはルター，ガンジー，フロイト，等がいる。 ・（人物の研究を通し自らの人格の発達を図った。） ・（人物を研究する中で，その人物に語りかけてみたり，手紙を書いたりした。こうしたことから，人物の研究を通して，自らの人格を発達させようとしたと考えられている。）

第7章　現代社会の倫理的問題と自己の価値観形成を考える単元開発　153

・倫理的問題を取り上げて，それに対する自己の価値観を形成していく方法を持つ先人はいないだろうか。	T：発問する P：答える T：説明する	⑪	・日本で著名なマイケル・サンデル等がいる。 ・（サンデル（1953年〜）は何度も来日し，大勢の参加者を前に特徴的な講義を行ってきた。例えば，東日本大震災の数ヶ月後にも来日し「大震災特別講義」を行っている。） ・（この時は，震災が私たちにどのような倫理的問題を投げかけているか，また，私たちを含む「世界のすべての人」の考え方は変わるかどうかについてゲスト及び学生らと考えた。）
・サンデルたちは震災がどのような倫理的問題を私たちに投げかけていると考えたか。	T：発問する P：答える T：説明する	⑪	・震災復興の中でも特に，原発事故に関連して，1つは危険な任務にあたる人をどのように選べばよいか。もう1つは今後，原子力とどう関わっていくべきかという問題を考えようとした。 ・（特に，リスクを承知しつつ原子力エネルギーに依存するか，廃止・削減の方向に舵を切るべきか，という具体的な問いかけだった。）
・サンデルは，倫理的問題についてどのような方法で考えているのだろうか。	T：発問する P：調べ答える T：説明する	⑪ ⑫	・特別講義では，「価値観についての議論」をしたと言っている。 ・日本が強靭な民主主義を築くために，原子力，すなわち核エネルギーをめぐる「哲学的な議論」，「敬意を払った議論」，「（グローバルな）対話」を求めている。 ・考察の方法として，ソクラテスの対話術という伝統があると主張している。 ・サンデルは大学での講義でも，対話という方法を用いて学生に考察をさせている。

154　第2部　市民的資質を育成する「倫理」カリキュラムの開発研究

				・（倫理的問題を考察するとは，新たな状況に出会い，それに対する自らの判断を修正したり，その判断を支えている原則を見直したりすること，自分の判断と原則を互いに参照して修正すること，自らの判断と原則の一致を追求すること。）
				・（倫理学では，これを「反省的均衡」ともいう。）
				・（自分の判断と原則の一致の追求がつじつま合わせ，偏見とならないように，内省するだけでなく，友人，隣人，同僚，同郷の市民，実在しない存在などと対話することが必要である。）
				・（私たちの考え方を厳しく吟味する対話者としては，古代から現代までの政治哲学者がいる。）
	・このようにサンデルも用いていると対話とはどのような方法といえるだろうか。	T：発問する P：考える T：説明する	⑬	・（問題に対する考え方（自己の価値観）を互いに投げ出し，対象化してみて，対話する相手の異なる考え方（価値観）に気付き，相手のをよく理解，吟味して，手がかりになる点は得て（摂取，または受け入れ），自らのを修正し，発展させる方法。）
				・（お互いの考え方を述べるだけに終わらず，自分の考え方の優位性を明らかにすることのみを目指すものでもない。）
他生徒との対話 0.5h	・私たちが倫理的問題に対する自己の価値観を形成するには，どのような方法があるといえるだろうか。	T：発問する P：話し合う（対話する） T：説明する	⑥ ⑦ ⑫ ⑭	・学級の仲間とだけでなく異なる他者，同様の問題に向き合った人物モデル達とも対話すればよい。
				・その人物達が問題に対して，どのような生き方や考え方をしていたのかについて，よく調べ理解する，つまり人物を研究することになる。
				・（このような「人物研究」を通して，人物モデル達の生き方や考え方から手がかりを得る。すなわち人物と対話してみるという方法がある。）

第 7 章　現代社会の倫理的問題と自己の価値観形成を考える単元開発　　155

			・（人物モデルは複数取り上げた方が人物の考え方を相対化してみることができ，共通する点や特徴的な点がよく理解でき，手がかりとなる点を選び取ることができるので良いであろう。）
自己の価値観を形成する計画の修正 1.5h	◎私たちは，この「倫理」の学習で，現代社会の倫理的問題に対する自己の考え方（価値観）をどのように形成していけばよいだろうか。	T：発問する P：答える T：説明する	・これまでに考えたような現代社会の倫理的問題のそれぞれに対する自分たちの考え方を，手がかりを得て吟味し，必要なら修正してゆけば，わたしたちは，現代社会にある重要な倫理的諸問題に対する価値観を形成してゆくことができるだろう。 ・具体的には，倫理的問題をよく理解して，それに対する自己の価値観について，様々な他者との対話を通して手がかりを得て，吟味したり，修正したりしてゆけばよいだろう。 ・（この学習で行う「他者との対話」は，学級の仲間との対話と，同様の倫理的問題に向き合った人物モデルとの対話の 2 つとなる。 ・特に，人物モデルとの対話とは，人物のことを問題に対する考え方だけでなく，生き方についても，調べたり，比較したりしてよく理解し，自己の価値観を吟味，修正する手がかりにすること。
	○先の倫理的諸問題について考える順はどうすればよいだろう。	T：発問する P：答える T：説明する	・先ず根本にあり，今の私たちの政治や経済が抱えている倫理的問題についてよく考え，それに対する自己の価値観を吟味しておく必要があるのではないか。 ・（なぜなら，科学・技術の発展等により生じてきた生命，情報，環境，そして核エネルギーに関する問題のことを，それぞれよく理解しようとすれば，基盤になっている現代の社会構造としての民主主義や資本主義の特質と問題を考えておく必要もあるから。）

156　第2部　市民的資質を育成する「倫理」カリキュラムの開発研究

・では民主主義，資本主義に関する倫理的問題を考えた上で，生命，情報，環境，そして核エネルギーに関する問題を考えていこう。	T：指示する P：答える T：説明する	⑧ ⑮ 他	・（核保有や核エネルギー利用の是非は，科学・技術の発達し続ける現代社会に生きる私たちが抱える倫理的問題の典型であり，実際の被害の大きさからも最も深刻かつ切実な倫理的問題の1つと考えられる。） ・サンデルは，核エネルギー利用に関する対話を通して，日本が強い民主主義を築くべきと主張する。 ・（核に関する倫理的問題は，今の政治や経済，さらにわれわれの生命や地球環境とも深く関連していると考えられる。それらの学習を踏まえて最後に考えてみよう。）

【資料】①新聞各紙．吉地真編『2014年の論点100』文藝春秋，2014年．朝日新聞出版編『朝日キーワード2015』朝日新聞出版，2014年．②「平成25年版高齢社会白書」内閣府ＨＰ（http：//www 8 .cao.go.jp/kourei/，2014年9月1日確認済）．「平成26年版少子化社会対策白書」内閣府ＨＰ（http：//www 8 .cao.go.jp/shoushi/，2014年9月1日確認済）．③村上陽一郎『文化としての科学／技術』岩波書店，2001年，pp.141-145．加藤尚武『価値観と科学／技術』岩波書店，2001年，pp.v-vii．④「少子化非常事態宣言」全国知事会ＨＰ（http：//www.nga.gr.jp/，2014年9月2日確認済）．⑤柘植尚則『プレップ倫理学』弘文堂，2010年，pp.12-13．加藤尚武『哲学原理の転換』未來社，2012年，pp.29-30．⑥藤原喜悦編『現代青年の意識と行動3』大日本図書，1970年，pp.228-229．鑪幹八郎『アイデンティティの心理学』講談社，1990年，pp.15，22-48，61-62．鑪幹八郎『アイデンティティとライフサイクル論』ナカニシヤ出版，2002年．⑦アンソニー・ウエストン著・野矢茂樹他訳『ここからはじまる倫理』春秋社，2004年，pp.3-6．⑧加藤尚武『哲学原理の転換』未來社，2012年，pp.9-25．⑨ワークシート．⑩福澤一吉『論理的に説明する技術』ソフトバンククリエイティブ，2010年，pp.86-89．⑪マイケル・サンデル『マイケル・サンデル　大震災特別講義　わたしたちはどう生きるのか』ＮＨＫ出版，2011年．⑫マイケル・サンデル著，鬼澤忍訳『これからの「正義」の話をしよう』早川書房，2011年，pp.50-55．マイケル・サンデル，小林正弥『サンデル教授の対話術』ＮＨＫ出版，2011年，pp.34-38，46-50．⑬島崎隆『増補新版　対話の哲学』こうち書房，1993年，p.84．⑭藤田正勝『哲学のヒント』岩波書店，2013年，pp.14-16．池田晶子『無敵のソクラテス』新潮社，2010年。河野真『人生の探究としての倫理学』以文社，1976年．⑮石崎嘉彦，山内廣隆編『人間論の21世紀的課題』ナカニシヤ出版，1997年，pp.274-281．

[註]

1）水谷雅彦他編『情報倫理の構築』新世社，2003 年，p.2 参照.

2）長友敬一『現代の倫理的問題』ナカニシヤ出版，2010 年．石崎嘉彦，山内廣隆編『人間論の 21 世紀的課題　応用倫理学の試練』ナカニシヤ出版，1997 年，中山愈編『現代世界の思想的課題』弘文堂，1998 年．加藤尚武『倫理力を鍛える』小学館，2003 年．加藤尚武『現代倫理学入門』講談社，1997 年　他参照.

3）鑪幹八郎『アイデンティティとライフサイクル論』ナカニシヤ出版，2002 年，pp.268-269.

4）R．I．エヴァンズ著，岡堂哲雄・中園正身訳『エリクソンは語る—アイデンティティの心理学—』新曜社，1981 年，pp.44-45.

5）同書，p.268 参照.

6）同書，p.49．他に，R．I．エヴァンズ，前掲書 5），p.147．鑪幹八郎『アイデンティティの心理学』講談社，1990 年，p.25 参照.

7）同書，pp.74-115．例えば，エリクソンはガンジー研究において，ガンジーに「手紙を書き，語りかけ」ていたとされ，「ガンジーは生きて語りかける存在」だったと理解されている．この研究は，ただの歴史上の人物の分析的研究ではなく，彼自身の人格発達に意味を持っていたと考えられている．（同書，p.102.）別の翻訳本では，エリクソンによるこのような研究方法のことを，「精神史的技法による人間の研究」として説明している．（R．I．エヴァンズ著，岡堂哲雄，中園正身訳『エリクソンとの対話』北望社，1971 年，p.169.）

8）M．J．サンデル他著『サンデル教授の対話術』NHK 出版，2011 年，p.24.

9）同書，p.25.

10）同書，p.47．他にサンデルは，日本の市民に対して震災後に「私たちはどう生きるのか」を問うている．（M．J．サンデル『マイケル・サンデル大震災特別講義』NHK 出版，2011 年.）

11）同書，p.37．他にサンデルは，「われわれがこんにち直面する道徳的・政治的難題」は，もっと幅広く身近なものだとする．（M．J．サンデル『それをお金で買いますか　市場主義の限界』早川書房，2012 年，p.28.）

12）同書，pp.36-37.

13）M．J．サンデル著，鬼澤忍訳『これからの「正義」の話をしよう』早川書房，2011 年，pp.52-55.

14）同書，pp.53-55 参照.

第8章 現代の社会構造における
倫理的問題を考える単元開発

　第8章では，現代の社会構造における，政治的には民主主義，経済的には資本主義に関する倫理的問題を取り上げた単元「プラトンとその師ソクラテスから学ぶ—民主主義の倫理的問題を考える—」，単元「ジョブズとゲイツの挑戦—資本主義の倫理的問題を考える—」を開発していく。

第1節　単元「プラトンとその師ソクラテスから学ぶ　—民主主義の倫理的問題を考える—」の開発

1　単元の基本的な考え方

(1) 教材としての倫理的問題

　現代社会が抱えている様々な問題に対し，自分たちのこととして，「自分たちで考え，自分たちの力で解決していくこと」が民主主義と考えられている[1]。この自由こそが，民主主義ないしは民主政を他の制度よりすぐれたものにしているとも考えられている[2]。しかし今やわれわれは，複雑である上に，直ちには自分にとって関わりがあるように思われない問題に対してまでも判断を下さなければならなくなっている[3]。しかも現代は，もはや成長が最終的にこうした問題を解決してくれるとは必ずしも期待できなくなっており，「社会を維持していくにあたっての負担を人々に再配分していかねばならない」のである[4]。こうした「収縮時代の民主主義」は，「誰もが納得できるような解を示すことができる」のかどうかが問われている[5]。また，「市民社会の討議に裏づけられない限り，デモクラシーの安定と発展はない」

と考えられるようになっており，従来の代議制に加えて，討議や参加を重視する民主主義が要請されてもいる[6]。

ここで改めて，民主主義とは何かを整理すれば，それは「人民の自治」であり，「外的な権威の法」を受け入れるのでなく，自分で，「自分自身にその法を与えること」とも理解されている[7]。古代ギリシアの都市国家の市民は，「自らの運命を支配」する中で，善き統治や自由，正義について考え，この民主主義を成就しようとした[8]。ただし，さらに限定すれば，「多数者による合意」と指摘されることもある[9]。これに従うなら，本質的に「多数決のパラドックス」という課題を内在しており，具体的には，民主主義的な憲法であっても，この多数決を通じて（民主主義的に），廃止することが可能なのである[10]。あるいは，少数者の重大な利害に関わることについて，多数決で決定してよいのかという問題もある[11]。すなわちこの多数決制度を，あらゆる決定に単純に用いれば，「危険な独裁者の出現を防ぐことができない。」のである[12]。

しかし仮に，このような課題を抱えている民主主義の制度に替えて，一党制や軍事政権に拠るならば，その政府の行動は公的な批判に曝されることがなく，非効率となり，政治的腐敗や浪費が起き，結局，これを支持した国民は「無気力な絶望状態に陥る」と考えられるのである[13]。

したがって，現代社会に生きるわれわれ市民は，民主主義によってこれまで得てきた自由や生活等を，自ら破壊してしまわないように注意しつつ，この考え方ないしは制度の上で，社会の諸課題を乗り越えていく必要がある。また，改めてその「基礎を再点検することが急務」とも考えられる[14]。すなわち，民主主義に関する倫理的な問題，具体的には「選んだ代表者が民主主義を廃止しようとしたら我々はどうするべきか。」という問題について，だれもが考えておく必要があると考えられる。なお今日では，日本国憲法の改正について，満18歳以上の者が国民投票権を有することとされており，関連して選挙権年齢の均衡等も勘案することが求められている[15]。これらは，ま

第8章 現代の社会構造における倫理的問題を考える単元開発 161

さに高校生にとって切実な問題になり得る[16]。単元の導入部で，このことを取り上げながら，生涯にわたり民主主義の根幹に関わっていく責任を持つ市民として，上記の民主主義に関する倫理的問題について考えさせる。

(2) 教材としての人物モデル

この単元で「人物研究」を行い，対話する人物モデルの例としては，古代ギリシアの都市国家（ポリス）であるアテネのソクラテスとプラトンが考えられる。

紀元前6世紀頃から，古代ギリシアのポリスで登場した民主主義ないし民主政は，アテネのそれが典型とされる[17]。今日，民主主義を再検討する上で，古代ギリシアの民主主義は「インスピレーションの源泉」であり，古代ギリシアと近代西洋の民主主義の二者択一ではなく，これらをいかに結合して，「いかなる民主主義の理念と制度を紡ぎ出していくのか」が問われている[18]。すなわち，アテネ民主政及びアテネ市民の生き方は，われわれがこれからの民主主義とそれを基にした市民としての生き方を考えていく上で，重要な手がかりになると考えられる。このアテネでは，「ペリクレスの演説」[19]に象徴されるように自由，正義等の価値，そして民主主義の考え方が広く浸透し，制度として持つに至っていたが，民衆の激情と思慮の欠如による政治の不安定化，「衆愚政治への不断の傾向」を有してもいた[20]。ペリクレスは今日，「大衆扇動家であり民主政に乗じた独裁者」であったとも理解されている[21]。ただし当時のポリスは，常に「より大きな［政治的］単位によって襲われ，吸収されてしまう危険性」に曝されていたのであり，アテネも直接には対外的な脆弱性によって滅びたと考えられている[22]。

このような中，プラトンとその師であったソクラテスは自国内の民主主義の衰退という問題に苦悩し，市民としての活動を続けながらこれに対峙し続けた。ただし，2人の民主主義への姿勢には異なる面がある。

先ずプラトンは，民主主義に対して現実的で厳しい批判を行い，「自由

162 第2部 市民的資質を育成する「倫理」カリキュラムの開発研究

（放縦）の状態から抑圧的な専制」が自ずと起こってくると警告した[23]。それは，彼が民主主義を知識に対する「臆見の支配」と考えていたからだともされるが[24]，背景として師ソクラテスの裁判と刑死があると考えられている。この事件により，彼はアテネの民主政に絶望したとされ，同時に理想の国家，政治を探究することになったとも考えられている[25]。なお彼は，ソクラテスの刑死後にアテネを離れたが，後にアテネに戻り，後半生はアカデメイアで民主主義の批判を通して自らの哲学，すなわち理想の国家及び善き統治，善のイデアの追求に取り組みつつ，弟子の教育にあたった[26]。

　次に，プラトンの師であるソクラテスは，民主主義に対して親和的であったと考えられる。なぜなら，彼は日常的に市民に対して「自己吟味の問答法」を通して，アテネ民主政における自由を取り違えることのないよう助言，警告を発し続けたからである[27]。この姿勢は，市民たちによる裁判にあっても変わらず，結局，市民達によって死刑の判決がなされた時も，「悪法はその時の人間たちの過誤の結果であって，自分を育ててくれた祖国の法と正義の内在的欠陥によるのではない」と考え，獄中での死を選んだとされるのである[28]。このようにソクラテスは，自由，正義を内包する自国の民主主義に対して，「デモクラットとしての内在的批判」を生涯続けたと考えられるのである[29]。彼はアテネの民主政に絶望するのではなく，市民との開かれた問答（対話）を通して吟味し続け，その腐敗や堕落を防ぐとともに，育てようとしていたと考えられる[30]。

　このように2人はアテネに生き抜いて，最古の優れた民主主義が内包している問題に対峙し続けた。単に民主主義に関する思想家としてではなく，今日の民主主義にも内在していると考えられる問題に取り組んだモデル，すなわち民主主義の抱える倫理的問題に対して自己の価値観を形成した典型的な人物達と考えられるのである。また，その考え方や実践には異なる面がある。それぞれの価値観をよく調べ理解，比較してみることで，生徒は自分達の問題に対する手がかりを得ることができると考えられる。

第8章　現代の社会構造における倫理的問題を考える単元開発　　163

　本単元は，この2人の「人物研究」を取り入れた民主主義の倫理的問題についての学習として計画する。

2　単元目標[31]

> （1）日本の民主主義の現状について考えることを通して，民主主義を維持していくために市民としてどう考え行動すべきかという倫理的問題を理解する。
> （2）自己の価値観を修正していく学習の計画を立て，実施したことを評価する。
> （3）ソクラテスとプラトンの「人物研究」を行い，2人のアテネの民主主義に対する考え方（価値観）について理解し，相互を比較し，それぞれと自分が対話する。
> （4）獲得した価値観を手がかりにして，問題に対する自己の価値観を形成する。

3　展開計画（全9時間）

（1）単元の構成

パート	時	テーマ	MQ　SQ　　主な問いの展開
a 現代社会の倫理的問題の認識	第1・2時	民主主義の倫理的問題に対する主張	これからの日本の民主主義はどうなっていくと考えられるか。 選んだ代表者が民主主義を廃止しようとしたら我々はどうするべきか。
b 自己の価値観の表現			
c 自己の価値観を修正する学習の計画			よりよい考え方にしていくにはどうすればよいか。
d 人物研究・理解	第3・4時	民主主義の倫理的問題に対する手がかり～プラトンの場合～	プラトンはアテネの民主主義に対してどのような生き方をしたか。 プラトンは民主主義に対してどのような考え方をしたか。

164　第2部　市民的資質を育成する「倫理」カリキュラムの開発研究

	第5・6時	民主主義の倫理的問題に対する手がかり～師ソクラテスの場合～	― ソクラテスはアテネの民主主義に対してどのような生き方をしたか。 ― ソクラテスは民主主義に対してどのような考え方をしたか。
d人物研究・比較	第7時	民主主義の倫理的問題へのメッセージ～プラトンとソクラテスの比較～	― プラトンとソクラテスの民主主義に対する考え方を比較し特徴を調べよう。
d人物研究・対話（他生徒との対話を含む）	第8時	民主主義の倫理的問題へのメッセージ～プラトン，ソクラテスとの対話～	― プラトンに対して自分の意見を言おう。 ― ソクラテスに対して自分の意見を言おう。
e修正した自己の価値観の表現 f修正した自己の価値観についての評価	第9時	民主主義の倫理的問題に対する再主張	選んだ代表者が民主主義を廃止しようとしたら我々はどうするべきか。 ― この問題に対する自分の考え方をどう修正したか。 ― この問題についてさらに疑問に思うことは何か。

(2) 単元の展開

	教師の発問・指示	生徒の学習活動	資料	生徒に獲得させたい知識・予想される生徒の回答等
a 現代社会の倫理的問題の認識	・2013年夏の参議院議員選挙の争点は何か。	資料をもとに争点について発表する	① ② ③	・憲法第96条改正の発議要件を緩和するかどうか。 今回の参議院選挙の結果，衆参両院で憲法改正の賛成派が3分の2を越えているという調査結果もある。今後，国会が発議し国民投票が行われる可能性もある。
	・国民投票についてはどのように定められているか。	資料を読み取り規定について説明する	④	・〈日本国憲法の改正手続に関する法律〉がある。満18歳以上の国民（ただし，18歳以上の国民が国政選挙に参加可能となった場合）に投票権がある。投票の結果，改正賛成の投票数が投票総数の2分の1を超えた場合，国民の承認があったとして改正公布の手続きを執る。

第8章　現代の社会構造における倫理的問題を考える単元開発　　165

・なぜ憲法改正に国民の承認を得るのか。	既習事項をふまえ発表する		・憲法は国の最高法規だから。日本では政治のあり方を最終的に決定するのは国民だから。民主主義だから。
・民主主義とは何か。	既習事項と資料をもとに説明し合ったことを整理する	⑤⑥	・市民が直接的，間接的に政治を行うこと。社会（国家）の問題に対し市民（国民）が合意し意思決定する，自らのための自治（自己統治）を行う考え方。自治をする自由，合意のための手続きが必要。 今日，各国で採用。日本では議会制民主主義とこれを補うものとして直接民主主義が一部（国民投票の他，国民審査，特別法の住民投票）採用されている。 起源は，古代ギリシアのアテネで行われた民主主義。
・今回の憲法改正についての動きは，民主主義的に行われているといえるか。	現在の自分の考え方を発表する	①⑦	・例えば，「いえる。選挙した代表者（国会議員）が合意の手続き（法律）に従い意思決定しようとしているから。」 「いえない。最近の世論調査では改憲に反対が賛成を上回っているのに選挙の争点にしていたから。」等。
・国民投票が実施されたら行くか。	現在の自分の考え方を発表する		・例えば，「行く。主権者だから。」 「行かない。分からないから，仕方がないから。」等。
○これから日本の民主主義はどうなっていくと考えられるか。	資料をもとに予想できることを発表する	⑧⑨⑩	○この憲法改正の論議や，インターネット選挙運動解禁等をきっかけに発展する。 先の衆議院総選挙の投票率（59.32％）が戦後最低，今回の参議院選挙も前回の投票率を下回った（52.61％）から衰退する，等。 日本は財政再建，震災復興等の課題に直面する一方，投票率の低下，政治的無関心が危惧されている。
・この参考資料にはどのようなことが書いてあるか。	資料を読み取り発表する	⑪	・先人プラトンは，自国アテネの民主主義の経験から，著書『国家』で，民主主義には次のような問題があると批判した。

民主制は一般の者が発言権を持ち，自由と平等が基本原理。価値の差別をせず何でも平等に取り扱うことから無原則となり，市民の行動はきまぐれになり，どう生きたらいいのか，名誉や金銭にかわる統制原理のない社会となる。人々の欲望が開放され，それらが平等に扱われ，非行と不道徳が自由の名のもとに保護されるようになる。

その結果，↓

全人民を代表する過激な民主派として出発した人間が，政権獲得後には同志やすぐれた者を抑え込み国家社会を支配し，理想国家の対局となる「最悪者の支配」，独裁政権を樹立する。

	・現代になってからも同様の問題が生じたことがあるか。	問題について調べ，資料をもとに発表する	⑫	・第一次世界大戦後，大恐慌等により疲弊したドイツでは，ナチ党のヒトラーが演説を通して選挙ごとに支持を集め，宰相任命直後には議会を解散する等，民主主義を廃し，独裁政治をおし進めた。 民主主義がプラトンの指摘するような問題を抱えているなら，今後も同様の問題が起こることが考えられる。
b 自己の価値観の表現	◎選んだ代表者が民主主義を廃止しようとしたら我々はどうするべきか。	現在の考え方についてワークシートにまとめ発表する	⑬	◎例えば，「特に何もしない。逃げるかもしれない。自分ではどうすることもできないから。」 「逃げないで，どうにかして政治に参加して意見したい。民主主義が廃止されると，自分たちで社会を変えていくことができなくなるから。」等。
	・なぜそう考えるか。	理由もシートにまとめ発表する	⑬	
	・お互いの考え方と理由について疑問を持つことは何か。	相互に疑問点や不明な点について話し合う		・例えば，「なぜどうすることもできないといえるのか。」「どのように政治に参加すればよいと考えているか。」等。
	○よりよい考え方にしていくにはどうすればよいか。	今までの経験と資料をもとに発表し合う	⑭ ⑮ ⑯	○今までの学習から，同様の問題に対峙したと考えられる人物達が，どのような生き方や考え方をしてきたかを調べ，手がかりにする方法がある。

第8章　現代の社会構造における倫理的問題を考える単元開発　167

c 自己の価値観を修正する学習の計画	・手がかりを得るにはどのような人物を調べればよいだろう。	様々な人物を調べ、資料をもとに提案し合う	⑪	・人物の例には、先に資料を調べたプラトンなどが考えられる。アテネの民主主義の危機に際して、市民として厳しい批判を続けた。また、そのプラトンが自らの著作の中心人物として描いている師ソクラテスも考えられる。
	・これらの人物の生き方や考え方をどのように手がかりにすればよいだろうか。	今までの経験と資料をもとに学習の計画をする	⑭⑮⑯他	・問題に関する各人物の生き方や考え方について調べ理解しよう。人物の研究（人物研究）をしよう。 ・問題に対する人物たちの考え方を相互に比較することで、共通する点やそれぞれの特徴がわかるだろう。 ・各人物の考え方に対して、自分の意見を言ってみよう。対話してみよう。それにより自分の考え方の特徴や課題にも気付くことができるだろう。反省できるだろう。 ・アテネの民主主義に関連する各人物の生き方や考え方について、教科書や資料集、書籍等の参考資料を調べることで、手がかりを得よう。
d 人物研究・理解	・プラトンはなぜ民主主義を批判したのか。	資料を読み取り発表する	⑰	・当時のアテネの実態、特に師ソクラテスが市民らに裁かれ刑死したことで民主主義に失望したと考えられている。
	・プラトンが批判したアテネの民主主義の特徴は何か。	資料を読み取り発表する	⑱⑲	・アテネの民主主義は、法の下での自由を原則としていた。 18歳以上の市民権を持つ男子が民会（最高議決機関）に自由に参加し発言や投票した。（女性や奴隷等は参加できなかった。）生活に困窮する市民には政治参加のための日当も払われた。有力者の影響を排除しようとして人事をくじ引きで行っていた。 スパルタとの戦争後、独裁政権と内乱を経て、民主主義を回復。市民は民主主義の下で必要となった弁論術を政治的教養としてソフィストから学んだが、詭弁を弄することで社会の価値観が混乱した。プラトン死後、政治的に混乱し、経済も衰退し、マケドニアの支配下で独立性を失った。

○プラトンはアテネの民主主義に対してどのような生き方をしたか。	民主主義と関連するプラトンの生涯を調べ、ワークシートにまとめ発表する ⑬⑳㉑㉒	○例えば、「生涯、民主主義が混乱するアテネで生きた。青年時代に政治家を志したが、ソクラテスのもと哲学者として生きることを選んだ。ソクラテスの死後（プラトンは当時28歳）、国外を遍歴。帰国後も膨大な著作。大半はソクラテスと市民の対話形式で書かれた。後半生、創設したアカデメイアで教育と著作を続けた。何度か他国に招かれ理想国家の実現をめざしたが失敗した。」等。
・プラトンの生き方で疑問を持ったことは何か。	疑問を発表し、誰がどう調べるか話し合う	・例えば、「なぜプラトンはアテネの民主主義を批判しながら、アテネで生きたのか。」等。 ・分担して図書館やインターネットの情報を調べよう。
（例えば、） ・なぜプラトンはアテネの民主主義を批判しながら、アテネで生きたのか。	資料をもとに発表する ⑰	・ソクラテスを刑死に追い込んだアテネの民主主義に疑問を抱き、弟子の教育、著作活動により、アテネの民主主義批判と改善、理想国家のあり方を考え出そうとしたと考えられる。
（例えば、） ・なぜプラトンは、ソクラテスと市民との対話形式で著作したのか。	資料をもとに発表する ㉓㉔	・ソクラテスが活発に対話活動をしたからと考えられる。師ソクラテスの生き方や考え方をよく理解し、自分の考え方を形成するためと考えられる。自分の考え方を別の視点から見つめ直すためとも考えられる。
（例えば、） ・プラトンはどのような国家を実現ようと考えたのか。	資料をもとに発表する ㉕	・政治家、軍人、一般市民の各階層からなり、それぞれが知恵、勇気、節制をもって仕事をすることで正しい国家になると考えた。哲学者が政権担当するか政権担当する王が哲学をしないと（哲人政治）、国も市民も不幸になると考えた。哲人王教育を国づくりの根本と考えた。

第8章　現代の社会構造における倫理的問題を考える単元開発　　169

(例えば,) ・プラトンは哲人王がどのような資質を持つと考えたか。	資料をもとに発表する	㉕ ㉖	・理想（イデア）の中でも，特に善とは何か（善のイデア）を知っている者。
○プラトンは民主主義に対してどのような考え方をしたか。	ワークシートにまとめ発表する	⑬	○アテネの民主主義に批判的だった。市民の欲望やきまぐれにより，独裁者を代表者に選んでしまい独裁政治に移行してしまうと考えていた。哲人政治を理想とした。
○ソクラテスはアテネの民主主義に対してどのような生き方をしたか。	民主主義と関連するプラトンの生涯を調べ，ワークシートにまとめ発表する	㉗	○例えば，「政治の場では自らの役割を果たした。アテネの民主主義が混乱していく中で，青年やソフィストなど様々な市民を相手に対話活動をした。対話活動によって反感を抱いた者から，青年を腐敗させた等として告訴された。有罪確定後も弁明を続け，多数決で死刑確定。友人らから国外へ逃亡を勧められたが拒否し毒杯を仰ぎ死んだ。」等。
・ソクラテスの生き方で疑問を持ったことは何か。	疑問を発表し，誰がどう調べるか話し合う		・例えば，「なぜソクラテスはアテネ市民と対話活動をしたのか。」等。 ・分担して図書館やインターネットの情報を調べよう。
(例えば,) ・なぜソクラテスは国外へ逃亡せず死を選んだのか。	資料をもとに発表する	㉘	・裁判が不正でも，市民として不正を為すべきではない，法に従うことが正義と考えたから。逃亡すれば主張は認められず，裁判が正しかったことになるから。仲間に危害が及ぶこともあるから。法からではなく，市民から不正を加えられた者として死を迎えようとしたともいえる。アテネ市民として生き抜きたかったともいえる。
(例えば,) ・なぜソクラテスは弁明し続けたのか。	資料をもとに発表する	㉙	・先の独裁政治の時や，それ以前の民主主義の時から，投獄や死刑を恐れず，違法と不正に反対し国法と正義を守ろうとしてきたから。

				また，公人だと危険と考え，国家の不法と不正を阻止するために私人として活動してきた。 この裁判は不正であり，市民に不正をさせないことが正義だと考えたから。 アテネの民主主義を批判しているといえる。
	（例えば，） ・ソクラテスはアテネ市民とどのような対話活動をしたのか。	資料をもとに発表する	㉚	・問いを発しながら対話し，相手の中の真理を発見させる活動。産婆術にたとえられる。問答法ともいう。内容は市民としての正義，徳など。 ソフィスト（プロタゴラス他）等とも対話した。
	（例えば，） ・なぜソクラテスはアテネ市民と対話活動をしたのか。	資料をもとに発表する	㉙ ㉛	○正義や徳（知恵）について無知を自覚する者として，市民が無知であることを明らかにするため。例えとして，アテネという気品があるが鈍い馬につきまとう虻のようなもので，アテネと市民を批判し覚醒させるため。国家，市民としての正義とは何かを共に考えるため。市民を育てアテネの民主主義を守ろうとしたともいえる。
	○ソクラテスは民主主義に対してどのような考え方をしたか。	ワークシートにまとめ発表する	⑬	○アテネの民主主義に批判的だった。無知の自覚がないままの市民が政治を行うことで国家の法や正義が脅かされると考えた。対話により市民を育成してアテネの民主主義を守ろうとした。
d 人物研究・比較	○プラトンとソクラテスの民主主義に対する考え方を比較し特徴を調べよう。	共通点や特徴についてワークシートにまとめ比較する	⑬	○２人のアテネの民主主義に対する考え方（価値観）についてまとめると，例えば以下の表のようになる。

第8章　現代の社会構造における倫理的問題を考える単元開発　171

	プラトン	民主主義に対する考え方	ソクラテス
	（アテネの）民主主義に批判的だった。　自由と平等の原則のもと，政治は市民の欲望やきまぐれに支配され，独裁者を代表者に選んでしまい独裁政治に移行してしまう。　アカデメイアでの研究，著作，教育を通して善を知る哲人王による政治を理想とした。	民主主義に対する考え方	（アテネの）民主主義に批判的だった。　無知の自覚のないままの市民が政治を行うことで，国家の法や正義が脅かされる。　多くの市民との対話活動，また裁判での弁明を通して，民主主義社会アテネを守り，市民を育てようとした。

			⑬	
d **人物研究・対話**（他生徒との対話を含む）	・プラトンなら我々に，問題に対しどう行動すればよいと意見を言うだろうか。	ワークシートにまとめ発表する	⑬	・例えば，「自己の利益にとらわれず，民主主義の本質をよく理解した代表者を選べばよい。」等。
	○プラトンに対して自分の意見を言おう。	他生徒の意見を参考にワークシートにまとめ発表する	⑬	○例えば，「権力を与えられた政治家だけでなく，市民がもっと積極的に政治に参加してもよいのではないか。」等。
	・ソクラテスなら我々に，問題に対しどう行動すればよいと意見を言うだろうか。	ワークシートにまとめ発表する	⑬	・例えば，「民主主義に対する無知を自覚し，対話をしながら，法に基づく正しい政治を求めて活動すればよい。」等。
	○ソクラテスに対して自分の意見を言おう。	他生徒の意見を参考にワークシートにまとめ発表する	⑬	○例えば，「市民や先人との対話により，民主主義の特質と課題を明らかにしていきたい。」等。
e **修正した自己の価値観の表現**	◎選んだ代表者が民主主義を廃止しようとしたら我々はどうするべきか。	学習したことをもとに現在の考え方についてワークシートにまとめ発表する	⑬	◎例えば，「立候補，投票，地方自治などの民主主義の制度を利用して政治に参加し，欲望に振り回されずよく考えて意見する。市民として民主政治に参加する責任があるから。」「なるべく多くの市民と，様々な場面で民主主義の維持・発展について対話する。対話から，よりよい考え方が生まれるから。」等。

	・なぜそう考えるか。	理由もワークシートシートにまとめ発表する	⑬	「先人の著作等を手がかりにして，民主主義について理解を深め，どうすべきか考えたい。民主主義には特質だけでなく課題もあるから。」等。
f　修正した自己の価値観についての評価	○この問題に対する自分の考え方をどう修正したか。	どう修正したか，（修正しなかったか）ワークシートにまとめ話し合う	⑬	○修正した場合，例えば，「プラトン（ソクラテス，他生徒）の考え方を取り入れて修正している。」「理由について新たに加えることができた。」修正しなかった場合，例えば，「人物の理解（対話，比較）が不十分だった。」「より適切な人物を研究するべき。」等。
	○この問題についてさらに疑問に思うことは何か。	修正した考え方をもとに疑問点を話し合う		○例えば，「間接民主主義と直接民主主義はどちらが望ましいか。」「よりよい民主主義とはどのようなものか。」等。
	・新たな問題はどのように考えていけばよいか。	今回の学習について，評価し話し合う		・方法の1つとして，今回の学習のように，問題に対する手がかりとなる人物について理解，比較，対話して，そのことについて話し合う学習ができる。

【資料】①記事「96条『参院選の公約』首相」朝日新聞（朝刊），2013年5月2日付．②記事「96条改正に反対　海江田氏が表明　参院選の争点に」朝日新聞（朝刊），2013年4月28日付．③記事「改憲賛成　参院の75％」朝日新聞（朝刊），2013年7月23日付．④パンフレット『平成22年5月18日から「憲法改正国民投票法」が施行されます。』総務省．⑤教科書『高等学校 改訂版 政治・経済』第一学習社，2012，pp.22-23．⑥教科書『政治・経済』東京書籍，2012年，p.9．⑦記事「96条改訂し改憲手続き緩和　反対54％賛成38％」朝日新聞（朝刊），2013年5月2日付．⑧記事「ネット集票力42％が期待」朝日新聞（朝刊），2013年7月23日付．⑨記事「衆院選投票率59.32％戦後最低の記録更新」朝日新聞デジタル，2012年12月17日付．⑩記事「参院選　選挙区の投票率」朝日新聞（朝刊），2013年7月23日付．⑪田中美知太郎責任編集『プラトンⅡ』中央公論社，1978年，pp.42，312．⑫写真「宰相任命の晩（1933年1月30日）．宰相官邸の窓から民衆に挨拶するヒトラー．」ロバート・ジェラテリー著・根岸隆夫訳『ヒトラーを支持したドイツ国民』みすず書房，2008年．⑬ワークシート．⑭マイケル・サンデル著，鬼澤忍訳『これからの「正義」の話しをしよう』早川書房，2011年．⑮河野真編『人生の探究としての倫理学』以文社，1976年．⑯池田晶子『無敵のソクラテス』新潮社，2010年．⑰藤沢令夫『プラトンの哲学』岩波書店，1998年，pp.27-29．⑱「ペリクレスの葬送演説」佐々木毅『民主主義という不思議な仕組み』筑摩書房，2007年，pp.29-30．⑲教科書『倫理』東京書籍，2010年，p.26．⑳「年譜」資料集『倫理資料集』第一学習社，1995年，p.32．㉑前掲⑳，pp.30-33の『書簡集（第7書簡）』以外全てプラトン著作．㉒廣川洋一『プラトンの学園アカデメイア』岩波書店，p.21．㉓藤沢令夫編『世界の思想家1　プラトン』平凡社，pp.13-14．㉔納富信留『プラトン 哲学者とは何か』ＮＨ

第8章　現代の社会構造における倫理的問題を考える単元開発　173

K出版，pp.20-22. ㉕教科書『高等学校　倫理』第一学習社，2012年，pp.25-29. ㉖「第7書簡」前掲書⑨，p.435. ㉗「関係年譜」プラトン著・田中美知太郎，藤沢令夫訳『ソクラテスの弁明ほか』中央公論社，pp.479-484. ㉘「クリトン」前掲書㉗，pp.125-126. ㉙「ソクラテスの弁明」前掲書㉗，pp.51-57. ㉚「問答法」前掲書⑳，p.30. ㉛「ソクラテスの弁明」前掲書㉗，pp.14-24.

第2節　単元「ジョブズとゲイツの挑戦
―資本主義の倫理的問題を考える―」の開発

1　単元の基本的な考え方

(1) 教材としての倫理的問題

　ここでは，教材となる資本主義に関する倫理的問題について明らかにしていく[32]。資本主義では自由競争の中で企業の利益追求が行われ，社会の自由や物質的な豊かさがもたらされる。ただ一方では，社会的不平等，消費や労働のあり方，企業の社会的責任，国家による福祉のあり方等の倫理的問題が生じている。具体的には，公害や欠陥商品，事故・災害等が問題となる中，企業に対して，効率性の追求だけでなく，いかに適正な価格で優れた商品を提供すべきか，消費者や環境をどこまで保護すべきか，労働者の権利をどこまで認めるべきか，いかに社会貢献すべきか等の倫理的問題が投げかけられている。これらの問題に内包されていると考えられる価値に関しては，塩野谷によれば，経済は財・サービスを通じて人々の「善」を生み出す点で倫理と接続している。そしてこの経済の世界は，資源等の制約下でより多くの欲求を充たすよう，つつましい行為を合理的に選択する「効率」と，選択や競争の「自由」という価値に主導されつつも，生産される稀少な財の公正な分配を図る「正義」及び個性的で文化的な社会を作り上げる「卓越」という倫理の世界からの価値により規制されるとする。換言すれば，経済は効率や自由だけでなく，社会の基礎としての正義と社会の目的としての卓越という価

値と結びついていると考えられている[33]。したがって，この考え方に基づけば，資本主義の倫理的問題（及び人物モデル）には，効率や自由だけでなく，正義や卓越という価値を含み持つものが適切だと考えられる。

　以上のことから本単元では，商品についての倫理的問題を取り上げる[34]。現代の資本主義では，多様な商品が生産され消費され続けている。商品の選択肢が増え続けることで，消費者の活動の可能性は高まるが，豊かで幸福な消費生活とは何かという価値観を持ちにくい。また生産過剰と消費不況が生じやすく，生産者のモラル低下も危惧される。利潤追求だけでなく，社会的な承認を得るために企業は何を生産すればよいかという倫理的問題が生じている。ここに通底するのは，どのような商品を生産すればよいかという問題であり，効率や自由だけでなく，正義や卓越という価値をいかに経済活動に位置付けるかという問題を含んでいると考えられる。そこで具体的な問題として，「資本主義の仕組みの中で消費者と生産者の幸せをともに実現するには，企業はどのような商品を生産すべきか」を取り上げていく。

(2)　教材としての人物モデル

　先に明らかにした通り，資本主義の倫理的問題と人物モデルには，効率や自由だけでなく，正義や卓越という価値を含み持つものが適切と考えられる。そこで具体的な人物モデルとして，スマートフォンを開発したスティーブ・ジョブズと，そのライバルとされ，世界的富豪になったビル・ゲイツが考えられる[35]。

　資本主義が生産過剰と消費不況になる中で，彼らは斬新かつ優れたコンピュータ関連の商品を生産し続け，自らと世界に大きな利益をもたらした。スマートフォンやウインドウズは，生徒の生活に身近であり，強い影響を与え続けており，それらを生み出した2人は理解しやすいといえよう。

　彼らは，厳しい自由競争下での商品生産について，効率や利益追求だけでない特徴的な考え方（価値観）を持つ。ジョブズは，創造的で文化的，個性

豊かな人々の生活を実現しようとし，イノベーターとも評価され，卓越の倫理を持っていたと考えられる。これに対しゲイツは消費者のニーズに応える商品生産を推進し，市場への影響力を拡大して情報ネットワークを構築し，資本主義が抱える世界規模の不平等の緩和を進めようとしており，独自の正義の倫理を持つと考えられる。なおジョブズもゲイツも経営の多角化を図ろうとせず，コンピュータ関連商品の生産に集中することで自らの利益追求を図り，効率の考え方も持つ。

　こうした２人の商品生産に対する考え方や生き方は「どのような商品を生産すべきか」という倫理的問題に対する手がかりになると考えられる。

　ただし，ジョブズが不可能とされる商品の開発を成功させようとして関係者に厳しく，無理を強い，不親切な言動をしてきたと批判されたことや，ゲイツの率いたマイクロソフト社が市場への影響力を拡大してゆく途上で，米司法省などに独占禁止法などの競争原理に反するとして訴えられてきたこと等，その生き方による負の結果も含めて，それぞれの考え方をよく理解できるようにする。

2　単元目標[36]

（1）倫理的問題に対して，自分にも関わることとして関心を持つことができる。
（2）倫理的問題に対する自己の価値観を修正する学習の計画を立て，実施したことを評価できる。
（3）倫理的問題に対する自己の価値観を他者（人物モデルと他生徒）との対話を通して吟味し修正できる。
（4）倫理的問題に対する手がかりとなる人物モデルの生き方や考え方を資料を活用して調べることができる。
（5）現代の資本主義が抱える倫理的問題について理解できる。

176　第2部　市民的資質を育成する「倫理」カリキュラムの開発研究

3　展開計画（全9時間）

	教師の指示・発問	教授・学習活動	資料	予想される生徒の回答（生徒に獲得させたい知識）等
a 現代社会の倫理的問題の認識 1.5h	・なぜスマートフォンが売れているのだろうか。	T：発問する P：答える	① ②	・（新聞記事は，新しいiPhoneの発売開始を待つ消費者の行列と，iPhoneを生み出したアップル社の創業者スティーブ・ジョブズのお面を被った人を紹介している。） ・機能的でデザインもよい斬新な商品だから。
	・なぜ私たち消費者は，斬新な商品（財やサービス）を買おうとするのだろうか。	T：発問する P：答える T：説明する	③	・企業（生産者）が斬新な商品を生産，販売し続けるから。他人の持っていないものが欲しい。幸福感を得たいから。 ・（消費者は生活上の絶対的な欲求が満たされても，他者に対し優越しようとする相対的欲求を増大させ続けると経済学（ケインズ）では考えられている。この消費者の欲求に対し，利益追求する企業は斬新な商品の生産を続ける。）
	・なぜ企業は利益を追求するのか。	T：発問する P：答える T：説明する	④	・株主（資本家）や従業員（労働者）になるべく多くの配当や賃金を払うため。設備投資や雇用を拡大するため。 ・（利益追求は企業の本来的機能。かつてのバブル経済には利益追求する企業の特徴が表れていた。利益追求する企業が市場での自由競争を通して，生産費削減による商品の低価格化や資本蓄積，生産拡大等を行い，社会的な富が拡大していく経済の仕組みや文化を資本主義という。）
	○では私たち消費者は，どのような商品を購入すれば幸せを得られるだろうか。	T：発問する P：答える T：説明する		・斬新な商品が生産され選択肢が増え続けるため，私たち消費者には選択する自由があるが，どのような商品を選び購入すれば豊かで幸せになれるかという倫理的問題に対する考え方（価値観）が定まってゆかない。 商品の生産者である企業も考え方を定めにくい。

第8章　現代の社会構造における倫理的問題を考える単元開発　177

				・（どのような商品を生産すれば消費者も生産者も幸せを得られるかという問題に対する考え方を自分達で見つける必要がある。）
b 自己の価値観の表現 0.5h	◎資本主義の仕組みの中で消費者と生産者の幸せをともに実現するには，企業はどのような商品を生産すべきか。	Ｔ：発問する Ｐ：自分の考えを図式にし，発表する Ｔ：説明する	⑤ ⑥	○（この倫理的問題に対する自分たちの考え方（価値観）はトゥールミン図式に整理すると，矛盾しているところはないか，一面的ではないか等の吟味ができる。） ・図式例は別掲【ワークシート】のＡ。
	・この倫理的問題に対するお互いの考え方（価値観）について疑問に思うことは何だろうか。	Ｔ：発問する Ｐ：疑問を出し合う Ｔ：説明する		・自分たちの利益を追求するだけでよいのか。 消費者が欲求する商品を生産するだけでよいのか。 ・（この問題は今後，消費者としてだけでなく，生産者としても考えていくことになる。生産者の視点からも問題に対する自分の考え方をよりよくしていく必要がある。）
c 自己の価値観を修正する学習の計画 0.5h	○今の自分の考え方をよりよくするには，どうすればよいだろうか。	Ｔ：発問する Ｐ：話し合う Ｔ：提案する	⑦	○学級の仲間と対話し，問題に対するお互いの考え方を手がかりに修正する。仲間以外の考え方も手がかりにする。 ・（今までの学習から，私たち消費者の生活に大きな影響を与える生産する側の人物の商品生産のあり方に対する考え方について，その生き方も含めて理解し，手がかりにする方法がある。） ・複数の人物モデルの考え方を手がかりにする方がよい。
	・学級の仲間以外では，どのような人物モデルが手がかりになるだろうか。	Ｔ：発問する Ｐ：話し合う Ｔ：提案する	⑧ ⑨	・例えば，この授業の初めに考えたスティーブ・ジョブズ。 ・（私たちが日常的に利用するコンピュータ関連商品を生産し，自身だけでなく世界中に利益や富をもたらしてきたとされる企業家が考えられる。ジョブズの他に，例えばその「ライバル」で，パソコン用基本ソフトのウインドウズが世界市場で大きなシェアを持つマイクロソフト社の創業者ビル・ゲイツが考えられる。）

				（今回は，私たちの生活に影響力を持つ商品を作り出したこれらの人物モデルの考え方を手がかりに考えよう。）
	・では，これらの人物モデルのことをどのように手がかりにすればよいだろうか。	T：発問する P：計画する T：提案する	⑩ ⑪	・問題に関する人物の生き方や考え方を分担して調べよう。 調べたことを発表し疑問を出し合い，よく理解しよう。 ・（その考え方を比較すると特徴がより理解できる。） （手がかりとなる点を受け入れて（摂取して）自分の考え方を修正しよう。さらに仲間の考え方も手がかりにして修正しよう。） （人物モデルや仲間の考え方についてよく理解し，自分の考え方を修正していくための対話をしよう。）
d の ① 人物との対話・人物の価値観の理解 2.5h	○ジョブズやゲイツは，商品の生産に関してどのような生き方や考え方をしてきただろう。	T：発問する P：班で分担して調べる	⑧ ⑨ ⑫ ⑬ 等	○より手がかりになると考える人物モデルの方を調べよう。 ・（学習班（4人以上）内で分担，協力して両方の人物モデルのことを調べよう。）
	・ジョブズとゲイツそれぞれの商品の生産に関する生き方について調べたことを発表しよう。	T：指示する P：班で発表する		・（同じ人物モデルのことを調べた班の仲間は協力して発表し，残る班の仲間の質問に答えることでより理解できる。） ・〈ジョブズの生き方についての疑問例〉なぜ億万長者になってからも新商品の生産を続けたのか。なぜアップル社を追放された後もコンピュータを作り続けたのか。なぜアップルの暫定CEOになった自分の年俸を1ドルにしたのか。CEOになってどのような商品を生産したのか。なぜ「現実歪曲空間」とか完全主義者と評価されたのか，等。
	・お互いの発表に対して疑問に思うことを質問しよう。	T：指示する P：班で質疑応答する		・〈ゲイツの生き方についての疑問例〉なぜ大学を中退して起業したのか。どのように経営を拡大したのか。なぜ相次いでソフトを開発しのか。司法省などによる独占禁止法違反の訴えに対しどう行動したのか。なぜ早く引退したのか。これからの資本主義はどうなっていけばいいと考えているのか，等。

	・ジョブズとゲイツそれぞれの商品の生産に対する考え方について調べたことを発表しよう。	T：指示する P：班で発表する	・（同じ人物モデルのことを調べた班の仲間が協力して発表し，残る班の仲間の質問に答えることでより理解できる。） ・〈ジョブズの考え方についての疑問例〉なぜ消費者が望んでもいない商品の生産を重視したのか。なぜ機能性とともにデザイン性も追求したのか。なぜ豊かな自己表現ができる商品生産を目指したのか，等。
	・お互いの発表に対して疑問に思うことを質問しよう。	T：指示する P：班で質疑応答する	・〈ゲイツの考え方についての疑問例〉なぜ消費者ニーズを重視したのか。なぜ，他のコンピュータ会社に積極的に商品（ソフト）を提供したのか。独占禁止法違反で訴えられたことをどう考えているのか，等。
d の ① 人物との対話・人物の価値観の比較 1.0h	○ジョブズとゲイツの商品の生産に対する考え方の特徴は何だろうか。	T：発問する P：発表する T：黒板上で表に整理し，比較する	○（他班での発表内容も含め表に整理し比較すると，人物モデル達の考え方の共通点や相違点がより理解できる。） （問題に対する人物モデル達の考え方には効率，自由，卓越，正義等の価値について共通点と相違点があるといえる。）

板書例

〈ジョブズとゲイツの商品の生産に対する考え方の比較表〉
※（　）内は2人の考え方に含まれる価値

スティーブ・ジョブズ		ビル・ゲイツ
・コンピュータ関連の商品生産に集中し，自社の利益を追求している。（効率，自由）	共通点	・コンピュータ関連の商品生産に集中し，自社の利益を追求している。（効率，自由）
・消費者が望むようになると予想される，技術的にも，またデザイン性など芸術的，文化的にも優れた商品の生産を重視した。（卓越） ・女性や子どもを含む多くの消費者が使いやすいなど機能的であるとともに，豊かな自己表現ができるなど人間性や個性を尊重した商品の生産を重視した。（効率・卓越） ・イノベーションを重視した。（卓越）	相違点	・大量生産であっても個々の消費者の欲求に応じた商品の生産を重視した。（効率） ・価格面でも機能面でも消費者にとって魅力的な商品の生産を重視した。（効率） ・情報化社会の道具としてコンピュータを全家庭に行き渡らせることを重視した。（正義） ・世界の標準となり不平等の解決につながるネットワーク構築のための商品生産を重視した。（正義）

第2部　市民的資質を育成する「倫理」カリキュラムの開発研究

	・商品の生産について，ジョブズとゲイツはどのような考え方を説くだろうか。	T：発問する P：人物モデルの考え方を図式にする T：説明する	⑥	・（各人物モデルの商品の生産に対する考え方は，トゥールミン図式に整理すると正当かどうかを吟味しやすい。） ・（正当かどうかは，図式中の要素相互が矛盾しておらず整合しているかどうか，各要素が一面的でなく普遍的にあてはまるかどうかをみればよい。） ・図式例は別掲【ワークシート】のB，C。
	・ジョブズやゲイツの考え方をよく理解してみて，自分の考え方の中で修正したいことは何だろうか。	T：発問する P：班で発表する T：説明する		・消費者の欲求に応じたり，企業としての利益を追求したりするために生産するだけでよいか。 ・個性的で文化的な生活のために生産すべきではないか。 ・不平等などの社会的問題解決に貢献する商品を生産すべきではないか。 ・（ジョブズやゲイツの考え方で，正当だと考えられる点は受け入れて，自分の考え方を修正できる。）
dの② 他生徒との対話 1.0h	○ジョブズやゲイツの考え方を取り入れて，自分の考え方を修正するとどうなるだろうか。	T：発問する P：自分の考え方の図式を修正する P：班で発表する	⑥	・ジョブズの考え方を受け入れて修正する。 　図式例は別掲【ワークシート】のD。 ・ゲイツの考え方を受け入れて修正する。 　図式例は別掲【ワークシート】のE。 ・どちらの考え方も受け入れず修正しない，等。
	・班の仲間の発表を聞いて，疑問に思うことは何だろうか。また自分の考え方で修正したいことは何だろう。	T：発問する P：疑問を出し合う P：答える T：説明する		〈ジョブズの考え方を受け入れた生徒の考え方に対する疑問，または修正したいことの例〉 ・商品が高額であれば購入できない消費者は幸福感を得られないのではないか。 〈ゲイツの考え方を受け入れた生徒の考え方に対する疑問，または修正したいことの例〉 ・個性的な商品でなければ消費者は幸福感を得られないのではないか。 ・（班や学級の仲間の持っている考え方で，正当だと考えられる点は受け入れて，自分の考え方をさらに修正できる。）

段階	発問内容	T・P		指導上の留意点
e 修正した自己の価値観の表現 1.0h	◎資本主義の仕組みの中で消費者と生産者の幸せをともに実現するには，企業はどのような商品を生産すべきか。	T：発問する P：修正した自分の考え方を発表する T：生徒達の考え方を黒板上で図式に整理する P：修正した自分の考え方を図式にまとめる	⑥	・（これまで修正してきた学級の仲間達の考え方は図式に整理し，まとめると理解しやすい。） ・板書する図式例〈商品の生産に対する学級の仲間達の考え方〉は省略。 ・発表し合い板書に整理した仲間達の考え方を理解するとともに，修正した自分の考え方を図式にまとめる。 ・図式例は別掲【ワークシート】のF。
f 修正した自己の価値観についての評価 1.0h	○自分の考え方をどのように修正したのだろうか。	T：発問する P：班で発表し，評価し合う	⑥	○学習の当初に図式化した自分の考え方と比べて，修正したことがある。あるいは，修正したことはない。
	・今回の学習について，計画や実際の進め方は適切だっただろうか。	T：発問する P：発表し，評価し合う		・適切に行えた。あるいは，適切に行えなかった。 ・ジョブズやゲイツの考え方を理解するにはもっとアメリカ経済やコンピュータ市場の特徴を調べるべき。消費者の立場から，よい商品生産のあり方について考えてきた人物や，資本主義の仕組みの中での私たちの幸福について考えてきた人物を調べるべき，等。
	・今回の問題とそれに対する自分達の考え方について，残った疑問はないか。	T：発問する P：発表する		・企業が本来的な機能である利益追求のためだけに生産した商品では，消費者は幸福になれないのか，等。 ・（残った疑問に対しては，人物モデルや仲間たちの考え方をよく理解し，自分の考え方を修正していく対話により考えていくことができる。）

【資料】①「iPhone 5発売」朝日新聞（夕刊），2012年9月21日付．②「iPhone モデルの仕様を比較する。」，アップルHP（http：//www.apple.com/jp/iphone/compare-iphones/，2012年10月7日確認済）．③「講演わが孫たちの経済的可能性」浅野栄一『ケインズ』清水書院，1990年，pp.49-52．④「バブル景気を象徴する写真」，NAVER（http：//matome.naver.jp/odai/，2012年10月7日確認済）．⑤福澤一吉『論理的に説明する技術』ソフトバンククリエイティブ，2010年，pp.86-89．⑥ワークシート．⑦アンソニー・ウエストン著，野矢茂樹訳『ここからはじまる倫理』春秋社，2004年，p.45．⑧「ジョブズ氏死去米アップル創業者56歳」朝日新聞（夕刊），2011年10月6日付．⑨「ゲイツ」集英社『Japanknowledge 日本大百科全書（ニッポニカ）編』（http：//www.jkn21.com/body/display，2012年10月6日確認済）．⑩池田晶子他著『無敵のソクラテ

182　第2部　市民的資質を育成する「倫理」カリキュラムの開発研究

ス』新潮社，2010年．⑪河野真『人生の探究としての倫理学』以文社，1976年．⑫ジョブズに関する資料：「デジタル革命のカリスマ個性強烈，浮沈も」朝日新聞（夕刊），2011年10月6日付．「米アップルのスティーブ・ジョブズ会長死去」日本経済新聞（電子版），2011年10月6日付．「『ハングリーであれ。愚か者であれ』ジョブズ氏スピーチ全訳米スタンフォード大卒業式（2005.6）」日本経済新聞（電子版），2011年10月9日付．「最後にもうひとつ…」ウォルター・アイザックソン『SteveJobs Ⅱ』講談社，2011年，pp.254-258，424-430．NHKスペシャル取材班『SteveJobsSpecial ジョブズと11人の証言』講談社，2012年，pp.11-33．⑬ゲイツに関する資料：「ビル・ゲイツ氏19年連続トップ米長者番付」朝日新聞（朝刊），2012年9月21日付．「マイクロソフトコーポレーション（米国本社）役員ビルゲイツ会長」マイクロソフト社（http://www.microsoft.com/japan/presspass/billgates/bio.aspx，2012年10月6日確認済）．〈年譜ビル・ゲイツ氏の歩み〉．「ビル・ゲイツハーバード大学卒業講演」（動画テキスト）（http://ameblo.jp/pro-market/entry-11215158071.html，2012年10月7日確認済）．竹内一正『スティーブ・ジョブズVSビル・ゲイツ』PHP研究所，2010年，p.46．ビル・ゲイツ著，西和彦訳『ビル・ゲイツ未来を語る』アスキー，1995年，pp.115，296，433，258-296．ジャネット・ロウ『ビル・ゲイツ立ち止まったらおしまいだ！』ダイヤモンド社，1999年，pp.31，112，123-125，148，156-161，248-250．ビル・ゲイツ「よりよい世界のためのイノベーション」五井平和財団編『これからの資本主義はどう変わるのか』英治出版，2010年，pp.13-21．

【ワークシート】

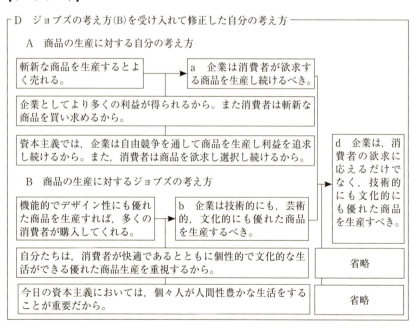

第8章　現代の社会構造における倫理的問題を考える単元開発　183

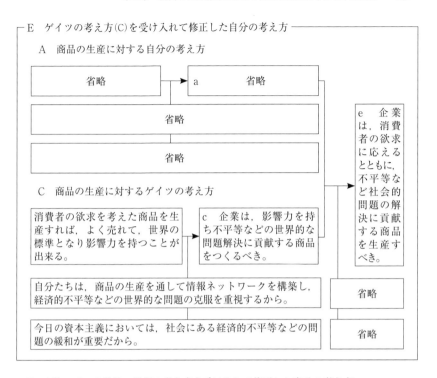

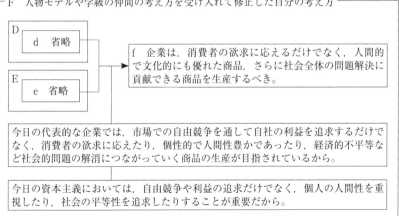

184　第 2 部　市民的資質を育成する「倫理」カリキュラムの開発研究

［註］

1 ）宇野重規『民主主義のつくり方』筑摩書房，2013 年，p.12.

2 ）P．フルキエ著，久重忠夫訳『公民の倫理』筑摩書房，1977 年，p.268．B．クリック著，添谷育志訳『デモクラシー』岩波書店，2004 年，p.15 参照.

3 ）佐伯啓思『現代民主主義の病理』日本放送出版協会，1997 年，p.203 参照．また佐伯は，そもそも市民社会そのものが「自己破壊的衝動」を持つとも論じている．（同書，p.184．）

4 ）宇野重規，前掲書 1 ），p.12.

5 ）宇野重規，前掲書 1 ），p.12.

6 ）篠原一『市民の政治学』岩波書店，2004 年，p.156.

7 ）P．フルキエ，前掲書 2 ），p.268.

8 ）D．ミラー『政治哲学』岩波書店，2005 年，p.155．B．クリック，前掲書 2 ），p.2　参照.

9 ）B．クリック，前掲書 2 ），p.14.

10）川本隆史『現代倫理学の冒険』創文社，1995 年，p.118．加藤尚武『合意形成の倫理学』丸善，2009 年，p.8 参照.

11）加藤尚武，同書，p.186 参照.

12）加藤尚武，同書，p.186 参照.

13）B．クリック，前掲書 2 ），p.203.

14）川本隆史，前掲書 10），p.119．他に，B．クリック，前掲書 2 ），p.209 参照.

15）総務省 HP（http://www.soumu.go.jp/senkyo/，2014 年 11 月 22 日確認済）.

16）佐々木毅『民主主義という不思議な仕組み』筑摩書房，2007 年，pp.166-168 参照.

17）同書，pp.14-30．千葉眞『デモクラシー』岩波書店，2000 年，pp.3-23 参照.

18）千葉眞，同書，pp.2，129.

19）B．クリック著，関口正司監訳『シティズンシップ教育論』法政大学出版局，2011 年，pp.288-289.

20）千葉眞，前掲書 17），pp.12-15.

21）B．クリック，前掲書 19），p.289.

22）D．ミラー，前掲書 8 ），p.155.

23）千葉眞，前掲書 17），p.69.

24）B．クリック，前掲書 2 ），pp.2，20.

25）千葉眞，前掲書 17），p.68．小玉重夫『シティズンシップの教育思想』白澤社，2003 年，p.42 参照.

26）プラトンは，こうした研究の成果を膨大な作品として残したが，その殆どを師ソ

クラテスによる問答（対話）形式で著している。このことからプラトンを，ソクラテスとの対話ないしは人物研究を通して，自己の価値観（思想）形成をした人物モデルだと考えることもできる。

27）千葉眞，前掲書17），p.71. ソクラテスは，この問答（対話）を通して，市民と共同して正義等の本質を求めた。このスタイルは，相手を自分と「同様に理性的に思考し，責任を担える主体」とみなすという意味を含んでおり，民主主義の基礎だとも考えられる。（島崎隆『増補新版　対話の哲学』こうち書房，1993 年，p.70. ）

28）千葉眞，前掲書17），p.71.

29）千葉眞，前掲書17），p.71.

30）小玉重夫，前掲書25），p.42 参照.

31）本単元は，その一部分を，2012 年 7 月に広島県立三次高等学校の第 3 学年公民科「倫理」（大平剛生教諭）で実践（4 単位時間）して頂き，それをもとに修正し改善した。

32）塩野谷祐一『経済と倫理』東京大学出版会，2002 年，pp.18, 247. 柘植尚則他『経済倫理のフロンティア』ナカニシヤ出版，2007 年，pp. ⅱ‐ⅲ，20-21，76-77. 山脇直司『経済の倫理学』丸善，2002 年，p.13。P. コスロフスキー他『資本主義の倫理』サイエンス社，1996 年，p.88. 馬渕浩二『倫理空間への問い』ナカニシヤ出版，2010 年，pp.188-213 他参照.

33）塩野谷祐一，同書，pp. 2，24，37-50，378-382 参照.

34）前掲 32）の各書 他参照.

35）W．アイザックソン『Steve Jobs Ⅰ』講談社，2011 年，pp.270-283, 359-360. W. アイザックソン『Steve Jobs Ⅱ』講談社，2011 年，pp.254-258, 424-430.NHK スペシャル取材班『Steve Jobs Special ジョブズと 11 人の証言』講談社，2012 年，pp.11-33. 竹内一正『スティーブ・ジョブズ VS ビル・ゲイツ』PHP 研究所，2010 年，p.46. 寺澤芳男『スピーチの奥義』光文社，2011 年，pp.59-68.『CNN English Express』編集部編『[対訳] スティーブ・ジョブズ　伝説のスピーチ＆プレゼン』朝日出版社，2012 年. ビル・ゲイツ著，西和彦訳『ビル・ゲイツ未来を語る』アスキー，1995 年，pp.115，296，433，258-296. ジャネット・ロウ『ビル・ゲイツ　立ち止まったらおしまいだ！』ダイヤモンド社，1999 年，pp.31，112，123-125，148，156-161，248-250. ビル・ゲイツ「よりよい世界のためのイノベーション」五井平和財団編『これからの資本主義はどう変わるのか』英治出版，2010 年，pp.13-21 他参照.

36）本単元は，その一部分を，2012 年 12 月に広島県立三次高等学校の第 2 学年公民科「政治・経済」（指導者：大平剛生教諭）で実践（4 単位時間）して頂き，それ

186　　第2部　市民的資質を育成する「倫理」カリキュラムの開発研究

をもとに修正し改善した。

第9章　現代の文化構造における
倫理的問題を考える単元開発

　第9章では，現代の文化構造における生命，情報，環境に関する倫理的問題を取り上げた単元「山中教授と日野原医師の願い―生命に関する倫理的問題を考える―」，単元「孫社長とザッカーバーグ CEO の描く未来―情報に関する倫理的問題を考える―」，単元「マータイとカーソンの訴え―環境に関する倫理的問題を考える―」を開発していく。

第1節　単元「山中教授と日野原医師の願い
―生命に関する倫理的問題を考える―」の開発

1　単元の基本的な考え方

(1)　先行する生命に関する倫理的問題を取り上げた授業モデル

　本単元を構想していくにあたり，これまでに開発されてきた生命に関する倫理的問題を取り上げた授業モデルの分析をしておく。石原純は，生命倫理を取り上げ開発されてきた代表的な公民科の授業分析を通して，生命に関する倫理的問題を個人の死生観の問題に還元し，個人的な価値観の形成に重点を置く授業では，公共のこととして「開かれた議論」とはなりにくい課題があるとする[1]。これに対しては，望ましい社会のあり方の探究と「グループによる意見交換」が重要だとする[2]。石原はこのような視点から，ダリル・メイサーのテキストを手がかりにした授業構成と，それに基づく指導計画を示している[3]。この授業構成は3段階からなり，先ず，問題の事実についての基本的知識を得る段階がある。次に，問題に対する判断を下す段階があ

る。ここでは，どのような原理・考え方にもとづいて判断したのかも明らかにし，お互いに吟味する。最後に，この学習を通して自分の意見がどのように深まったかを発表し合い，より発展的な問題は何かを考える段階がある。

　この授業は，生徒が問題に対する自己の価値観を事実認識をふまえ，（自問自答ではなく，）級友との議論を通して吟味し修正できるようになっている。さらにそれを評価し新たな課題を見つけ出せるようにもなっている。ただ，より開かれた議論を行うには，級友とは異なる他者，医療者等との議論が必要ではないか。また価値観を自ら吟味・修正していくために，それを生徒がいかに原理・考え方とともに客観化し，互いに吟味し合うかについては示されていない。

　こうした課題に対しては，異なる他者を手がかりにし，また自らの価値観を原理・考え方とともに客観化し議論を通して吟味・修正させようとする行壽浩司の授業モデルがある[4]。行壽は，公民科「倫理」授業で，生命に関する倫理的問題（エンハンスメント問題）を，直接的に自らの在り方生き方に関わることとして扱い，この問題に対し参考になると教師が考える思想家達の考え方を，資料から読み取らせて，それを手がかりに級友と議論をさせる。また，その生徒同士の議論はトゥールミン図式で客観化してから，班の意見をまとめ，学級全体でも議論させ，全体での合意形成まで目指す。

　この授業モデルでは，問題を自らのこととして扱いつつも，生徒達とは異なる視点を持つ他者，思想家らとの議論をさせるようになっている[5]。また生徒相互の議論は，図式化することで客観化し，吟味しやすくなっている。ただしその議論が，いかに班でまとまりを得て，学級全体での合意形成に向かうのかは必ずしも明らかでない。したがって合意形成後の自己の価値観がいかなるものか，それが学習当初と比べてどのように修正されたかはわからないことになる。なにより，この問題に対する自己の価値観を修正する手がかりを生徒が主体的に得るようになっていない。

　これまで分析してきた授業構成及び授業モデルは，基本的に自己決定にゆ

第9章　現代の文化構造における倫理的問題を考える単元開発　189

だねられることの多い生命倫理の問題について，級友や思想家など他者との開かれた議論を通して生徒が価値観を吟味・修正できるようにしたものである。ただし，手がかりや議論の対象とする他者をどのように選び，それとどのように議論（対話）し，どのように自己の価値観を吟味・修正していけばよいのかについては学習するようになっていない。また，議論の過程も十分には明らかにされていない。

　そこで，これらの授業構成及び授業モデルを手がかりにして，生徒が主体的に，他者との対話を通して自らの価値観を吟味したり，修正したりしていく具体的な授業モデルを単元レベルで構想する。

(2) 教材としての倫理的問題

　生命をモノのように操作するのでなく，それに「かかわりつつ問い，問いつつかかわる」（ケアする）ことを目指しているのが生命倫理学である[6]。それは，先端的な知識・情報を得ながらも，自分の，あるいは自分たちの内なる生命にアプローチすることを求める。また問題に対する生き方を決めるのはあくまでも個々人であるという自己決定を基本とし，現在だけでなく，将来の自分の生き方をケアすることまでも考えられている。また，このような自己決定を正しいとしながらも，それをより実質的なものにするためには，近しい者や医療者とのコミュニケーションが必要であるともする[7]。

　この生命倫理学は，今日の医療技術の急速な進歩によって，従来ならば不可能であった，出生と死への人為的操作という，医学の領域を越える倫理的問題に直面している[8]。例えば，iPS細胞に代表される再生医療や創薬によって寿命が延ばせる可能性が出てきている。日本はすでに超高齢社会に突入しているが，こうした技術の進歩により，さらに長寿化が進むと考えられる。これに伴い日本政府は，健康長寿社会の実現と，世界に通じる成長産業を生み出して内外需を開拓する方針を掲げてもいる[9]。

　たしかに長く生きたい，極端には永遠に生きたいという人間の生命体とし

ての欲望は根元的なものであり，健やかに生活して，老いていく健康長寿の
ための医療には大きな意義がある。しかし一方では，富の不平等により，長
寿につながる再生医療の恩恵を享受できるかどうかが分かれること，被扶養
人口の増加とそれにともない若い世代の負担が増すこと，世代交代が遅れて
若者の影響力が低下することなど，社会の在り方にかかわる諸問題が生じる
可能性が指摘されている[10]。そうした社会の中で，個々人はいかに生きてい
けばよいのか。例えば仕事，結婚，出産，子育てなどに関する倫理的問題を
考えていかなければならないとも考えられる[11]。長寿化に伴うこれらの社会
や個人に関する問題には，今後だれもが直面することになり，自らの価値観
を修正する必要がでてくる。これに対しては，再生医療の研究者が情報を開
示し，医療を受ける側の市民とのコミュニケーションをはかることが求めら
れている[12]。生命倫理学が扱おうとするこのような問題は，生徒にとっても
今後，切実な倫理的問題になると考えられる。

　そこで本単元では，「これからの超高齢社会（ますます長寿化する社会）にお
いて，いかに医療技術を活用して生きていけばよいか」という倫理的問題を
扱う。そのために医療を受ける側としての生徒同士による対話とともに，社
会の経済的な利益を追求する政府，そして医療者（すなわち再生医療の研究
者，患者に直接関わる医師）等の考え方も手がかりにして，それらとの対話を
通して，問題に対する今までの自己の価値観を吟味し修正していく。

(3) 教材としての人物モデル

　手がかりを与えてくれる教材としては，医療を受ける側である生徒とは異
なる医療者の視点，また広い視野から問題に向き合って生き，自らの考え方
を主張しており，社会や生徒の生活に影響を与え続けている人物がモデルと
して考えられる。具体的には，個人の組織の細胞を初期化し，培養によりそ
れ自体が永遠に生き続けられ，ここから人体の全ての体細胞（例えば臓器）
や生殖細胞（精子や卵子）をつくることの出来る人工細胞である iPS 細胞を

第9章　現代の文化構造における倫理的問題を考える単元開発　191

生み出しノーベル賞も受賞した研究者の山中伸弥や，医師として多くの患者の死を看取り，これからの長寿社会の生き方に対する考え方を積極的に発表し，102歳の現役として健康長寿のモデルといえる日野原重明などが考えられる[13]。山中は，苦しむ患者を治療する可能性のある研究は進めるとしながらも，iPS細胞が重要な倫理的問題を抱えており，それに対し，研究の情報を公開して，研究者，医師とともに社会全体が考えねばならないと主張している[14]。また寿命があるからこそ人間は幸福に生きられるとし，不老不死ではなく健康長寿のために研究をしていると主張する[15]。一方，日野原は人間には寿命があり，限りあるいのちを，その長さで考えるのではない価値観でとらえる必要があると主張する。また，個人が長寿社会に幸福に生きることを主張し，今日の長寿は医療によるだけでなく，食生活など日本人の生活文化などにもよるのであり，健康保持，とくに精神の健康を重視し，個人が自ら責任をもってチェックするとともに，医療技術がいかに貢献できるかが課題だとする。こうした彼らの考え方（価値観）は，これからの長寿社会で市民が求める健康や幸福という価値を含み持っており，問題に対する生徒の手がかりとなる。

　以下では，本倫理的問題に対し，生徒が主体的に山中教授や日野原医師などの価値観を手がかりにして，これら人物モデルや仲間との対話を通して自ら価値観を吟味し，修正していくように単元の開発をする。

2　単元目標[16]

> （1）iPS細胞などの医学的研究の進展により，寿命を延ばせるこれからの現代社会で，医療技術をいかに活用して生きていけばよいかという倫理的問題について知識や情報を得て理解する。
> （2）生命に関する倫理的問題に対する自己の価値観を形成していく方法について理解し，学習の計画を立て，実施したことを評価する。
> （3）生命に関する倫理的問題に対する自己の価値観を，手がかりとなる人物との対話（人物の理解，比較）や，他生徒との対話を通して吟味・修正する。

192　第2部　市民的資質を育成する「倫理」カリキュラムの開発研究

3　展開計画（全9時間）

	教師の発問・指示	教授・学習活動	資料	予想される生徒の回答（生徒に獲得させたい知識）等
a 現代社会の倫理的問題の認識 1.0h	・人間の臓器を持つ動物を作製することについてどう思うか。	T：発問する P：答える T：説明する	① ②	・良い，構わない。あるいは良くない。 ・（市民への調査結果は，「許されない」45％，「構わない」「場合によっては構わない」の計25％を上回り，この研究への支持が低いことがわかった。） ・（再生医療への関心，支持は高いこともわかった。）
	・なぜ，このような実験を行うのだろうか。	T：発問する P：答える		・臓器を入れ替えれば，これまで治療が困難であった病気も治せるから。 市民からの関心が高いから。わからない，など。
	・iPS細胞により期待出来ることは他に何があるだろう。	T：発問する P：調べ答える T：説明する	③ ④ ⑤	・再生医療の他に，難病の創薬など。 ・（いずれも長寿化につなげることができる。） ・（平均寿命が延伸することが長寿化。これに少子化が進行することにより高齢化が進んでいる。） ・（政府は，iPS細胞等を使い世界トップクラスの「健康長寿社会」を実現すること，またそれを基盤に，再生医療関連など成長産業を生み出し，富と雇用を生み出すなど，経済再生の原動力にもなると期待している。内外需を開拓する方針を掲げている。）
	・長寿化が進むと社会はどうなっていくだろう。	T：発問する P：調べ答える	④	・2060年には2.5人に1人は65歳以上。総人口は，9000万人を割り込む。現役世代1.3人で1人の高齢者を支える社会になると予想されている。 ・なお，政府は超高齢社会に対応するために，高齢社会に暮らす，子どもから高齢者まで全ての世代の人々が安心して幸せに暮らせる豊かな社会「健康長寿社会」を構築することを目指している。

第 9 章　現代の文化構造における倫理的問題を考える単元開発　　193

	・私たちの生活は どのように変化 するだろう。	T：発問する P：予想し答え る	④	・いつまで学校に通うのか，いつ結婚 するか，何回結婚するか，いつ子ども を産むか，いつまで働くか，何回転職す るかなど人生観が変わる。
	・長寿化はどれぐ らい進むと考え られているだろ う。	T：発問する P：調べ答える T：説明する	④ ⑥ ⑦	・平均寿命は，2060年には男性84.19 歳，女性90.93歳まで延びる。 ・(医療技術の更なる進歩(例えば，臓器 や体の組織が自由に作れるようになる， 老化に関する遺伝子研究が進む等，「長寿 化技術」の進歩)によりもっと大きな 変化が起こることも考えられる。)
b 自己の価値観の表現 1.0h	◎ますます長寿 化してゆく社 会で，自分は 医療をいかに 活用して生き ていけばよい か。	T：発問する P：まとめ，発 表する T：発表された 内容を図式 化する	⑧ ⑨	・なるべく長生きできるように，でき れば永遠に生き続けられるように活用す ればよい。 ・それほど長く生きても幸せにはなれな い。 ・(この問題に対する自分たちの考え方 (価値観)はトゥールミン図式を用い 合理的かどうか明らかにできる。) ・(今まで形成してきた自己の価値観も 踏まえ考える。)

板書例

再生医療等の技術 は進歩し，さらに 長寿化が進む。	→	a　可能な限り 長生きできるよ う活用する。

長く生きることで幸せになれる。
経済が活性化する。

幸福，経済的な豊かさは大切。

	・互いの考え方に ついて疑問に思 うことは何だろ うか。	T：発問する P：疑問を出し 合う		・長生きするだけで幸せになれるのか。 病気等に苦しみ生き続けるのではない か。 ・いつかは死ぬので，結局は幸福ではな いのではないか。
	・今の自分の考え 方をよりよくし ていくにはどう すればよいだろ う。	T：発問する P：話し合う T：説明する		・学級の仲間と対話して，問題に対する 互いの考え方を手がかりにして修正す る。 ・仲間以外の考え方も手がかりにする。 ・自分たちや政府の考えだけでなく，医 療に携わっている人物や高齢者はどの ように考えているか調べて，手がかり にする。 ・(今までの学習も踏まえて考えるとよ い。)

194　第2部　市民的資質を育成する「倫理」カリキュラムの開発研究

c 自己の価値観を修正する学習の計画	・学級の仲間以外で、どのような人物モデル達が手がかりになるだろう。	T：発問する TP：話し合う T：板書し提案する		・（医療を受ける市民（若者，高齢者），政府関係者，そして医学・医療関係者等の立場の人物がそれぞれ手がかりとなる考え方を持っていると考えられるだろう。）

板書例

```
                今回の問題
            ↗      ↑      ↖
            手がかりとなる考え方
                   |
   医療を           政府        医学・
   受ける市民                    医療関係者
   (若者, 高齢者)
```

0.5h	・具体的な人物としては誰だろうか。	T：発問する TP：答える T：説明する	⑩ ⑪	・例えば，iPS細胞を開発した山中伸弥教授。 ・（ノーベル生理学・医学賞を受賞した。） ・100歳を越えてなお医師，病院経営者として活躍している日野原重明医師。 ・（ベストセラーとなる著書も多数ある。）
	・これらの人物モデルを手がかりにするにはどうすればよいだろうか。	T：発問する TP：答える T：説明する	⑫	・（人物モデルのことを生き方も含めてよく調べ理解し（すなわち人物の研究をして），その考え方を吟味し，よい考え方は取り入れ修正する。すなわち対話してみる。） ・（こうして修正した互いの考え方を学級の仲間で出し合い，吟味し合い，またよい点は取り入れ，さらに修正する。すなわち学級の仲間とも対話しよう。）
	・では，具体的にどのように調べ理解すればよいだろうか。	T：発問する TP：答える T：提案する		・人物モデルらの問題に対する考え方を分担して調べる。 ・問題に関係する人物の生き方も調べるとよく理解できる。 ・各人物モデルに関連する書籍や記事を調べたり，各人物の関連HPを調べたりする。 ・（人物モデルらの考え方を比較すると共通点や相違点等の特徴がよく理解できる。）

d の ① 人物との対話・人物の価値観の理解 3.0h	○山中教授と日野原医師は，医療に関連してどのような生き方をしてきたか。長寿化が進む社会での医療の活用に対しどのような考え方をしているか。	T：発問する P：班で調べる T：支援する	⑩ ⑪ ⑬ ⑭ ⑮ 他	○班内で分担，協力して調べる。 ・（編成されている学習班（4人以上）で班員が協力して人物を選択し，各人物の医療に関連する生き方と，問題に対する考え方を調べる。特に同じ人物を調べる班員同士は協力して調べたことを班内で発表する。）
	・山中教授の医療に関連する生き方について調べたことを発表しよう。	T：発問する P：班で発表する		・（山中教授を調べた班員が協力して，班内で発表するとともに残る班員（日野原医師を調べた班員）からの質問に答えることで，班内での人物理解を深めることができる。）
	・発表に対して疑問に思うことを質問しよう。	T：発問する P：班で質問する		〈山中教授の生き方についての疑問例〉 ・なぜ医師を目指したのか。 ・なぜiPS細胞の研究を続けてきたのか。
	・長寿化が進む社会での医療の活用に対する，山中教授の考え方を発表しよう。	T：発問する P：班で発表する		・それぞれが調べた山中教授の考え方について，順番に班内で発表し，班員からの質問に答えることで，班内での人物理解を深められる。
	・発表に対して疑問に思うことを質問しよう。	T：発問する P：班で質問する		〈山中教授の考え方についての疑問例〉 ・iPS細胞の不正な利用を心配しないのか。 ・身体的に健康であるだけで人間は幸福になれるのだろうか。 ・長寿化した社会はどのようになると考えているのだろうか。 ・（これらの疑問点も含めて，日野原医師の生き方や考え方について調べ，発表する。） ・（日野原医師を調べた班員が協力して，班内で発表するとともに残る班員（山中教授を調べた班員）からの質問に答えることで，班内での人物理解を深めることができる。）

196　第2部　市民的資質を育成する「倫理」カリキュラムの開発研究

	・日野原医師の医療に関連する生き方について調べたことを発表しよう。	T：発問する P：班で発表する P：答える		・班員それぞれが調べた人物の生き方について順番に班内で発表し，班員からの質問に答えることで，班内での人物理解を深められる。
	・発表に対して疑問に思うことを質問しよう。	T：発問する P：班で質問する		〈日野原医師の生き方についての質問例〉 ・日野原医師はなぜ医師をめざしたのか。 ・女性患者へのどのような治療を通じて，医師としての生き方を見直すことになったのか。
	・長寿化が進む社会での医療の活用に対する，日野原医師の考え方を発表しよう。	T：発問する P：班で発表する		・それぞれが調べた日野原医師の考え方について，順番に班内で発表し，班員からの質問に答えることで，班内での人物理解を深められる。
	・発表に対して疑問に思うことを質問しよう。	T：発問する P：班で質問する		〈日野原医師の考え方についての質問例〉 ・高齢者福祉の経済的な問題は考えないのか。 ・長生きすることがどうして幸福といえるのか。
dの① 人物との対話・人物の価値観の比較 1.0h	○山中教授と日野原医師の長寿化が進む社会での医療の活用に対する考え方を比較し特徴を調べよう。	T：発問する P：まとめる P：発表する T：発表内容を表にして比較する	⑧	○（他班の発表内容とともにまとめ比較することで，学級内での各人物の考えの理解が深まる。） ・（各人物は，長寿化に対して特徴的な考えをしている。 （共通するのは，人間はやがて死ぬ。死ぬまで幸福に生きるために活用すべきと考えていること。） ・（異なるのは，山中教授は身体的な健康のために医療を活用すればよいと考えている。日野原医師は精神的な健康のために医療を活用するべきと考えている。）

板書例
〈長寿化が進む社会での医療の活用に対する山中教授と日野原医師の考え方の比較表〉

山中伸弥教授	人物名	日野原重明医師
・不死を目指すのではなく，難病の治療や，人々の健康な長寿のために活用するべき。 ・不死は幸せとは考えにくいから。	長寿化が進む社会での医療の活用に対する考え方	・作為的に変身するためでなく，精神的に健康に長生きできるように活用するべき。個人が自制し，相互扶助しながら活用するべき。

	・与えられた寿命を健康に全うすることが人間としての幸福だから。			・結局は死に至るから。 ・社会は複雑化するから。 ・精神の健康はチェックが難しいから。 ・精神的に健康なら幸福感が得られるから。 ・人間はつくられたもの，被造物だから。
d の ② 他生徒との対話 1.0h	・山中教授と日野原医師の考え方をまとめてみて，自分の考え方で疑問に思うことはないか。	T：発問する P：班で発表する T：説明する	⑧	・（不死について手がかりがある。） ・（身体的な健康について手がかりがある。） ・（精神的な健康について手がかりがある。） ・（手がかりはない。）
	・山中教授と日野原医師の考え方で自分の考え方を修正する手がかりはないか。	T：発問する P：班で発表する T：説明する		・山中教授と日野原医師の考えで合理的だと考えられることは受け入れられる。 ・（自分の考えについて疑問に思うことは，人物たちの考えを取り入れて修正すればよい。）
	○その手がかりにより修正すると自分の考え方はどうなるだろうか。	T：発問する P：修正する P：班で発表する T：発表内容を図式化する	⑧	・（修正した自分の考えが合理的かどうかについて，発表してみて，班員から質問してもらうことで反省できる。）

板書例

〈山中教授を手がかりにして修正した場合の生徒の考え方〉

再生医療等の技術は進歩し，さらに長寿化が進む。	→	b　高齢であるだけでなく，身体的に健康でいられるよう病気の治療に役立てる。

与えられた寿命を健康に全うすることが人間として幸福だから。

身体的健康，幸福が大切。

〈日野原医師を手がかりにして修正した場合の生徒の考え方〉

再生医療等の技術は進歩し，さらに長寿化が進む。	→	c　高齢であるだけでなく，精神的に健康でいられるよう活用する。

寿命は与えられたもの。身体は病んでも精神が健康であることで幸福感が増すから。

精神的健康，幸福（感）が大切。

	・班の仲間の考え方に対し疑問に思うことを質問しよう。	T：発問する P：班で質問する P：答える		〈質問例〉 ・個人の幸福のためだけだろうか。社会全体の豊かさは考えなくてよいのか。
	・自分への質問や班の仲間の考え方を聞き，自分の考え方で再修正しようと思うことは何か。	T：発問する P：答える T：説明する		・自分の考えでさらに修正しようと思うことは，人物モデルの場合と同様に，班の仲間の考え方を取り入れて修正すればよい。 ・（難病治療や個人の幸福のことだけでなく，社会のことを考える必要がある。）
e 修正した自己の価値観の表現 1.0h	◎長寿化が進む社会で，自分は医療をいかに活用して生きていけばよいか。	T：発問する P：再修正する P：発表する	⑧	・（再修正した自分の考え方を図式化して，それをもとに説明すると，合理的かどうか評価を得やすい。） ・（人物だけでなく，学級の仲間の考えも合理的だと考えられることは取り入れ再修正すればよい。）
	・学級の仲間の考えを図式化して整理しよう。	T：学級内の考え方を図式化する	⑧	・（学級には，長寿化に対する多様な考えがある。ここに出た考え方は，お互いにその合理性を吟味し残されたもの。これらを手がかりにして自分の考えを修正し，よりよくしていくことができる。）

板書例

〈長寿化が進む社会での医療の活用に対する学級内の考え方〉

再生医療などの技術は進歩し，さらに長寿化が進む。 → a　なるべく長生きするために活用する。
b　難病など病気を治療するために活用する。
c　精神的に健康になるために活用する。

長生きは幸福だから。経済的に豊かになれるから。病気が治療できれば幸福だから。精神的に健康であれば幸福だから。

経済的な豊かさ，身体的な健康，精神的な健康が大切である。

	・図式化して整理した学級の仲間の考え方を手がかりに，自分の考え方を小論文にまとめよう。	T：発問する P：要旨を図式化する P：小論文にまとめる	⑧	・ワークシート例 〈自分の考え方の要旨〉

〈自分の考え方の要旨〉

医療技術は進歩し，さらに長寿化が進む。	d 身体的，精神的に健康に，与えられた寿命を全うできるよう活用する。
長生きは幸福だから。経済的に豊かになれるから。病気が治療できれば幸福だから。精神的に健康であれば幸福だから。	
経済的豊かさ，身体的，精神的健康，幸福。	

〈小論文例〉
・省略

f 修正した自己の価値観についての評価 0.5h	○自分の考え方をどう修正したか。	T：発問する P：当初の考え方と比較して評価し，班で発表する	⑧	・当初の自分の考えと比べて修正した所がある。あるいは，修正した所はない。
	・今回の計画と実際の進め方については適切だったろうか。	T：発問する P：班で評価し発表する T：説明する	⑧	・適切であった。または，適切ではなかった。 ・(自分の考えを図式化し発表し質問を得たり，人物や他生徒の考えを合理的かどうか吟味し，取り入れたりすること，すなわち他者と対話することで，自分の考えを修正し，よりよくすることができる。)
	・この問題に対する自分の考え方でさらに疑問に思うことは何だろう。	T：発問する P：班で発表し合う	⑧	・医師以外の医療関係者（看護師）や医療を受ける市民（高齢の患者や家族）など，さらに異なる立場の人物はどう考えているのか。 ・健康であるというのは，どういう状態をいうのだろうか。 ・お互いが考えている幸福とは何だろうか。違いがあるのではないか。 ・(出された新たな疑問点について，また異なる人物の考え方や生き方を調べ，対話をして考えていけばよい。)

200   第2部　市民的資質を育成する「倫理」カリキュラムの開発研究

【資料】①記事「動物体内でヒト臓器実験へ」朝日新聞（朝刊），2013年6月19日付．②「再生医療研究における動物の利用をめぐる市民と研究者の意識調査」内閣府 HP（http：//www 8 .cao.go.jp/，2013年11月 3 日確認済）．③記事「（経済ナビゲーター）健康医療戦略」朝日新聞（http：//www.asahi.com/business/，2013年12月26日確認済）．④内閣府「平成25年版高齢社会白書」内閣府 HP（http://www 8 .cao.jp/，2013年11月 3 日確認済）．⑤文部科学省「ヒト iPS 細胞等を活用した再生医療・創薬の新たな展開」『平成25年版科学技術白書』文部科学省 HP（http://www.mext.go.jp/b_menu/hakusho/，2013年12月26日確認済）．⑥児玉聡『マンガで学ぶ生命倫理』化学同人，2013年，pp.112-115．⑦西川伸一『痛快！人体再生学』集英社インターナショナル，2003年．pp.178-182．⑧ワークシート．⑨福澤一吉『論理的に読む技術』ソフトバンククリエイティブ，2012年，pp.69-70．⑩NHK スペシャル取材班編著『生命の未来を変えた男』文藝春秋，2011年．⑪日野原重明『健やかないのちのデザイン』春秋社，1986年．⑫池田晶子『無敵のソクラテス』新潮社，2010年．⑬山中伸弥『山中伸弥先生に人生と ips 細胞について聞いてみた』講談社，2012年．⑭シンポジウム「iPS 細胞と私たちの未来」日本未来館 HP（http://www.miraikan.jst.go.jp/，2013年11月 3 日確認済）．⑮日野原重明他『与命』小学館，2013年．

【ワークシート】

これからの超高齢社会では，医学をいかに活用すればよいか。

〈1　自分の考え方「　　　　　　　」〉

仲間からの質問や自分の気付き

〈2　人物たちの医学の活用に対する考え方の比較〉

	人物名	
	考え方	

〈3　人物たちの考え方を手がかりに修正した自分の考え方〉

仲間からの質問や自分の気付き

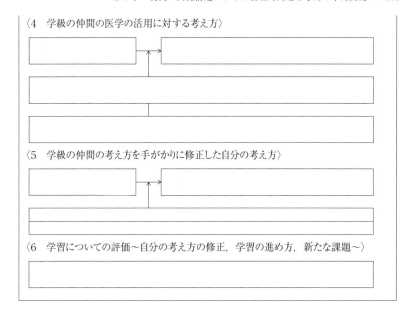

第2節 単元「孫社長とザッカーバーグCEOの描く未来 ―情報に関する倫理的問題を考える―」の開発

1 単元の基本的な考え方

(1) 先行する情報に関する倫理的問題を取り上げた授業モデル

　本単元を構想していくにあたり，これまでに開発されてきた情報に関する倫理的問題を取り上げた授業モデルの分析をしておく。

　情報化社会の影である倫理的問題を中心に扱った授業には，「社会のルールと公共性：携帯電話の使用制限」を取り上げた吉村功太郎のものや，「情報化の進展と市民生活」について扱った高橋朝子のものがある[17]。

　吉村の提案する授業モデルは，「公共的空間」として多重的な構造を持つ

市民社会のあり方について考えさせていくため，急速に普及し生徒にも身近になった携帯電話の使用に対する主に法的な種々の規制に対し価値判断をさせる[18]。

　具体的には，生徒は携帯電話の使用がふさわしくないと思う状況を考えておいてから，8つの状況を例示され，それぞれの状況で使用するためのルールやマナーはどのようになっているのか，なぜそうなっているのか資料を読み取り，そのルール（特に航空法や条例など法的規制）に対する価値判断をする。

　この授業は，身近な携帯電話の多様な使用場面に対する法的規制の面に着目させ，情報化が進む中で齟齬が生じている市民社会のあり方について考えさせようとしている。ただし，ますます情報化していく市民社会のあり方を考えさせようとするなら，法的規制だけでなく，企業による規制のあり方についても考慮する必要が出ている。また，規制だけでなく活用の面にも着目させていく必要があろう。なお授業過程は，例示された問題状況について順に資料を読み取り，理解し，価値判断したことを生徒個々に発表するようになっており，生徒が多様な他者との対話を通して問題に対する自己の価値観を反省し修正していくようにはなっていない。

　次に，高橋の提案する授業モデルは，情報化により生活が便利になる一方，表現の自由と規制のあり方を問うような社会問題が生じていることを身近なこととして理解させ，情報化社会を生きる個人としてのモラルを考えさせることを目標としてあげ，グループでの調査，話合い，発表，評価，各自でのレポート作成など多様な学習活動を行わせる[19]。

　具体的には，生徒が持ち寄った「情報化社会を実感できるもの」（実物，新聞記事など）の特質を，グループで付箋を用い分類し，情報化がもたらした「光と影」，功罪を発見する。表現の自由の一方で，プライバシー権など人権侵害の問題が生じ，規制あり方が問題となっていることに気付き，考えてみる。その上で，グループごとに学習したい情報化社会の問題を設定し調査の

計画を立てる。実際に多様な情報媒体から情報を収集し，レジュメにまとめ，模造紙や OHC 等を用いて発表，評価もする。最後に各自が「関心を持った発表内容を中心に」，すなわち手がかりにして，「情報化社会のこれから」と題するレポートを作成する。

この授業モデルは，情報化による社会問題に対し，個人のモラルだけでなく社会のルールのあり方も考えさせようとしている。ただし，そこでは規制のあり方にとどまり，今後の情報化社会について考えさせる上で重要となる，個人や社会による情報の活用面については，十分扱うようになっていない。また学習過程は，グループの主体的な活動（問題の設定，調査の計画と実施，発表とその評価）を通して，各自がレポートを作成するようになっており，問題に対する自己の価値観を生徒が形成していくようになっているが，どのような問題を設定し，どのように調べ，まとめ，発表し評価するのか，それをもとにいかにレポートを作成するのかについては十分に明らかではない。

以上 2 つの授業モデルは，いずれも情報社会の抱える問題が自己にも関係するものであることに気付かせ，それに対する個人の規制や社会の規制のあり方についての考え方を形成させようとしている。ただし，情報の活用のあり方を他生徒やさらに異なる他者の考え方（価値観）を手がかりにして自ら学習していく，すなわち他者との対話を通して，吟味し，修正していくようにはなっていない。

以下では，こうした先行する授業モデルの課題もふまえ，情報社会のあり方に関わる問題，すなわち，さらに情報技術が進歩する中で，いかにインターネットの規制と活用をすればよいかという倫理的問題について生徒が主体的に考えてみる単元の構想を示したい。

(2) 教材としての倫理的問題

以下では，これまでに明らかにした授業構成の方法に基づき，現代社会の倫理的問題の中から情報に関する倫理的問題を扱う単元を構想したい。

204　第2部　市民的資質を育成する「倫理」カリキュラムの開発研究

　多様で大量の情報が流通する情報社会は，今や「資源／エネルギー消費的な商品，サービスを直接に代替してしまうこともできる」のであり，地球的規模で，自然解体的でも，他者収奪的でも，物質主義的でもない自由や幸福などの価値を追求できると期待されている[20]。しかし一方では情報技術，特にインターネットの発達により生まれた架空の空間，サイバースペースの特徴である匿名性の高さゆえに，名誉毀損やプライバシー侵害など人権侵害につながる誹謗や中傷の問題が増加している[21]。情報社会に生きていく以上，だれもが避けて通れないこうした問題に対し，社会は倫理的条件を整備していく必要があり，既に「プロバイダー責任制限法」(2001年)，「青少年が安全に安心してインターネットを利用できる環境の整備等に関する法律」(2008年) や「いじめ防止対策推進法」(2013年) 等の法的規制が進んでいる。

　こうした中，情報倫理学は，問題の発生によって明らかになった社会規範の空白を埋めようとし，規範と根拠を「作る」ことを強調する[22]。また，「個々の問題に対する新しい解決策を与えようとするに止まるものではなく，そうした新しい問題の登場を機縁として，古くからあった倫理学上の概念や問題を情報という語をキーワードにして再考することも重要な課題」とする[23]。情報倫理学が取り上げる問題は，プライバシー，危害，自己責任など，「人々の互いの行為に関する伝統的な倫理問題」を含んでおり，突き詰めれば「情報は何のためにあるのか」，「幸福とは何か」，「自由とは何か」といった根元的な価値に関わる問題なのである[24]。さらに，情報に関する諸問題の「技術的な解決方法」について考えるだけでなく，その解決方法が目指すこれからの情報社会の姿や，そこで求められる価値を検討していこうともしている[25]。

　そこで本単元では，倫理的問題として，生徒の生活に直接関わる「いかにインターネットの活用と規制をすればよいか」という問題を主に扱い，「いかなる情報社会，ネットワーク社会を創り上げていけばよいか」という情報社会が抱えている問題にも気づかせる。

第9章　現代の文化構造における倫理的問題を考える単元開発　　205

　具体的には今日，スマートフォンが普及し，SNS利用者による「ネット中傷」や「ネット依存」の問題が深刻化していながら，インターネット技術はさらなる進歩を続けており，このインターネットを市民としていかに規制するとともに活用していけばよいかという倫理的問題があることを把握させる。

　問題に対する手がかりとなる考え方（価値観）としては，まず規制の問題に対しては，生徒たち利用者による自主的な規制や国による法的規制だけでなく，企業による規制について様々な考え方があること[26]，次に，活用の問題に対しては，単に自由な自己表現を追求しようとする考えだけでなく，信頼できる知識や知恵を蓄積し共有し個人の幸福を目指そうとしたり，公正な社会を実現しようとしたりする考え方があることを理解させたい。それらを手がかりにして生徒がインターネットの利用（規制と活用）に対する自己の考え方（価値観）を修正していく学習とする。

(3) 教材としての人物モデル

　問題に対するこうした手がかり（価値観）を与えてくれる人物モデルには，利用者である生徒達とは異なる視点，より広い視点を持ち，今の社会や生徒の生活に影響を与え続けている人を取り上げ学習させたい。具体的には，スマートフォンを国内に普及させたソフトバンクの孫正義や世界最大のSNSを運営するマーク・ザッカーバーグなどである。孫は，規制については企業によるフィルタリングを主張し，活用については，インターネットの活発な利用により知識・知恵の蓄積と共有を図り，個人の孤独を解消し幸福を実現しようとしている[27]。またザッカーバーグは，規制については自らのフェイスブックで実名制を採用続けており，これにより個人の責任ある行動を促し，健全な社会の実現を目指している[28]。活用については，SNSを通じて透明でオープンなコミュニケーションを活発に行い，信頼できる情報を共有することで公正で寛容な社会の実現を目指している。

206 第2部 市民的資質を育成する「倫理」カリキュラムの開発研究

　彼らの考え方（価値観）は，これからのネットワーク社会において注目されるであろう自由（目的としての自由とともに，知恵を獲得する手段としての自由）や，幸福，公正などの価値を含んでおり，ここでの問題に対する手がかりとなる。

　本単元は，以上のような倫理的問題と，その手がかりとなる人物モデルの価値観を生徒が理解し，その人物や仲間との対話を通して主体的に自己の価値観を吟味したり修正したりしていくように開発する。

2　単元目標[29]

（1）情報通信技術（ICT）が進歩を続ける現代社会で，いかにインターネットを規制するとともに活用すればよいかという倫理的問題について知識や情報を得て理解する。
（2）情報に関する倫理的問題に対する自己の価値観を形成していく方法について理解し，学習の計画を立て，実施したことを評価する。
（3）情報に関する倫理的問題に対する自己の価値観を，手掛かりとなる人物との対話（人物の理解，比較）や，他生徒との対話を通して吟味・修正する。

3　展開計画（全9時間）

	教師の発問・指示	教授・学習活動	資料	予想される生徒の回答（生徒に獲得させたい知識）等
a　現代社会の倫理的問題の認識　1h	・インターネットを利用しているか。	T：発問する P：答える		・日常的に利用している。 ・（高校生のネット利用率が上昇している。大人の利用率も上昇している。）
	・インターネットを何に利用しているか。	T：発問する P：答える		・SNS，オンラインゲームなど。 ・（自由な自己表現をしている。人間は表現の自由を求め，精神的に豊かな生活をしようとする。）
	○インターネットの利用により生じている社会問題は何か。	T：発問する P：答える	① ② ③	○ネットいじめ，ネット中毒が発生 ・（一般社会でもネット中傷（プライバシーの侵害や名誉毀損という人権侵害）やネット依存者が増え続けている。世界的にも子どものSNS利用が問題視されている。いまや誰でも被害に遭う可能性がある。）

第9章　現代の文化構造における倫理的問題を考える単元開発　　207

	・こうした問題に対して，これまでにどのような対策がとられているか。	T：発問する P：答える T：説明する	① ④ ⑤	・学校での教育，法律による規制。 ・（情報モラル教育が行われている。） ・（これまでに各種の法的規制が加えられている。プロバイダ責任法（2002年5月施行），青少年インターネット環境整備法（2009年4月施行），いじめ防止対策推進法（2013年6月公布）等。
	・なぜ問題が増大してきているのか。	T：発問する P：答える T：説明する	① ⑥ ⑦	・スマートフォンが普及した。SNSが発達した。 ・（インターネット機能とスマートフォン（多機能携帯電話）などの携帯端末の進歩など，情報通信技術（ICT）が進歩。 ・（情報通信技術が進歩し，PCや，スマートフォンなどの携帯電話が高機能化したり，ブロードバンドが普及したりして，インターネットのサービスは普及拡大すると考えられる。） ・（未来学者アルビン・トフラーは現代社会に，情報利用の大きな変革「第三の波」がやってきており，われわれのコミュニケーション，産業，民主主義，家庭生活等が大きく変わるとする。）
	・インターネットが進歩する社会で生きる私たちは何を考えておく必要があるだろう。	T：発問する P：答える T：説明する		・いかにインターネットの規制をすればよいか。 ・いかにインターネットを活用していけばよいか。 ・（情報通信技術が進歩していく中，われわれ市民がどのようにインターネットの規制や活用をしていけばよいか，さらに，どのような社会をつくっていけばよいか考えていく必要がある。）
b 自己の価値観の表現 1h	◎よりよい生活のために，われわれはインターネットの規制や活用をいかに行えばよいか。	T：発問する P：自分の考え方を図式化する P：発表する	⑧ ⑨	・（形成してきた自己の価値観も踏まえ考える。） ・（お互いの考え方をトゥールミン図式にまとめてみると，合理的，根拠をもとに筋道の通った考え方かどうか明らかにできる。） ・合理的とは，明確な根拠に基づいて筋の通った主張かどうか。

第2部　市民的資質を育成する「倫理」カリキュラムの開発研究

◎「A　インターネットの規制について」
・国が法的規制をするべき。被害者の人権を守ることが大切だから。
・利用者が自主的規制をするべき。なぜなら，自ら行う自由が大切だから。

ワークシート記入例
〈「A　規制」についての考え方〉

| 情報通信技術は進歩し，インターネットは普及する。 | → | a－①　国による法的規制の強化や利用者の自主的規制が必要。 |

プライバシー権や名誉権などの幸福追求権を守るため。
利用者の表現の自由を守るため。

自由権，プライバシー権は大切である。

◎「B　インターネットの活用について」
・活発なコミュニケーションをするために，SNS等の利用を拡大する。誰でも自由な自己表現を望むから。

ワークシート記入例
〈「B　活用」についての考え方〉

| 情報通信技術は進歩し，インターネットは普及する。 | → | b－①　SNS等を通じて活発なコミュニケーションをする。 |

自由な自己表現は人間として誰もが望むことだから。

（目的としての）自由は大切である。

・お互いの意見（考え方）に対して疑問に思うことは何か。

T：発問する
P：疑問点を出し合う

〈「A　規制」についての考え方に対して〉
・個人の自主的規制や国の法的規制だけでは不十分なのではないか。ネットに関連する企業による規制は考えられないか。

〈「B　活用」に対する考え方に対して〉
・自由な自己表現をすることだけか。

			⑩	・（情報通信技術の進歩によりインターネット利用者は増加すると考えられる。日本政府も「高度情報通信ネットワーク社会形成基本法（IT基本法）」（2000年制定）に基づきインターネット等を活用した社会の形成を目指している。）
				※「高度情報通信ネットワーク社会」…インターネット等により，自由かつ安全に多様な情報・知識を世界的規模で入手，共有，発信することであらゆる分野で創造的で活力ある発展を可能にする社会。
c　自己の価値観を修正する学習の計画　1h	○自分たちの考え方をよりよくしていく（修正していく）にはどうすればよいか。	T：発問する P：答える T：説明する	⑪	○利用者や政府の考え方だけでなく，インターネット関連の企業，特にその経営者がどのようなネットワーク社会を作りたいと考えているか，すなわち，どのようにインターネットを規制し活用すればよいと考えているのか調べる。 ・自由な自己表現をする以外の活用について何か言っていないかどうか調べる。 ・（企業の経営者の考えと，利用者である自分たちの考え方を出し合うとともに，お互いの考え方を吟味し，よい考え方は取り入れながら修正する。すなわち対話してみる。） ・（今までの学習も踏まえて考えるとよい。）
	・どのようなインターネット関連の企業の人物を調べればよいか。	T：発問する P：答える		・スマートフォンを普及させている企業家。 SNSを展開している企業家。 ・孫正義，スティーブ・ジョブズ，マーク・ザッカーバーグ，三木谷浩史，など。
			⑫ ⑬	・（例えば，孫正義はスマートフォン（iPhone）を日本に普及させ，情報通信関連の事業を展開している。） ・（例えば，マーク・ザッカーバーグは世界最多の利用者を抱えるSNS（フェイスブック）を生み出し，経営している。）
	・それぞれの人物をどのように調べればよいか。	T：発問する P：答える		・各人物の生き方や考え方を分担して調べる。 ・インターネットの発展と関連して，どのような生き方をしてきたのか。

				・インターネットをどのように規制しようとしているのか。
				・インターネットのどのような活用を推進しようとしているか。
				・どのようなネットワーク社会を構築しようとしているのか。
			⑭ ⑮	・（各人物に関連する書籍や記事を調べたり，各人物が経営する企業HPを調べる。）
d の① 人物との対話・人物の価値観の理解 2 h	○孫とザッカーバーグは，インターネットに関連してどのような生き方と考えをしているか。	T：発問する P：班内で協力して調べる T：支援する	⑫ ⑬ ⑭ ⑮	○班内で協力，分担して調べる。 ・（学級内の学習班（4人以上）で班員同士が協力して人物を選択し，それぞれの人物の，特にインターネット（の規制と活用）に関連する生き方と考え方を調べる。特に同じ人物を調べる班員同士は協力して調べ，班内で発表する。）
	・孫とザッカーバーグの生き方について調べたことを発表しよう。	T：発問する P：班内で質問する		・（同じ人物を調べた班員が協力して，班内で発表するとともに残る班員（もう一人の人物を調べた班員）からの質問に答えることで，班内での人物理解を深めることができる。）
	・発表に対して疑問に思うことを質問しよう。	T：発問する P：班内で質問する P：答える		〈孫の生き方についての疑問例〉 ・孫はなぜインターネット関連の起業をしたのか。 〈ザッカーバーグの生き方についての疑問例〉 ・ザッカーバーグはなぜフェイスブックをはじめたのか。
	・孫とザッカーバーグのインターネットの規制と活用に対する考えを発表しよう。	T：発問する P：班内で質問する		・それぞれが調べた人物の規制と活用に対する考え方について，順番に発表し，他の班員からの質問に答えることで，班内での人物理解を深めることができる。
	・発表に対して疑問に思うことを質問しよう。	T：発問する P：班内で質問する		〈孫の考え方についての疑問例〉 ・「情報革命」とはどのようなものか。 ・ネット利用者個人の幸福とはどのようなものか。

〈ザッカーバーグの考え方についての疑問例〉
・なぜ実名制を堅持するのか。
・どのようなネットワーク社会を目指しているか。

d の ① 人物との対話・人物の価値観の比較　1 h	○孫とザッカーバーグのインターネットの規制と活用に対する考えの特徴は何か。	T：発問する P：発表する T：表にまとめ比較する	⑨	○（他班の発表内容も表にまとめ比較することで、学級内での各人物の考え方の理解が深まる。） ・（各人物は、インターネットの規制と活用に対して特徴的な考え方をしている。） ・（共通するのは、自由な自己表現（目的としての自由）だけでなく、知識・知恵、信頼ある情報の獲得（手段としての自由）をするためにインターネットの活用を目指している。） ・（異なるのは、孫は利用者である個人とその幸福に注目している。ザッカーバーグは社会とその公正に注目している。）

板書例

〈インターネットの規制と活用に対する孫とザッカーバーグの考え方の比較表〉

孫正義	人物名	マーク・ザッカーバーグ
情報通信技術は飛躍的に進歩する。「情報革命」が始まっている。	情報技術(IT)	情報通信技術は益々進歩し、情報の動きが加速する。
企業としてフィルタリングをする。（なぜなら子どもに悪影響を及ぼさないため。過度な規制は時代に逆行しているから。）	A 規制	企業として実名制を堅持する。（なぜなら利用者が一貫性を持ち責任ある行動をし、健全な社会をつくれるから。）
自由な自己表現をする（目的としての自由）だけでなく、知恵・知識を蓄積する（手段としての自由）。 なぜなら知恵・知識を共有して活用することで、個々人は孤独でなくなり、心に愛情や感動が生まれ、幸福になれるから。	B 活用	コミュニケーションをより透明でオープンなものにする。自己の表現（目的としての自由）だけでなく、社会に対するアイデアを自由に提供し合い、信頼できる情報として共有する（手段としての自由）。 なぜなら政治が公正に行われ、経済が善良になるから。

	・孫とザッカーバーグの考え方の中で、合理的で、これまでの自分の考え方を修正する手がかりとなることはないか。	T：発問する P：班内で発表する T：説明する		・（「規制」について手がかりがある。責任ある行動を求めて実名制にすること、未熟な子どもを守るためにフィルタリングをすること。） ・（「活用」について手がかりがある。手段としての自由、公正な社会の実現、個々人の幸福のために活用すること。）

212　第2部　市民的資質を育成する「倫理」カリキュラムの開発研究

○手がかりにより今までの自分の考え方を修正するとどうなるか。	T：発問する P：修正した自分の考え方を図式化する	⑨	・（「規制」についても，「活用」についても手がかりはない。） ・2人の考え方で合理的と考えられることは受け入れられる。 ・（自分の考え方について疑問に思うことは，人物たちの考え方を取り入れて修正すればよい。）

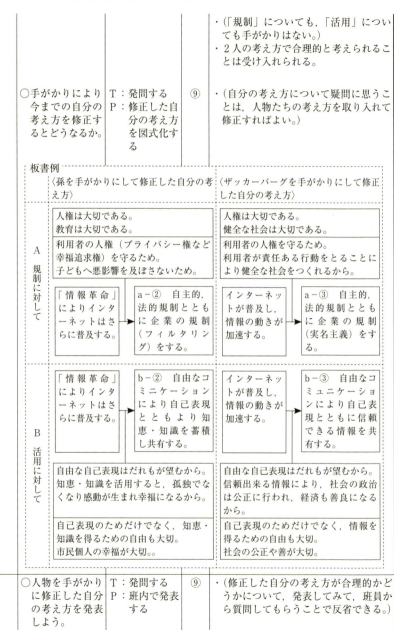

○人物を手がかりに修正した自分の考え方を発表しよう。	T：発問する P：班内で発表する	⑨	・（修正した自分の考え方が合理的かどうかについて，発表してみて，班員から質問してもらうことで反省できる。）

第9章　現代の文化構造における倫理的問題を考える単元開発　213

| d の② 他生徒との対話 1h | ・班の仲間の考え方に対し疑問に思うことを質問しよう。 ・自分への質問や学級の仲間の発表を聞き，自分の考え方について修正しようと思うことは何か。 | T：発問する P：班内で質問する P：答える T：発問する P：答える T：説明する | | 〈「A規制」の考え方の生徒に対して〉 ・フィルタリング（実名制）だけか。 〈「B活用」の考え方の生徒に対して〉 ・個人の幸福（社会の公正）のためだけか。 ・自分の考え方でさらに修正しようと思うことは，人物の考え方と同様に，学級の仲間の考え方を取り入れて修正すればよい。 〈「A規制」の考え方の生徒〉 ・（フィルタリング（実名制）だけでなく，実名制（フィルタリング）も重要。） 〈「B活用」の考え方の生徒〉 ・（個人の幸福（社会の公正）とともに社会の公正（個人の幸福）も実現を目指す必要がある。） 〈両方の考え方に共通して〉 ・（活用（規制）だけでなく，規制（活用）についても考えておく必要がある。） ・（個人（社会）のことだけでなく，社会（個人）のことを考える必要がある。） |
| e 修正した自己の価値観の表現 1.5h | ◎よりよい生活のために，われわれはインターネットの規制や活用をいかに行えばよいか。 ・学級の仲間の考え方を図式化して整理しよう。 | T：発問する P：再修正した自分の考え方を図式化する P：自分の考え方を発表する T：学級内の考え方を図式化する | ⑨ | ・（修正した自分の考え方を図式化し，それをもとに説明すると，合理的かどうか評価を得やすい。） ・（人物だけでなく，学級の仲間の考え方も合理的と考えられることは，取り入れて修正すればよい。） ・（学級内には，多様な考え方があり，これらを手がかりに，自分の考え方を修正し，よりよくしていくことができる。） |

214　第2部　市民的資質を育成する「倫理」カリキュラムの開発研究

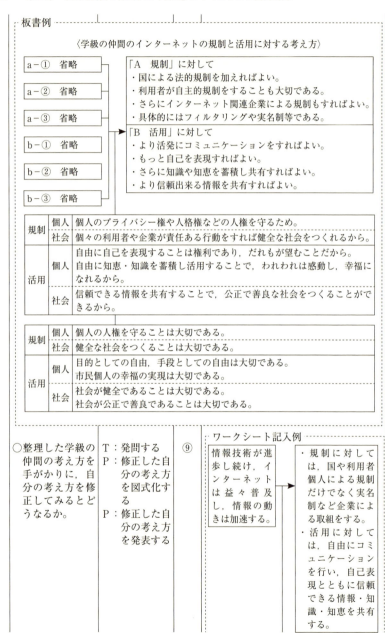

第9章　現代の文化構造における倫理的問題を考える単元開発　　215

				・規制に対しては，個人の人権を守り，健全な社会をつくるため。 ・活用に対しては，市民は自由に自己表現することを望むから。また社会の政治が公正になり，経済が善良になるから。 市民個々人の人権，自由は大切。 社会がより公正になることが大切。
f 修正した自己の価値観についての評価 0.5h	○自分の考え方をどう修正したか。	T：発問する P：グループ内で評価し合う	⑨	○当初の自分の考え方と比べて修正した所がある。あるいは，修正した所はない。
	・今回の学習の計画と実際の学習の進め方は適切だったか。	T：発問する P：グループ内で評価し発表する T：説明する		・適切であった。または，適切ではなかった。 ・他にネット利用者や法規制をする国の立場を代表する人物の考え方も調べるべきだった。 ・（自分の考え方を図式化し発表して質問されたり，人物や他生徒の考え方を合理的かどうか吟味して，取り入れたりすること，すなわち他者と対話することで自分の考え方を修正し，よりよくすることができる。）
	・この問題に対する自分の考え方でさらに疑問に思うことは何か。	T：発問する P：グループ内で発表し合う		・新たな疑問点も異なる人物の考え方を調べ，それらと対話して考えていくことができる。 ・（国による法的規制や利用者の自主的規制についてさらに考えた方がよい。） ・（企業による規制に問題がないか考えた方がよい。） ・（透明でオープンなコミュニケーションとともにプライバシー保護も考えるべき。） ・（よりよい「ネットワーク社会」とはどうあるべきか。） ・（本当に大切な情報はいかなるものか。）

【資料】①金城学院中学校高等学校『中高生のためのケータイ・スマホハンドブック』学事出版，2013年．②記事「『ネット上で中傷』通報最多ペース摘発は限定的」日本経済新聞電子版，2013年1月10日付．③新聞記事「中高生のネット投稿『問題あり』2.5倍に増昨年度スマホ普及背景」朝日新聞（ちば首都圏），2013年5月5日付．④インターネットホットライン連絡協議会「インターネット関連法律，準則，ガイドライン」（http：//www.iajapan.org/hotline/，2013年11月8日確認済）．⑤記事「いじめ防止法案が成立防止策や迅速調査，学校の義務に」（http：//digital.asahi.com/articles/，2013年11月8日確認済）．⑥総務省「平成25年版情報通信白書イン

ターネット利用状況」(http：//www.soumu.go.jp/，2013年11月8日確認済)．⑦アルビン・トフラー『第三の波』日本放送出版協会，1980年．⑧福澤一吉『論理的に説明する技術』ソフトバンククリエイティブ，2010年，pp.88，184．⑨「倫理」ワークシート．⑩「高度情報通信ネットワーク社会形成基本法」(http：//www.kantei.go.jp/jp/singi/，2013年10月24日確認済)．⑪アンソニー・ウエストン『ここからはじまる倫理』春秋社，2004年，p.45．⑫井上篤夫『事を成す孫正義の新30年ビジョン』実業之日本社，2010年．⑬デビッド・カークパトリック『フェイスブック若き天才の野望』日経BP社，2011年．⑭「フェイスブック基本データ」(http：//www.facebook.com/，2013年10月24日確認済)．⑮「ソフトバンクグループ代表挨拶」(http：//m.online-shop.mb.softbank.jp/，2013年10月24日確認済)．

第3節　単元「マータイとカーソンの訴え　―環境に関する倫理的問題を考える―」の開発

1　単元の基本的な考え方

(1) 先行する環境に関する倫理的問題を取り上げた授業モデル

　本単元を構想していくにあたり，先行する授業を分析する視点について示せば，先ず学習の内容として，生徒にとって切実で，自らのこととして考えられるような環境に関する倫理的問題が考えられる。また応用倫理学等で主張されてきた環境倫理等の価値観（以下，環境倫理的価値観）も重要となる[30]。なぜなら生徒が，問題を追求し価値観形成する手がかり（参考）にできるからである[31]。

　次に学習の方法としては，先ず環境に関する倫理的問題を教えられて理解するのではなく，それが環境問題の根本としてあることに気づき自らのこととして捉える，すなわち生徒が問題を形成する。そして，手がかりである環境倫理的価値観も，教えられ理解するのではなく，自ら見つけ出す，調べ獲得する，すなわち形成する。自己の価値観を反省していく，すなわち価値観を形成してゆく主体的なものにする必要がある。なぜなら生徒自ら，切実な倫理的問題に気づき捉え，手がかりの価値観を獲得し，自己の価値観を吟味

第9章　現代の文化構造における倫理的問題を考える単元開発　217

表9-1　環境倫理に関する「価値観形成力」育成を図る授業の類型

方　法＼内　容	環境倫理的価値観	環境に関する倫理的問題
理　解	①環境倫理的価値観理解型	③環境に関する倫理的問題理解型
形　成	②環境倫理的価値観形成型	④環境に関する倫理的問題形成型

拙稿「『価値観形成力』を育成する環境倫理授業の改善」社会系教科教育学会『社会系教科教育学研究』第26号，2014年，p.62 より作成。

したり，修正したりすることで，環境倫理に関する「価値観形成力」を育成するためである。このような主体的な学習の内容及び方法を指標とし，「価値観形成力」育成を図る授業を類型化すると次の表9-1のようになる[32]。

①「環境倫理的価値観理解型」は，手がかりの環境倫理等の価値観を理解しておく授業である。②「環境倫理的価値観形成型」は，手がかりにする価値観を生徒が調べ獲得する授業である。③「環境に関する倫理的問題理解型」は，環境に関する倫理的問題を教えられ理解しておく授業である。④「環境に関する倫理的問題形成型」は，問題に生徒が気づき自らのこととして捉える授業である。

以下では，これらの各類型が抱える課題について，具体的な環境倫理授業の分析を通して明らかにしてゆく。

①「環境倫理的価値観理解型」

この型の具体例には，従来の環境倫理を教示し，それと関連させて倫理的問題を扱おうとする「倫理」・「現代社会」の授業がある[33]。（枠内は本授業を筆者が要約したもの。）

```
「現代の倫理的課題（1）―環境倫理―」
・導　入…環境問題は社会問題であるだけでなく，「倫理問題」でもあることを述
　　　　　べ，「環境倫理学の3つの基本主張」に関する資料を配布する。
・展開1…資料を読ませて，各主張（自然の生存権，世代間倫理，地球全体主義）
　　　　　を抜き出させ，それぞれに関連する具体的な事例を生徒にあげさせたり，
　　　　　示したりする。
```

218　第2部　市民的資質を育成する「倫理」カリキュラムの開発研究

- ・展開2…出された事例について，倫理的問題としての性格があることを説明し，「参照できる思想家とそのとらえ方」も示す。
- ・まとめ…環境問題は倫理的にとらえられることを確認し，自分たちの生活や考え方等と関連していることを意識化してから，環境問題に対して自分たちは「何をなすべきか，あるいはなしえるか」を「考え方や態度の問題」として問い考えさせる。

　この授業では，先ず環境倫理学による「3つの基本主張」[34]を教示してから，それに関する事例を（生徒から案出されなければ）示す。最後に，環境問題に対して自分はいかに行動すべきか考えさせる。環境問題に対する生徒の価値観形成を目指しているが，そのために環境倫理を理解しておくことに止まっている。

　このように「環境倫理的価値観理解型」の授業は，生徒が主体的に問題を捉え，その手がかりとなる価値観を獲得していくようになっていない。

　②「環境倫理的価値観形成型」

　この型の具体例には，社会問題の根底にある相異なる自然保護の価値観について分析させて，「主体的な価値観形成」を目指す社会科の授業がある[35]。（枠内は本授業を筆者が要約したもの。）

「だれのための自然保護か？—世界遺産になった白神山地—」
- ・導　入…世界遺産登録された白神山地の保全の方法（入山の規制等）について，なぜ考え方が異なるか問う。
- ・展開Ⅰ…保存地区への入山禁止について，だれが賛成，あるいは反対してきたか問う。考え方の異なる各地域の地元住民は，それぞれ山をどう利用や管理してきたか問う。なぜ地域によって，山の利用や保護・管理に対する考え方に差があるのか問う。
- ・展開Ⅱ…現在，入山禁止の問題はどうなっているのか問う。なぜ地元住民の慣習的な利用が認められていないのか問う。行政と地元住民の山（自然）の保護・管理に対する考え方の根拠（価値）を問う。
- ・終　結…山（自然）の保護はだれのためかと問い話し合わせる。

第9章　現代の文化構造における倫理的問題を考える単元開発　　219

　この授業では，白神山地の入山規制について地元住民や行政の考え方が異なっていることの根本に，自然保護の価値観（「環境認識」）の相違があることについて取り上げ，その分析をさせ明確化させていく。最後に，いずれの価値観の根拠にもなり得る，より原理的な問いを生徒に投げかけ，意見を出し合わせる。常識的な考え方に止まらせず，実社会の相異なる価値観を分析させ，自ら獲得させることで，自然保護に対する価値観形成につなげようとしている。

　ただし，このような「環境倫理的価値観形成型」の授業は，生徒が関係する他者の価値観を獲得することに止まり，それを手がかりにして自己の価値観を吟味し，必要なら修正していくようにはなっていない。

③「環境に関する倫理的問題理解型」

　この型の具体例には，論争の基礎に相異なる環境倫理のあることを調べ理解させ，それを手がかりに，別の自然保護論争の基本にも価値観の相違があることを調べ理解させて，その論争に対する自己の価値観を形成させる「現代社会」の授業がある[36]。（枠内は本授業を筆者が要約したもの。）

「地球環境問題についてあなたはどのように判断しますか─動物は裁判を起こすことができるか─」

○パート1

・導　　入…人間に住処を追い出されたウサギが訴訟を起こすことは可能か問う。

・展　　開…実際に日本でウサギが起こした裁判の結果はどうなったか問う。続いて，アメリカで鳥が起こした同様の裁判の結果はどうなったか問う。2つの裁判で結果が異なるのはなぜか問う。

・終　　結…2つの裁判で，自然物による訴えに対し判断が異なるのはなぜか問い話し合わせ，基礎に相異なる考え方があることを説明する。

○パート2

・導　　入…国際的な論争になっている捕鯨について紹介する。

・展　　開…この問題の基本的な対立点は何か問い，調べさせる。対立点を，パート2で学習した2つの考え方により評価させる。

・終　　結…捕鯨についてどう思うかと問い，自分の考え方をまとめさせる。

220　第2部　市民的資質を育成する「倫理」カリキュラムの開発研究

　この授業では，先ず自然の権利をめぐる自然物（ウサギ，鳥）の訴訟を取り上げ，基礎に人間中心主義と自然中心主義という環境倫理の相違という問題があったことを理解させる。次に捕鯨問題を取り上げ，基本には捕鯨に対する価値観の対立という問題があることを調べ理解させる。その上で，対立する価値観を，先に学習した環境倫理により評価させる。最後に，捕鯨に対する自分の考え方（価値観）をまとめさせる。生徒に，論争の根本にある環境倫理等の価値観の対立という倫理的問題を調べ理解させ，それを手がかりに論争に対する自己の価値観を形成させようとしている。

　しかし，この「環境倫理的問題理解型」の授業で取り上げられている問題は，生徒にとって必ずしも身近で切実なものでなく，それを自らのこととして捉えていくようにもなっていない。

　これまで分析した授業は，いずれも環境に関する倫理的問題及び環境倫理的価値観を取り上げ，生徒の価値観形成を目指していた。ただし環境倫理に関する「価値観形成力」を育成するためには，これらの類型の授業を，④「環境に関する倫理的問題形成型」へと転換してゆく必要がある。すなわち生徒が，環境問題の根本にある倫理的問題に気づき，それを自らのこととして捉え，それに対する手がかりにしようとする価値観を獲得し，自己の価値観を吟味したり，修正したりする主体的な学習へ改善する必要がある。

　以下では，これらの課題をふまえて単元を構想していく。

(2) 教材としての倫理的問題

　教材には環境問題の中でも，環境倫理学の扱う本質的な問題であるとともに，生徒が切実なことだと捉えられる倫理的問題を取り上げる。すなわち生徒にとって身近で，自分のこととして考える必要のある今日の環境問題が内包している根本的，原理的な問題である。

　例えば原子力発電所事故による環境汚染や廃棄物処理，自動車等の排気ガスによる大気汚染や温暖化は生徒に身近で切実な環境問題であるが，その根

本には科学・技術，さらに政治や経済の在り方まで問う倫理的問題がある[37]。すなわち科学・技術の開発を推し進め，経済成長を追求し他国と競争しているのに，なぜわれわれが二酸化炭素の排出規制や，エネルギー消費の総量規制という困難を引き受けねばならないのか，そもそも何のために今日のわれわれが地球環境を保護しないといけないのかという問題が根底にあるのである。

　これらのことを踏まえて本単元では，生徒が倫理的問題を主体的に捉えられるように，先ず原子力発電が停止して，電気代が全国的に値上がりしたという身近で切実な問題を取り上げる。

　生徒は，原子力発電所事故による環境汚染がありながら，火力発電所の化石燃料燃焼による温暖化防止のために，日本や各国で原子力発電が続けられようとしていることを認識し，身近な発電を巡る環境問題の背景になっている地球温暖化について考える。さらに，温暖化防止のため二酸化炭素の排出を抑えるには，先進国だけでなく途上国も共有できる温暖化を防止し地球環境を保護するための根本的な考え方（価値観）が必要であることに気づき，倫理的問題「なぜわれわれが地球環境を保護しなければならないのか。」を自分にも関わることと捉え考えていく。

(3) 教材としての人物モデル

　これに対する手がかりとなる環境倫理的な価値観としては，例えば「人間中心主義」への批判をする「自然中心主義」や「自然の権利」，未来世代に対する責任があると考える「世代間倫理」，閉じた有限な地球全体のことを考える「地球全体主義」等がある[38]。こうした環境倫理学の主張（すなわち環境倫理）をその考え方（価値観）として持ち，同様の環境問題ないしは倫理的問題に取り組んできて社会で広く認められた人物の生き方も手がかりとなる。なぜなら環境に関する倫理的問題は，従来の環境倫理の主張だけで解決できるとは限らず，その場合は，多様な他者と新たな価値観や倫理をつくる

222 第2部 市民的資質を育成する「倫理」カリキュラムの開発研究

ことが求められるからである[39]。

　先に明らかにした本単元で取り上げる倫理的問題に対する手がかりとなる人物モデルとしては思想家，科学者であるだけでなく，自国と地球の環境破壊に苦悩し，市民として活動を展開し成果を挙げる中で，今日の環境倫理にも通底し，特徴ある価値観を形成したワンガリ・マータイとレイチェル・カーソンが考えられる[40]。

　マータイは，ケニア農村での生活体験の中から自らの世代間倫理を生み出し，アフリカ全域で未来の子どもたちのための持続可能な開発を訴え実践を続けた。さらにアフリカでの実績を基に，日本の言葉「もったいない」を新たな環境倫理として世界に提唱し，循環型社会の構築を訴えた。カーソンは，経済発展を追求する当時のアメリカにおいて，その生涯を通して自然中心主義の価値観を培い，多くの著作や講演を通じて主張を展開して，大統領を始め幅広い市民の支持を得た。さらに先進国各国の環境行政にも影響を与え，自然中心主義等の今日の環境倫理の下地をつくった[41]。

　2人が自らの環境問題として取り組むために考え訴えてきたこと（価値観）は，今日の途上国あるいは先進国が抱える環境に関わる倫理的問題とそれに対する環境倫理（世代間倫理と自然中心主義）と通じており，なぜわれわれが（先進国も途上国も）地球環境を保護しなければならないのかという本単元の問題を，生徒が考える手がかりになると考えられる。

　本単元は，以上のような倫理的問題と，その手がかりとなる人物モデルの価値観を生徒が理解し，その人物や仲間との対話を通して主体的に自己の価値観を吟味したり修正したりしていくように開発する。

第9章　現代の文化構造における倫理的問題を考える単元開発　　223

2　単元目標[42]

（1）発電による環境問題，特に地球温暖化問題について探求し，根本にある環境
　　保護に関する倫理的問題を自分にも関わりのあることとして理解できる。
（2）倫理的問題に対する自己の価値観を形成（吟味し修正）する方法を理解し，
　　具体的な学習を計画し，実施したことを評価できる。
（3）手がかりとなる環境保護運動家（ワンガリ・マータイとレイチェル・カーソ
　　ン）の倫理的問題に対する考え方（価値観）と生き方（活動等）を調べ理解で
　　きる。
（4）倫理的問題に対する自己の価値観を人物モデル及び他生徒との対話を通して
　　吟味し修正できる。

3　展開計画（全9時間）

	教師の指示・発問	教授・学習活動	資料	予想される生徒の回答（生徒に獲得させたい知識）等
a 現代社会の倫理的問題の認識 1.5h	・なぜ電気代が値上がりしているのか。	T：発問する P：調べ答える	① ②	・原子力発電所の停止により，火力発電所の燃料費が増えているから。
	・なぜ原子力発電を止めているのか。	T：発問する P：調べ答える T：説明する	③ ④	・福島での原発事故で環境の汚染があったから。 ・（安全性を懸念し運転再開に同意しない知事や再稼働の差し止めを求め訴訟を起こす住民がいる。） ・（再稼働には政府が新たに設置した原子力規制委員会の規制基準による審査を受ける必要がある。）
	・なぜ政府は再稼働が可能となるようにしたのか。	T：発問する P：調べ答える T：説明する	⑤ ⑥	・電力を安定的な供給をするため。 ・地球温暖化対策をするため。 ・原子力利用の先進国として中国，インド等の新興国で拡大する原子力発電の安全維持のため。 ・（政府は原子力発電の技術の輸出を推進する方針。）

224　第2部　市民的資質を育成する「倫理」カリキュラムの開発研究

・なぜ新興国は原発を増設するのか。	T：発問する P：調べ答える	⑦	・経済成長に電力の安定供給が必要，エネルギーの他国への依存を止めるため，大気汚染対策のため。
・なぜ地球温暖化対策が必要なのか。	T：発問する P：調べ答える	⑧	・地球温暖化により今世紀末には気温上昇，海面上昇，洪水等，大規模な被害が予想されているから。
・なぜ地球温暖化が進んでいるのか。	T：発問する P：調べ答える	⑨	・世界中で人口の増加及び経済成長が進んでおり，二酸化炭素等の温室効果ガスの排出量が増加しているため。具体的には自動車や工場，火力発電所等で化石燃料を燃焼し排出している。
・なぜ化石燃料を燃焼するのか。	T：発問する P：答える T：説明する	⑨	・経済成長のため。 ・原子力発電に伴う被害の危険性がないから。 ・（コストが低いから。ただし温暖化を進めてしまう。）
・二酸化炭素の排出量が多い国はどこか。	T：発問する P：調べ答える T：説明する	⑨	・排出量の多い国は中国（世界比23.7％），アメリカ（17.9％），そしてインド，ロシア，日本（3.8％）と続く。以上で世界の56.2％。2009年現在。 ・（各国の排出による影響は地球全体に及び逃れられない。例えば周辺国の大気汚染による日本への影響もある。）
・これらの国々に対して世界的な二酸化炭素の排出規制はされていないのか。	T：発問する P：調べ答える T：説明する	⑨	・されている。気候変動枠組条約により，温室効果ガス排出削減義務目標を定めた京都議定書が発効している。 ・日本は批准。ロシアも遅れて批准し議定書発効。 ・（中国やインドは途上国として削減義務がなかった。） ・（また，アメリカは議定書を批准しなかった。）
・なぜアメリカは批准しなかったのか。	T：発問する P：調べ答える	⑩	・石油に依存する経済が疲弊する恐れや，排出量が伸びる途上国に削減義務がないこと等から。

	学習活動	教授活動		教授・学習内容
	・議定書ではなぜ先進国だけが削減義務を負っているのか。	T：発問する P：調べ答える T：説明する	⑪ ⑫	・「共通だが差異のある責任」の原則に従っている。 ・（温暖化等の環境問題に対する責任は，共通にあるが，原因物質を排出してきたのは先進国であり，責任の度合いは，先進国と途上国で差があるとする。） （地球サミットの条約や議定書の原則となっている。）
	・日本は削減目標を達成できたのか。	T：発問する P：調べ答える T：説明する	⑬ ⑭	・日本は削減目標を達成した。 ・ただ原発事故後に火力発電が増え排出量は増加。 ・（なお日本は，この枠組みが不公平かつ効果的でないとして続く議定書第2約束期間には不参加。効果的な新たな枠組みを構築すべきだと主張している。）
	○各国の主張が異なる中，日本は地球温暖化等の環境問題にどう取り組んでゆけばよいか。	T：発問する P：答える T：説明する	⑮	・世界各国と協力する必要がある。他国の経済活動によっても影響を被るから。 ・（日本は世界各国と新たな枠組みを模索中。2015年の合意に向けて中国，インド，アメリカを含む途上国及び先進国の各国を対象とするものを目指す。）
	・主張の異なる途上国や先進国が新しい枠組を受け入れるには何が必要だろうか。	T：発問する P：答える T：説明する		・われわれが互いに受け入れられる，二酸化炭素の排出を抑え温暖化を防止するための理由が必要。 ・（世界各国が正しいと共有できるような，地球環境を保護するための根本的な考え方が必要がある。）
b 自己の価値観の表現 0.5h	◎なぜわれわれが地球環境を保護しなければならないのか。	T：発問する P：自分の考え方をワークシートに書いて，発表する	⑯	・（形成してきた自己の価値観も踏まえ考える。） ・環境破壊はその国だけの問題に終わらないから。人類全体の生存が危機に陥るから。 ・（すなわち地球は閉じた，有限な世界といえる。このことから地球全体のことを考えないといけなくなる。このような考え方は，地球全体主義という。） ・（これに対して，全体にとってマイナスになるのはわかっても，個々の利益を優先してしまうという考え方もある。例えば，先進国は豊かな生活を優先し，途上国は経済発展を止めないのではないか。）

	・それでも地球環境を保護すべき理由は何だろうか。	T：発問する P：答える T：説明する		・地球環境を保護しなければ，先進国の豊かな生活も途上国の経済発展もできないことになる。 ・（この問題に対しては，アメリカのような先進国も中国や発展途上国も共有できる理由，考え方を自分達でつくらないといけない。）
c 自己の価値観を吟味・修正する学習の計画 1.0h	○今の自分の考え方を吟味し，必要なら修正するにはどうすればよいか。	T：発問する P：発表する T：提案する	⑰	・（今までの学習を踏まえて考えるとよい。） ・他生徒と話し合い，その考え方を手がかりにする。 ・他生徒と吟味し合う「他生徒との対話」だけでなく，自分達と異なる他者，専門的な視点を持つモデルとなる人物の考え方も手がかりにしてはどうか。
	・この問題に対しては，どのような人物モデルの考え方が手がかりになるだろう。	T：発問する P：発表する T：図を板書して提案する		・この問題に対し異なる視点や専門的視点を持つ人物モデルの考え方は例えば次のようになる。

板書例

〈地球環境の保護に対する考え方〉

学級内での考え方

途上国における環境問題に対する専門家の考え方　　地球は有限である　　先進国における環境問題に対する専門家の考え方

われわれは地球環境を保護するべき

・実際に環境問題に取り組み，考え方が社会的な評価（特に賛同）を得ている人物モデルの考え方がより手がかりになると考えられる。

			⑱	・途上国に関連しては，例えばアフリカの環境保護運動家，政治家，科学者で，ノーベル平和賞（2004年）も受賞しているワンガリ・マータイが考えられる。
			⑲	・また先進国に関しては，例えばアメリカの環境保護運動家であり，科学者であり，その著書（『沈黙の春』）も著名なレイチェル・カーソンが考えられる。
	・これらの人物モデルのことを，どのように手がかりにすればよいだろうか。	T：発問する P：話し合う T：提案する	⑳	・人物モデル達の環境保護に対する考え方（価値観）や，さらにはその生き方についても調べよう。 ・調べたことは発表し質問し合い，よく理解しよう。 ・（人物モデルたちの環境保護に対する考え方は比較してみると，それぞれの特徴がより理解できる。） ・（人物モデルの考え方等について，手がかりになると考えられる点は受け入れ，必要ならば自分の考え方を修正しよう。）
			㉑	・（すなわち人物モデルと対話（「人物との対話」）をしてみよう。）
d の ① 人物との対話・人物の価値観の理解 2.0h	○マータイは地球環境の保護に関連して，どのような生き方をしたのだろうか。	T：発問する P：調べる P：発表する	⑱ ㉒	・（自伝，記事，HP等の資料を調べ，生涯の中でも特に環境保護と関連することを年譜にまとめよう。） ・例えば，アフリカの環境保護運動家，生物学博士，大学教授，政治家，国会議員，環境副大臣，ノーベル平和賞受賞者。NGO「グリーンベルト運動」を展開し，ケニア及びアフリカの森林再生と農村女性の社会参加や地位向上，雇用の創出に貢献した。日本の「もったいない」を世界に紹介した。
	・マータイの生き方で疑問を抱いたことは何だろうか。	T：発問する P：質問する P：説明する		〈質問すると予想される生徒からの疑問例〉 「なぜ生物学者を目指したのか。」「なぜグリーンベルト運動を行ったのか。」「なぜ，ノーベル平和賞を受賞したのか。」等。 ・（出た疑問点は分担して，年譜，自伝，記事，HP等から調べよう。発表し合い，よく理解しよう。）

228　第2部　市民的資質を育成する「倫理」カリキュラムの開発研究

〈疑問例〉 ・なぜグリーンベルト運動を行ったのだろうか。	P：発表する	・市民組織で行われた生物の多様性の議論に興味を持ったから。 ・土壌の浸食，草の減少や痩せた牛，不作による栄養不良の人々を見たから。 ・女性たちが継承してきたとされる農村部の樹木を次世代に引き継ぎたかったから。 ・環境悪化により，農村部の女性や子ども，国全体が貧困等に苦しんでいることに気付いたから。 ・その問題の実現可能な解決策を求めたから。 ・父も自分の土地に木を沢山植えたから，等。
〈疑問例〉 ・なぜノーベル平和賞を授与されたのだろうか。	P：発表する	・民主主義を追求するアフリカ人のインスピレーションや女性の勇気の源だから。 ・アフリカ人の考え方を代弁でき，大陸の平和と生活の改善を推進できると考えられたから。 ・総合的なアプローチにより，持続可能な開発を目指してきたから。 ・科学と社会参画と政治を結び付けたから。 ・グリーンベルト運動が，実現可能な環境保護，社会・経済・文化的発展を推進したから，等。
○地球環境の保護に対してどのような考え方をしていたのだろうか。	T：発問する P：発表する T：説明する	・地球環境を保護するには，森林を保護し，砂漠化を防ぐ必要がある。 ・地球環境の保護は平和と密接に繋がっている。 ・（人間は環境について理解を深め，あきらめずに保護活動をする責任がある。） ・（市民が情報を得て，問題意識を高め，具体的に行動すれば，持続可能な開発は可能である。）

・学級の他生徒の発表に対し疑問に思うことを質問しよう。	T：発問する P：質問する P：回答する		〈質問例〉 ・なぜ環境を保護すべきと考えたのか。 〈回答例〉 ・現在及び将来の人間（特にアフリカ農村部の女性や子ども）の生活のため。持続可能な開発のために，保護するべきと考えた。
○カーソンは地球環境の保護に関連して，どのような生き方をしたのだろうか。	T：発問する P：調べる	⑲ ㉓	・（自伝，記事，HP等の資料を調べ，生涯の中でも特に環境保護と関連することを年譜にまとめよう。） ・自然保護を訴えたアメリカの自然科学者。政府の魚類・野生生物局を退職後，作家として多数のベストセラーを出版。重病を押して著し，化学物質による環境汚染の重大性を初めて警告した『沈黙の春』は150万部を超え，20数カ国語に翻訳された。アメリカ国内では記念切手も発行された。「海の伝記作家」とも呼ばれる，等。
・カーソンの生き方で疑問を抱いたことは何だろうか。	T：発問する P：質問する T：説明する		〈質問すると予想される生徒からの疑問例〉 ・「なぜ大学での専攻を英文学から動物学に変更したのか。」「なぜ魚類・野生生物局を退職したのか。」「なぜ重病の中を『沈黙の春』を執筆したのか。」等。 ・（出てきた疑問点は分担し年譜，自伝，記事，HP等から調べよう。発表し合い，よく理解しよう。）
〈疑問例〉 ・なぜ大学の専攻を動物学に変更したのか。	P：発表する		・生物学は，自分が関心を抱いている自然を観察するだけでなく，理解できることがわかったから，等。
〈疑問例〉 ・なぜ魚類・野生生物局を退職したのか。	P：発表する		・著作に専念するため。 ・政府内部にいるよりも外部に出た方が，信念に基づいた仕事が多く出来ると考えたから，等。

230 第2部 市民的資質を育成する「倫理」カリキュラムの開発研究

	〈疑問例〉 ・なぜ重病を押して『沈黙の春』を執筆したのか。	P：発表する	・地球や生命に対して人間が行っていることを告発するために多大な貢献ができると考えたから。 ・調べ上げた情報にもとづいた内容だから，等。
	○カーソンは，地球環境の保護に対してどのような考え方をしたのか。	T：発問する P：発表する T：説明する	・生命と自然は生態系を作り相互依存している。 ・現代人は，自然が自らの生活の役立つために存在すると考え，征服しようと思い上がっている。 ・人間も生態系の一部で，環境に支配されることを受け入れ，環境汚染の問題に責任を持つべき。 ・（人間が有害な物質を自然環境に放出すれば，他の生物，めぐって人間にも厄介な問題をもたらす。）
	・学級の他生徒の発表に対し疑問に思うことを質問しよう。	T：発問する P：質問する P：回答する	〈疑問例〉 ・カーソンは，なぜ環境を保護するべきだと考えたのだろうか。 〈回答例〉 ・相互依存している現在及び未来の人間，動物，植物のために保護するべき。なお自然を保護することは人間のためでもある。
dの① 人物との対話・人物の価値観の比較 1.0h	○マータイとカーソンの環境の保護に対する考え方の特徴は何だろうか。	T：発問する P：発表する P：表にして比較する	・（二人の人物モデルの環境保護に対する考え方について表に整理して比較すると，共通点や相違点がより理解できる。）

板書例

〈マータイとカーソンの地球環境の保護に対する考え方（価値観）の比較〉

ワンガリ・マータイ	人物モデル	レイチェル・カーソン
現在の人間（貧困にあるアフリカ農村部の女性や子ども），未来の人間のために持続可能な開発をすべき。（世代間倫理） 環境保護は平和とも密接に関係する。	地球環境保護に対する考え方（価値観）	人間だけでなく，地球上でともに生態系を作り相互依存している動物や植物のために保護するべき。（自然中心主義） 自然の保護は人間のためにもなる。

第9章　現代の文化構造における倫理的問題を考える単元開発　　231

	・二人の考え方を よく理解して， 自分の考え方で 修正したいこと は何だろうか。	T：発問する P：発表する	⑯	・これまでの地球全体主義の考え方だけ では，先進国や途上国が自分たちの利 益追求を優先してしまうと考えられた が，これらの考え方を加えれば，共有 されやすいものになるだろう，等。
d の ② 他 生 徒 と の 対 話 1.0h	○マータイやカー ソンの考え方を 取り入れて，自 分の考え方を修 正するとどうな るだろうか。	T：発問する P：考え方を修 正する P：発表する	⑯	・特に修正したことはない。 ・マータイの考え方を受け入れて修正し た。 ・カーソンの考え方を受け入れて修正し た。 ・マータイとカーソン両方の考え方を受 け入れて修正した。
	・他生徒の発表を 聞き疑問はない か。また自分の 考え方で修正し たいことは何か。	T：発問する P：質問する P：応答する T：説明する	⑯	・お互いに，まだ矛盾している点があ る，等。 ・（学級の他生徒が発表した考え方につ いて正当である（正しく，矛盾なく，広 く当てはまる）と考えられることは受 け入れて，自分の考え方をさらに修正 できる。）
e 修 正 し た 自 己 の 価 値 観 の 表 現 1.0h	◎なぜわれわれ が地球環境を 保護しなけれ ばならないの か。	T：発問する P：発表する T：図式化し板 書する	⑯	・（人物モデルを手がかりにして修正し た互いの考え方は図式化することでよ り理解できる。）

板書例

〈地球環境の保護に対する学級の他生徒の考え方〉

（マータイ）　　　　　　（当初の自分たち）　　　　　（カーソン）
現在の人間だけでなく，未　　地球は有限であり閉じ　　人類だけでなく，地球でと
来の世代の生も守るべきだ　　た世界だから　　　　　もに生態系を存つくる動植
から　　　　　　　　　　　　　　　　　　　　　　　物も守るべきだから

われわれは地球環境を保護するべき

われわれは温暖化防止等に取り組まなければならない

		P：考え方をま とめる	⑯	・（図式にまとめた他生徒の考え方を手 がかりにして，自分の考え方をワーク シートにまとめればよい。）

232　第2部　市民的資質を育成する「倫理」カリキュラムの開発研究

f 自己の価値観についての評価	・当初の自分の考え方を，どのように修正したのか。	T：発問する P：発表する P：評価する	⑯	・当初の自分の考え方と比べて，はっきりしていなかった点や，矛盾している点などを書き加えた。 ・今回の学習を通して修正したことがある。 ・修正したことはない。等。
	・今回の学習について計画や実際の進め方は適切に行えたか。	T：発問する P：評価する		・適切に行えた。質問に適切に応答出来た。 ・適切に行えなかった。資料が不足した。等。
1.0h	・今回の問題とそれに対する自分の考え方について，残った疑問は何か。	T：発問する P：発表する		・いつまでの未来世代の生存を守ればよいだろうか。 ・いかなる動物，植物までを守るべきか。 ・いかに世界のエネルギー規制をすればよいだろうか。 ・われわれは原子力発電を続けてもよいか。等。

【資料】①記事「遅れる原発再稼働電気料金は2割上昇」日本経済新聞社（電子版），2014年7月21日付．②記事「社説：電力の再値上げ許されない問題先送り」毎日新聞社，2014年8月2日付．③記事「大飯再稼働，差し止め命じる生存と電気代，同列許さず」朝日新聞社，2014年5月22日付．④パンフレット『原子力規制委員会』（http：//www.nsr.go.jp/，2014年8月27日確認）．⑤『エネルギー基本計画平成26年4月』（http：//www.meti.go.jp/，2014年8月27日確認）．⑥記事「トルコ原発受注，三菱重工など正式合意安部首相，輸出推進を強調」産経新聞社，2013年10月30日．⑦記事「原発新設，新興国で続く」日本経済新聞社，2014年5月19日付．⑧記事「日本の気温，最大6.4度上昇今世紀末試算温室ガス排出増で」朝日新聞社，2014年3月18日付．⑨パンフレット『STOPTHE温暖化2012』環境省．⑩「京都議定書の概要」国立環境研究所HP（http：//www.nies.go.jp/，2013年3月28日確認）．⑪「気候変動枠組みの概要」環境省HP（http：//www.env.go.jp/，2013年3月28日確認）．⑫「テーマから学ぶ環境問題リオ＋20」NHKHP（http：//www.nhk.or.jp/，2013年3月28日確認）．⑬記事「京都議定書：日本温室ガス8.2％減で目標値達成」毎日新聞社，2013年11月19日付．⑭外務省「京都議定書に関する日本の立場」外務省HP（http：//www.mofa.go.jp/，2013年3月28日確認）．⑮記事「半歩進んだ国連温暖化交渉」日本経済新聞社，2013年11月26日付．⑯ワークシート．⑰アンソニー・ウエストン『ここからはじまる倫理』春秋社，2004年，p.45．⑱ワンガリ・マータイ『モッタイナイで地球は緑になる』木楽舎，2005年．⑲レイチェル・カーソン『沈黙の春』新潮社，1974年．⑳河野真『人生の探究としての倫理学』以文社，1976年．㉑マイケル・サンデル『これからの「正義」の話をしよう』早川書房，2011年，p.53．㉒マータイに関する資料：マータイ年譜．ワンガリ・マータイ『へこたれない』小学館，2007年，pp.116，193-202，221-225，234．マータイ前掲書⑱，pp.6-8，10-14，61，131，136．㉓カーソンに関する資料：カーソン年譜．リンダ・リア『レイチェル』東京書籍，2002年，pp.68-71，221，223，225，229，235，343-344，470，517，564．上遠恵子『レイチェル・カーソンその生涯』かもがわ出版，1993年，pp.50，55．カーソン前掲書⑲，pp.6，7，10，381-382．レイチェル・カーソン『失われた森』集英社，2009年，pp.221-228，316-317，332-336．

第 9 章 現代の文化構造における倫理的問題を考える単元開発 233

［註］

1）石原純「公民科における生命倫理問題の授業構成」全国社会科教育学会『社会科研究』第 55 号，2001 年，p.31.

2）同論文，p.40.

3）石原純「高等学校公民科における生命倫理の授業開発—ダリル・メイサーの生命倫理教育プロジェクトを手がかりとして—」社会系教科教育学会『社会系教科教育学研究』第 18 号，2006 年，pp.107-114. また石原は，日本の生命倫理教育の課題として「①生命倫理を個人の問題にのみ閉じこめず社会的な関与を保障する，②相対主義的な結論に陥らず議論を継続させる」ことをあげる。（同論文，p.114.）

4）行壽浩司「公民科『倫理』における価値判断力の育成—エンハンスメント問題に焦点を当てて—」社会系教科教育学会『社会系教科教育学研究』第 24 号，2012 年，pp.91-100 参照.

5）同論文，pp.93-99 参照.

6）越智貢他編『岩波応用倫理学講義 1 生命』岩波書店，2004 年，p.11.

7）越智貢他編，同書，pp.11-14，pp.44-45. 西川伸一『痛快！人体再生学』集英社インターナショナル，2003 年，p.154，pp.169-171 参照.

8）応用倫理学としての生命倫理は，生命科学と医療における人間の行為を道徳的な価値と原理の見地から検討する。（川本隆史『現代倫理学の冒険』創文社，1995 年，p.112.）長寿化による倫理的問題について，生命倫理の見地から取り上げた文献には，レオン・R・カス『生命操作は人を幸せにするのか』日本教文社，2005 年. 越智貢他編，同書. 児玉聡『マンガで学ぶ生命倫理』化学同人，2013 年. 生命科学や医療の見地からは，帯刀益夫，杉本正信『細胞寿命を乗り越える』岩波書店，2009 年. 西川伸一，同書 等.

9）記事「健康長寿，経済をけん引 首相が成長戦略表明」日本経済新聞（電子版），2013 年 4 月 20 日付. 今日，再生医療が経済にもたらす効果にも注目が集まっている。（西川伸一，同書，pp.182-183.）

10）帯刀益夫，杉本正信，前掲書 8），pp.114-118.

11）児玉聡，前掲書 8），pp.112-115. 徳永哲也他『福祉と人間の考え方』ナカニシヤ出版，2007 年，pp.144-146.

12）西川伸一，前掲書 7），p.169. 東嶋和子『人体再生に挑む』講談社，2010 年，p.200.

13）山中伸弥，緑慎也『山中伸弥先生に，人生と iPS 細胞について聞いてみた』講談社，2012 年. 山中伸弥，畑中正一『ひろがる人類の夢 iPS 細胞ができた！』集英社，2008 年. 山中伸弥監修，京都大学 iPS 細胞研究所編著『iPS 細胞の世界未来を拓く

234 第2部 市民的資質を育成する「倫理」カリキュラムの開発研究

最先端生命科学』日刊工業新聞社, 2013年 他参照. 日野原重明『生の選択 水平の世界・垂直の世界』YMCA出版, 1981年. 日野原重明『いのちの終末どう生きるか』春秋社, 1987年. 日野原重明『延命の医学から生命を与えるケアへ』医学書院, 1983年. 日野原重明, 片寄斗史子『「与」命』小学館, 2013年 他参照.

14) NHKスペシャル取材班編著『生命の未来を変えた男 山中伸弥・iPS細胞革命』文藝春秋, 2011年, pp.175-193.

15) シンポジウム「iPS細胞と私たちの未来」日本未来館HP（http：//www.mirai-kan.jst.go.jp/, 2013年11月3日確認済）. 日野原重明『健やかないのちのデザイン』春秋社, 1986年.

16) 本単元は, その一部分を, 2014年2月に広島県立三次高等学校の第2学年公民科「現代社会」（指導者：大平剛生教諭）で実践（3単位時間）して頂き, それをもとに修正し改善した.

17) 吉村功太郎「市民性の育成をめざす社会科授業の開発―公共性を視点に―」社会系教科教育学会『社会系教科教育学研究』第17号, 2005年, pp.61-70. 高橋朝子「情報科の進展と市民生活」全国公民科・社会科教育研究会編『高等学校公民科 指導と評価―課題追究学習をどう展開・評価するか―』清水書院, 2003年, pp.100-103. 他に, 工藤文三「情報化社会と"うわさ"」東京都高等学校倫理・社会研究会編『公民科「倫理」の指導内容の展開』清水書院, 1992年, pp.152-155. 亀田文保「情報化社会と大衆化社会―現代社会の隠喩としての『蠅の王』―」東京都高等学校倫理・社会研究会編『公民科「倫理」「現代社会」教材化の研究』東京書籍, 1994年, pp.64-66. さらに, 大谷いづみ「高等学校公民科『倫理』におけるカルト対策授業の試み―『自分探し』に着目して―」日本社会科教育学会『社会科教育研究』№. 87, 2002年, pp.64-74. ここでも「カルト」によるマインド・コントロールを取り上げ「情報に対する主体的態度」について考えさせている.

18) 吉村功太郎, 同論文, pp.65-68 参照.

19) 高橋朝子, 同書, pp.100-103 参照.

20) 見田宗介『現代社会の理論』岩波書店, 1996年, pp.159, 165-171.

21) 長友敬一『現代の倫理的問題』ナカニシヤ出版, 2010年, pp.261-265.

22) 加藤尚武, 松山壽一編『現代世界と倫理 改訂版』晃洋書房, 1996年, pp.132-139.

23) 大庭健他編『現代倫理学事典』弘文堂, 2006年, p.441.

24) 長友敬一, 前掲書21), p.279. 加藤尚武, 松山壽一編, 前掲書22), p.146. なお, 「情報とは何か」という問いに対しては, 「自体的な価値」（情報それ自体が興味深

く価値を持っている），「手段的な価値」（情報を使うことで利益を得たり，危険を回避したりできる）を持つという答えがある。（加藤尚武『応用倫理学入門』晃洋書房，2001 年，pp.125-126.）

25）東浩紀他編『ised　情報社会の倫理と設計』河出書房新社，2010 年，pp.34-35. L．レッシグ著，山形浩生訳『コモンズ―ネット上の所有権強化は技術革新を殺す』翔泳社，2001 年，pp.28-30. 久保田裕『情報モラル宣言』ダイヤモンド社，2006 年，pp.162-163. 越智貢編『情報倫理学入門』ナカニシヤ出版，2004 年，pp.234-236. 水谷雅彦『情報の倫理学』丸善，2003 年，pp.153-155, 157 参照.

26）村田潔編『情報倫理』有斐閣，2004 年，pp.74-75, 112. L．レッシグ著，山形浩生，柏木亮二訳『CODE―インターネットの合法・違法・プライバシー―』翔泳社，2001 年，pp.105, 155, 161. 渡部明他著『情報とメディアの倫理』ナカニシヤ出版，2008 年，pp.56-60. 水谷雅彦編『岩波応用倫理学講義 3　情報』岩波書店，2005 年，pp.43-52 参照.

27）井上篤夫『事を成す　孫正義の新 30 年ビジョン』実業之日本社，2010 年. 佐野眞一『あんぽん』小学館，2012 年. 佐々木俊尚，孫正義『決闘　ネット「光の道」革命』文藝春秋，2010 年. 村上龍『カンブリア宮殿［特別版］村上龍×孫正義』日本経済新聞出版社，2010 年. 井上篤夫『志高く　孫正義正伝　完全版』実業之日本社，2010 年 他参照.

28）D．カークパトリック著，滑川海彦，高橋信夫訳『フェイスブック　若き天才の野望』日経 BP 社，2011 年. B．メズリック著，夏目大訳『facebook 世界最大の SNS でビル・ゲイツに迫る男』青志社，2010 年. 桑原晃弥『フェイスブックをつくったザッカーバーグの仕事術』幻冬舎，2012 年. S．ドビニク著，熊谷玲美訳，熊坂仁美監修『時代をきりひらく IT 企業と創設者たち 1 Facebook をつくったマーク・ザッカーバーグ』岩崎書店，2013 年 他参照.

29）本単元は，その一部分を，2013 年 12 月と 2014 年 1 月に広島経済大学の授業「公民科教育法」で実践（6 単位時間相当）し，それをもとに修正し改善した。

30）加藤尚武，前掲書24）. 山内廣隆他著『環境倫理の新展開』ナカニシヤ出版，2007 年 他参照.

31）加藤尚武『哲学原理の転換』未來社，2012 年，p.30 他参照。

32）拙稿「倫理的問題に対する価値観を形成する『倫理』の学習―ソクラテスとプラトンの『人物研究』を取り入れた民主主義の学習を事例に―」日本社会科教育学会『社会科教育研究』№ 120，2013 年，p.22 参照.

33）東京都高等学校倫理・社会研究会編『公民科「倫理」「現代社会」教材化の研究』

236　第2部　市民的資質を育成する「倫理」カリキュラムの開発研究

東京書籍，1992年，pp.300-302.

34）加藤尚武『環境倫理学のすすめ』丸善，1991年，pp.1-12.

35）石川照子「価値分析力を育成する社会科の授業―白神山地の入山規制問題―」社会系教科教育学会『社会系教科教育学研究』第14号，2002年，pp.9-16.

36）大杉昭英「環境学習の社会科授業」社会認識教育学会編『社会認識教育の構造改革』明治図書，2006年，pp.164-174.

37）島薗進『倫理良書を読む』弘文堂，2014年，p.2．加藤尚武，前掲書34），p.ⅲ　参照.

38）加藤尚武，前掲書34），p.ⅳ．山内廣隆他著『環境倫理の新展開』ナカニシヤ出版，2007年，p.159．徳永哲也『ベーシック生命・環境倫理』世界思想社，2013年，pp.127-133　他参照.

39）浅見昇吾・盛永審一郎編『教養としての応用倫理学』丸善出版，2013年，p.ⅲ．徳永哲也，同書，p.11　参照。

40）W．マータイ著，福岡伸一訳『モッタイナイで地球は緑になる』木楽舎，2005年，pp.6-8，10-14，61，131，136．W．マータイ著，小池百合子訳『へこたれない』小学館，2007年，pp.116，193-202，221-225，234．R．カーソン著，青樹簗一訳『沈黙の春』新潮社，1974年．pp.6-10，381-382．R．カーソン著，上遠恵子訳『センス・オブ・ワンダー』新潮社，1996年．R．カーソン著，L．リア編，古草秀子訳『レイチェル・カーソン遺稿集　失われた森』集英社，2009年，pp.221-228，268，290，312-317，332，335-336．L．リア著『レイチェル』東京書籍，2002年，pp.68-71，221-229，235，343-344，470，517，564．上遠恵子『レイチェル・カーソンその生涯』かもがわ出版，1993年，pp.50，55．多田満『レイチェル・カーソンに学ぶ環境問題』東京大学出版会，2011年，pp.2-3，22-23，79-80，115-125．加藤尚武，前掲書24），pp.75-78　他参照.

41）長友敬一，前掲書21），p.203　参照.

42）本単元は，その一部分を，2013年3月に広島県立三次高等学校の第2学年公民科「現代社会」（指導者：大平剛生教諭）で実践（3単位時間）して頂き，それをもとに修正し改善した。

第10章　現代社会の倫理的問題に対する自己の価値観を形成する単元開発

第10章では，生徒が，これまでの単元を通して形成してきた現代社会の倫理的諸問題の認識及び自己の価値観を基に，学習を進めるために，今日の社会で深刻かつ，自らにとっても切実な科学・技術に関する倫理的問題を取り上げた単元「オバマとアインシュタインの呼びかけ―倫理的問題に対する自己の価値観を形成する―」を開発していく。

第1節　単元「オバマとアインシュタインの呼びかけ ―倫理的問題に対する自己の価値観を形成する―」の開発

1　単元の基本的な考え方

(1) 教材としての倫理的問題

本単元では，これまで学習してきた現代社会の倫理的問題とも深く関連している問題について考えていく。なぜなら，本単元が「倫理」の年間カリキュラムの中で終結部に相当しており，これまでと同様に，問題に対する手がかりを他者の価値観から得るだけでなく，これまで各単元ごとに吟味や修正（すなわち形成）を繰り返してきた自己の価値観を総動員して考え，ここでの学習を経て，それらをよく統合ないしは体制化できると考えられるからである[1]。

そこで具体的には，これまでの倫理的諸問題の中でも，文化構造における諸問題の基本となっており，今日の社会構造とも深く関わっていると考えられる科学・技術に関する倫理的問題（現代の急速な科学・技術の進歩，発展によ

238　第2部　市民的資質を育成する「倫理」カリキュラムの開発研究

って現れた倫理的問題）について考えていく[2]。

　科学・技術の問題が倫理的問題として大きく取り上げられるようになったのは，今世紀後半の「核時代の到来」によるとされる[3]。なぜなら，エネルギー公式の発見とそれによる原子力エネルギーの登場により，人類はもう核の脅威から逃れられなくなったからだと考えられる[4]。例えば，核兵器により人類が滅亡する危機が生じている[5]。原子力発電所の核廃棄物は，「千年後の人に被害を与える可能性」を持つ[6]。また，「生活エネルギーとして不自然」だという根本的な問題も抱えている。（なぜなら原子力は本質的に質量がエネルギーに還元されたものだからである[7]。）さらに，人類唯一の被爆国が自ら被曝してしまうという悲劇も起きてしまった[8]。こうした核兵器の危険性，放射線の危害，科学者の社会的責任について討議を行った第1回パグウォッシュ会議（1957年）では，今日の科学者には法則の発見だけでなく，それによる「善悪両面の影響の評価」等も必要だとされた[9]。また，科学の利用の方向性を決めるのは，直接には政治家，間接には世論だと捉えられた[10]。

　これらを踏まえて，科学・技術に関する倫理的問題として原子力エネルギーや核兵器について見ると，「原子力エネルギーとどう関わっていくべきか。」，「核兵器の保有は認められるか。」等の問題があると考えられる。特に「原子爆弾という殺戮兵器への原子力エネルギーの応用は技術の最も負の利用」だと考えられる[11]。戦後，世界の科学者たちの議論（ラッセル・アインシュタイン宣言とパグウォッシュ会議）で大きな課題となったのも，「核戦争による人類絶滅の回避」であった[12]。にもかかわらず今日，なお核兵器の開発と保有を各国が続けている背景には，核抑止論があると考えられている[13]。

　以上のように，「環境という共同の運命」を担い「平和という条件のなかでしか生きられない」はずの人類が，それゆえに「実際に使えないほどの『究極兵器』」とまで考えられるようになった核兵器の保有をこれからどうしていくべきかという問題は，生徒にとっても切実なことだと考えられる[14]。

（2）教材としての人物モデル

こうした核兵器の状況に対し，今日考えられている人類としての立場（構え）としては，「戦争のあるところ必ず核兵器による人類絶滅の危機が存在する」から，「自衛のための戦争を含むあらゆる戦争を否定する」[15] という絶対的な平和主義と，核軍縮のために技術的検証，政治協定，国際的安全保障措置などを結合して，「粘り強い現実的対応」が必要だとする立場とがある[16]。これらは，前者を「哲学者」としての，また後者を「政治家」としての構えと捉えることもできよう[17]。

また，戦争そのものに対する立場として，「絶対的平和主義，戦争限定主義，無差別主義」の3つが考えられている[18]。この中では特に「戦争限定主義」として，「正義の戦争」ないしは「正戦論」という考え方が古くからあった[19]。ただし，この考え方では戦争のルールに合致，すなわち合法的であれば殺し合いをしてもよいことになる。したがって，戦争について倫理的に考える場合の選択肢，手がかりとして，「絶対的平和主義を排除することはできない」と考えられるのである[20]。

このような核兵器及び戦争に対する今日の考え方や倫理，そこに含まれている価値を合わせ持ち，現代社会において核兵器保有の問題に対峙してきた人物モデルとしては例えば，バラク・オバマとアルベルト・アインシュタインが考えられる。考え方に相違点はあるものの，基本的には核兵器に反対してきた2人のことは，「ノーベル平和賞受賞者　ヒロシマ・ナガサキ宣言」（2009年5月）でも取り上げられており，世界の指導者や人類は，彼らの呼びかけないしは警鐘に応えることが求められている[21]。

オバマは，大量の核兵器を保有しているアメリカの大統領だが，「プラハ演説」（2009年4月）で「核なき世界へ」と訴えた。（同年12月にノーベル平和賞を受賞した。）核兵器を唯一使用し，いまだ保有している国として道徳的責任があるとしながらも，悪がある限り平和のための戦争は必要であり，われわれは正義を追求すべきだとする。ただし，戦争を遂行する必要がある場合

は，核兵器の拡散を認めず，その役割を縮小しようと考えるが，核兵器が存在する限り，アメリカも保有し続けるとする[22]。このように，オバマは政治家として，核軍縮への粘り強い現実的対応を訴えるとともに，背景に正義のための戦争を認める考え方（正戦論）を持っていると考えられる。

一方のアインシュタインは，物理学者であり一般相対性理論を発表し，核エネルギーの研究も行った。（1921年にノーベル物理学賞を受賞した。）晩年には核兵器反対を訴えた。

ユダヤ人であり，ドイツを離れアメリカに渡ったアインシュタインは，第二次世界大戦中に，彼による質量とエネルギーの等価性のことを，ドイツが軍事的に応用する危険性について示唆するルーズベルト大統領宛の書簡に署名した。その後のアメリカによる原子爆弾開発には直接関与しなかったとされるが，日本への原爆投下に対して自責の念を持った。

戦後は，核兵器製造に関与した科学者として，警鐘を鳴らし続ける責任があると考え，世界が核兵器を放棄し平和を勝ち取るための社会的な活動（「ラッセル＝アインシュタイン宣言」（1955年）やパグウォッシュ会議への参画等）を展開した。そして核兵器の放棄だけでなく，それにつながる軍備の全面的削減，戦争そのものの廃絶を訴え続けたのである。われわれは暴力に訴えるのではなく，幸福と知恵の進歩を追求すべきだとした。アインシュタインはこのように，優れた科学者であるとともに，絶対的な平和主義を訴え活動する「思想家」でもあったと考えることができる[23]。

このような2人の価値観やその生き方は，生徒が，今日の科学・技術に関する倫理的問題（「核兵器の保有は認められるか。」）に対する自己の価値観を吟味したり，修正したりする重要な手がかりになると考えられる。

第10章　現代社会の倫理的問題に対する自己の価値観を形成する単元開発　　241

2　単元目標

（1）倫理的諸問題に対する自己の価値観を形成する意欲を持つことができる。
（2）自分たちの立てた年間の学習計画と，それに基づいて倫理的諸問題に対する自己の価値観を形成してきたこととを評価できる。
（3）現代社会の問題を調べ，自己にとって特に重要と考える倫理的問題を見つけ出すことができる。
（4）特に重要と考える倫理的問題に対する手がかりとなる人物モデルの生き方や考え方を資料を活用して調べることができる。
（5）特に重要と考える倫理的問題に対する自己の価値観を，他者との対話（人物研究及び学級の仲間との対話）を通して吟味し修正できる。
（6）特に重要な倫理的問題について理解できる。
（7）手がかりとなる人物モデル及び学級の仲間の考え方を理解できる。

3　展開計画（全15時間）

	教師の指示・発問	教授・学習活動	資料	予想される生徒の回答（生徒に獲得させたい知識）等
特に重要な倫理的問題の認識 1.5h	○自分たちにとっても深刻で切実な現代社会の倫理的問題を見つけよう。学習してきた問題や考え方を整理してみよう。	T：発問する T：黒板上で図に整理し，説明する P：整理する	① ②	・さまざまな問題を順に考えてきた。 ・（これまで「倫理」の学習では，様々な現代社会の問題のことを調べ，それらの根本にある倫理的問題を見つけ，自分たちのこととして考え，それに対する自己の価値観を吟味したり，修正したりしてきた。） ・（これまでの学習をもとに，現代社会と自分たちにとって特に深刻で切実な倫理的問題は何かを選び，それに対する自己の価値観を形成しよう。）

板書・ワークシートの例

〈現代社会の倫理的問題〉

生命に関する倫理的問題 「長寿化が進む社会で，医療をいかに活用して生きていけばよいか。」	情報に関する倫理的問題 「いかにインターネットの活用と規制をすればよいか。」	環境に関する倫理的問題 「なぜ地球環境を保護しなければならないのか。」

科学・技術に関する倫理的問題

民主主義に関する倫理的問題 「選んだ代表者が民主主義を廃止しようとしたらどうすべきか。」	資本主義に関する倫理的問題 「資本主義の中で，生産者も消費者も幸せになるには，どのような商品を生産すべきか。」

242 第2部 市民的資質を育成する「倫理」カリキュラムの開発研究

・自分たちにとって切実と考えられる現代社会の倫理的問題は何だろうか。	T：発問する P：答える T：説明する	① ②	・〈科学・技術に関する倫理的問題〉が大きい。現代社会には，科学・技術の急速な発達に伴い，様々な倫理的問題が生じていることがこれまでの学習からわかった。
・科学・技術に関する倫理的問題の中でも，特に深刻かつ切実なことは何か。	T：発問する P：調べ答える T：説明する	① ② ③	・核兵器の保有や核エネルギーの利用をどうすべきかという倫理的問題がある。 ・核兵器を保有している国がある。 ・世界の原子力発電開発は拡大している。 ・（「倫理」学習の始めの単元でも，これらの問題を最後に取り上げようと考えていた。）
・なぜ自分たちにとって切実な問題なのか。	T：発問する P：答える T：説明する		・かつてわが国は，広島や長崎が，核兵器による攻撃を受け甚大な被害を被ったから。 ・最近，わが国で原子力発電所の事故が起きて，様々な被害が続いているから。 ・（もし核兵器が使用されれば，明らかに科学・技術の負の利用と考えられるから。） ・（にもかかわらず核兵器を保有し続けている国があるから。）
・先ず，核兵器に関して考えよう。	T：指示する T：説明する		・（明らかに危険である核兵器を保有している問題について考えた後，これからの核エネルギーの利用について考えよう。）
・今日，核兵器が使用された場合，どのような被害が想定されているのだろうか。	T：発問する P：調べ答える	④	・もし使用されると，広島と長崎をはるかに上回る甚大な被害が想定されている。 ・核兵器による攻撃を受けた場合，現在の日本では対処しきれないと想定されている。
・核兵器はどこの国にどれだけ保有されているのだろうか。	T：発問する P：調べ答える T：説明する	③ ⑤	・核保有国，核保有が疑われる国，核開発国，核開発が疑われる国は10カ国。 ・（国連の安全保障理事会の常任理事国は全て保有国である。）

第10章　現代社会の倫理的問題に対する自己の価値観を形成する単元開発　　243

・核兵器の保有は禁じられていないのか。	T：発問する P：調べ答える T：説明する	⑤	・1970年に核不拡散条約（NPT）発効。190カ国が批准。五カ国以外の核保有を禁止し，核軍備縮小を進めようとするもの。 ・（なお，保有国は核兵器を持ち続けることができ，査察を受ける義務ない。） ・（また冷戦終結後，NPT未加入のインド・パキスタン，さらにイスラエルも保有したと考えられている。他に2003年，北朝鮮が条約からの脱退を宣言し核保有を認めた。）
・核兵器を削減，廃絶する取り組みはないのか。	T：発問する P：調べ答える T：説明する	⑤ ⑥	・1963年，部分的核実験停止条約（PTBT）が締結し，冷戦終結後，旧ソ連，イギリス，アメリカ，フランス，中国が地下核実験も停止した。 ・1963年，部分的核実験停止条約（PTBT）が締結し，冷戦終結後，旧ソ連，イギリス，アメリカ，フランス，中国が地下核実験も停止した。 ・1996年，爆発実験を禁止する包括的核実験禁止条約（CTBT）が採択されたが，アメリカ，イスラエル，中国，北朝鮮，インド，パキスタンなど9カ国が批准せず発効していない。 ・アメリカやロシアは臨界前核実験を実施してきた。 ・インド，パキスタン，北朝鮮は地下核実験を実施してきた。 ・5年ごとにNPT再検討会議が開かれ，核軍縮交渉が続いてきた。 ・（近年，保有国の核兵器削減ペースは鈍化し，非保有国からの批判がある。）
・なぜ，各国は核を保有し続けているのだろうか。	T：発問する P：調べ答える	⑤	・核抑止（相手に核兵器によって反撃をするという脅威を与えることで，核戦争あるいは核兵器の使用を抑止できる）という考え方に基づいて行動しているから。

244　第2部　市民的資質を育成する「倫理」カリキュラムの開発研究

| 自己の価値観の表現 1.0h | ◎核兵器の保有は仕方がないと，認められるか。 | T：発問する P：答える T：説明する | ① | ・（形成してきた自己の価値観も踏まえ考える。） ・仕方がない。認められる。対立国が持っていると，他の兵器では戦争を抑止できないから。 ・認められる。戦争を防止する目的は正しいから。 ・認められない。核兵器は必要以上の被害を与えるから。市民も無差別に被害を被るから。そして人類全体の破滅につながるから，等。 ・認められない。被爆の実態からは非人道的な兵器と考えられるから，等。 ・（これは，現代の科学・技術，特に核エネルギーの問題の根本となる倫理的問題である。） |
| | ・この倫理的問題に対する今の自分の考え方を図式に整理し，発表しよう。 | T：指示する P：図式にして，発表する T：黒板上で図式に整理する | ② | 〈科学・技術に関する倫理的問題「核兵器の保有は認められるか。」に対する今の自分の考え方の図式（ワークシート・板書）例〉 |

板書・ワークシートの例
〈今の自分の考え方〉

| 核兵器を使用した場合の被害は甚大だ。核兵器削減交渉はあまり進んでいない。 | → | 核兵器の保有は仕方がない。認められる。 |

対立国が保有を続けていると，他の兵器では戦争を抑止できないから。

板書・ワークシートの例
〈今の自分の考え方〉

| 核兵器を使用した場合の被害は甚大だ。核兵器削減交渉はあまり進んでいない。 | → | 核兵器の保有は認められない。 |

核兵器は必要以上の被害を与え，結局は人類の破滅につながるから。

第 10 章　現代社会の倫理的問題に対する自己の価値観を形成する単元開発　　245

	・お互いの考え方 （価値観）につい て疑問に思うこ とは何だろうか。	T：発問する P：疑問を出し 　　合う T：説明する		・（図式に整理したお互いの考え方（価 値観）を吟味する。） ・（図式の各パートの内容は妥当か。パ ート相互は整合しているかどうか。） 〈疑問例〉 ・認められるのなら，われわれは核兵器 の脅威から逃れられないことになるの ではないか。 ・認められないのなら，われわれはどう やって保有国の核を廃絶すればよいの か。
自己の価値観を修正する学習の計画 1.0h	○自分たちの考え 方をよりよくす るにはどうすれ ばよいか。 ・どのような人物 モデルが手がか りとなるだろう か。 ・この宣言では， 何が訴えられて いるか。	T：発問する P：答える P：答える T：発問する P：答える T：説明する T：発問する P：答える T：説明する	① ⑦ ⑦	・学級の仲間だけでなく，同様の問題に 向き合ってきたモデルとなる人物たち の考え方や生き方を手がかりにすれば よい。 ・（今までの学習を踏まえて考えるとよ い。） ・核エネルギーに関する研究をした科学 者や，核軍縮に取り組んだ政治家。 ・科学者には，ノーベル物理学賞を受賞 し，晩年は核兵器反対を訴えた日本の 湯川秀樹もいる。 ・政治家には，冷戦を終結させ，ノーベ ル平和賞を受賞した旧ソ連のゴルバチ ョフ大統領もいる。 ・特に平和や核軍縮に取り組んだ人々。 ノーベル平和賞受賞者。 ・（例えば2009年5月に，「ノーベル平和 賞受賞者ヒロシマ・ナガサキ宣言」で 核兵器廃絶を訴えたノーベル平和賞受 賞者たち17人がいる。） ・オバマ米大統領による呼びかけに賛同 して，核軍縮，核廃絶を訴えている。 ・NPT があるにも関わらず，核廃絶が 前進せず，保有国が核兵器を威圧的に 利用し続け，他の国が核兵器の生産を 求めている問題があるとする。 ・アインシュタインの警告を受け入れる べきと訴えている。

246　第2部　市民的資質を育成する「倫理」カリキュラムの開発研究

			⑧	・（オバマは，大量の核兵器を保有しているアメリカの大統領だが，2009年4月に「プラハ演説」で「核なき世界へ」と訴えた。同年12月にはノーベル平和賞を受賞した。）
			⑨	・（アインシュタインは，1921年にノーベル物理学賞を受賞した。核エネルギーの研究もした。晩年に核兵器反対を訴えた。）
	・では，この2人の人物モデルのことを，どのように手がかりにすればよいだろうか。	T：発問する P：計画する		・問題に関する人物たちの生き方や考え方について分担してよく調べよう。 ・調べたことを発表し，疑問を出し合い，よく理解しよう。 ・人物モデルたちの考え方を共通点や相違点に整理し比較しよう。 ・よく理解したことの中から，手がかりとなる点は受け入れ（摂取して），自分の考え方を修正していく，すなわち対話をしよう。
人物との対話・人物の価値観の理解 2.0h	○オバマやアインシュタインは，核兵器の保有に関連して，どのような生き方や考え方をしてきただろうか。	T：発問する P：班で分担し調べる	⑧ ⑨ ⑩ ⑪ 等	・より手がかりになると考える人物モデルの方を調べよう。 ・（学習班（4人以上）の中で分担，協力して両方の人物モデルのことを調べよう。）
	・オバマとアインシュタインそれぞれの核兵器の保有に関する生き方について調べたことを発表しよう。	T：指示する P：班で発表する		・（同じ人物モデルのことを調べた班の仲間は協力して発表し，残る班の仲間の質問に答えることでより理解できる。）
	・お互いの発表に対して疑問に思うことを質問しよう。	T：指示する P：班で質疑応答する		〈オバマの生き方についての質問例〉 ・なぜ「コミュニティ・オーガナイザー」になろうと決意したのか。 ・弁護士としてどのような活動をしたのか，等。

第10章　現代社会の倫理的問題に対する自己の価値観を形成する単元開発　247

				〈アインシュタインの生き方についての質問例〉 ・なぜ大統領に，核分裂の研究を加速するよう訴えたのか。 ・原爆投下のことをどう受け止めたのか。 ・第二次大戦後はどのような活動をしたのか，等。
	・オバマとアインシュタインの核保有に関する考え方について調べたことを発表しよう。	T：発問する P：班で発表する		・(同じ人物モデルのことを調べた班の仲間は協力して発表し，残る班の仲間の質問に答えることでより理解できる。)
	・お互いの発表に対して疑問に思うことを質問しよう。	T：指示する P：班で質疑応答する		〈オバマの考え方についての質問例〉 ・なぜ核兵器のない世界を求めるのか。 ・なぜ大量の核兵器を保有し続けるのか。 ・なぜ戦争することを認めるのか，等。 〈アインシュタインの考え方についての質問例〉 ・なぜ核兵器の製造に関与しながら，廃絶を求めるのか。 ・なぜ軍備を全面的に削減すべきというのか。 ・なぜ戦争を認めないのか，等。
人物との対話・人物の価値観の理解 1.0h	○オバマとアインシュタインの核保有に関する考え方の特徴は何だろうか。	T：発問する P：発表する T：黒板上で表に整理し，比較する	②	・(他の班による発表内容も含めて，表に整理し比較すると，人物モデルたちの考え方の共通点や相違点がよく理解できる。) ・(問題に対する人物モデルたちの考え方は，自己の責任を重く受け止め，従来の核抑止の考え方（現実主義）とは異なる，核を保有しない平和な世界を目指す点で共通している。) ・(あらゆる戦争を否定する（平和主義）か正しい戦争は認める（正戦論）かという根本的相違がある。)

248　第2部　市民的資質を育成する「倫理」カリキュラムの開発研究

板書・ワークシートの例

〈オバマとアインシュタインの核兵器の保有に関する考え方の比較表〉

大統領バラク・オバマ		科学者アルベルト・アインシュタイン
・核兵器のない平和な世界を求める。 ・核兵器を唯一使用した保有国として道徳的責任がある。	共通点	・核兵器を放棄し平和を勝ち取る。 ・核兵器製造に関与した科学者として警鐘を鳴らし続ける責任がある。
・核兵器拡散を認めない。 ・核兵器の役割を縮小する。 ・核兵器が存在する限り保有を維持し続ける。 ・世界の安全を守らねばならない。 ・悪がある限り平和のために戦う戦争は必要である。（正戦論） ・自国や加盟国を守る自衛権はある。 ・正義を追求すべき。	相違点	・核保有が続けば平和の保障はない。 ・核兵器だけでなく，軍備の全面的削減，戦争の廃絶が必要である。 ・戦争が起これば核兵器は造られる。 ・戦争は国際協力を阻む障害で文化を創造するための条件を破壊する。 ・暴力に訴えたり，権力をカサに着ることは良くない。（平和主義） ・幸福と知恵の進歩を追求すべき。

・核保有について，オバマとアインシュタインであれば，どのような考え方を説くだろうか。

T：発問する
P：人物モデルの考え方を図式化する
T：説明する

②

・（図式に整理すると正当かどうか吟味しやすい。）

板書例

〈予想されるオバマの核保有に対する考え方〉

核保有国が存在している。
核が拡散する可能性がある。
→ 核の保有は認められるべき。

世界の平和と安全を守るための戦争は必要だから。
われわれは正義を追求するべきだから。

板書例

〈予想されるアインシュタインの核保有に対する考え方〉

核による被害は甚大である。
核の製造が可能になった。
→ 核や全兵器の保有は認められない。

戦争は国際協力を阻み，文化を破壊するから。
われわれは幸福を追求するべきだから。

				・（正当かどうかは，図式中の要素相互が矛盾しておらず整合しているか，各要素が一面的でなく普遍的にあてはまるかをみればよい。）
	・オバマやアインシュタインの考え方をよく理解してみて，自分の考え方の中で修正したいことは何だろうか。	T：発問する P：班で発表する T：説明する		〈核兵器保有は認められるという考え方について修正したいことの例〉 ・いかなる戦争のためであっても核の保有が認められる。保有国がそう考えれば，永遠に（チャーチルの言った）「恐怖の均衡」が続くことになる。 〈核兵器保有は認められないという考え方について修正したいことの例〉 ・核兵器の保有を認めないだけでよいのか。戦争が始まれば核兵器は製造されるのではないか。
学級の仲間との対話 1.0h	・オバマやアインシュタインの考え方を取り入れて，当初の自分の考え方を修正するとどうなるだろうか。	T：発問する P：自分の考え方の図式を修正する P：班で発表する	②	〈オバマの考え方を受け入れた考え方の例〉 ・省略 〈アインシュタインの考え方を受け入れた考え方の例〉 ・省略
	・班の仲間の発表を聞いて，疑問に思うことは何だろう。また自分の考え方で修正したいことは何だろう。	T：発問する P：疑問を出し合う P：答える T：説明する		〈オバマの考え方を受け入れた仲間の考え方に対する疑問，または自分が修正したいことの例〉 ・正しい戦争を認めると，結局は核保有を続けないといけなくなるのではないだろうか。 〈アインシュタインの考え方を受け入れた仲間の考え方に対する疑問，または自分が修正したいことの例〉 ・世界中の国が戦争を放棄できるだろうか。 ・自衛権を認めないことを受け入れられるだろうか。 ・（班や学級の仲間の持っている考え方で，正当だと考えられる点は受け入れて，自分の考え方をさらに修正できる。）

250 第2部 市民的資質を育成する「倫理」カリキュラムの開発研究

| 修正した自己の価値観の表現 1.0h | ◎核兵器の保有は仕方がないと，認められるか。

・発表し合い，板書で整理した仲間たちの考え方をもとに修正した自分の考え方を図式にまとめてみよう。 | T：発問する
P：修正した自分の考え方を発表する
T：生徒たちの考え方を黒板上で図式に整理する

T：指示する
P：修正した自分の考え方を図式にまとめる | ② | 〈板書する生徒たちの考え方の図式例〉
・省略

ワークシート例
〈仲間の考え方をもとに修正した自分の考え方〉

もしも核兵器が使用されれば被害は甚大である。
核兵器を保有できる国が拡散する可能性がある。
核兵器の削減交渉は，核抑止の考え方によって進まない。 → 早急な核廃絶，全軍備削減を前提にした核保有は当面認めざるを得ない。

核兵器，戦争は文化を破壊する恐るべきものから。
当面の世界平和と安全を守る必要があるから。
正義を追求するべきだから。
幸福を追求するべきだから。 |
| 修正した自己の価値観についての評価 1.0h | ○この問題に対する当初の自分の考え方をどのように修正したのだろうか。

・この学習の計画及び実施は適切だったろうか。

・今回の問題とそれに対する自分たちの考え方について，残された問題はないか。 | T：発問する
P：班で発表し，評価し合う

T：発問する
P：班で発表し，評価し合う

T：発問する
P：発表する
T：説明する | ② | ・当初に考えていた，この問題に対する自己の考え方は，図式化してみると一面的で，根拠も十分ではなかったが，これまでの学習を通して，内容の充実した，正当なものへ修正できた。

・適切だった。適切ではなかった。
・（適切だったと考えられる方法は，これからも自己の価値観を形成するために用いることができる。）

・例えば，核兵器保有の問題に対する自己の考え方は国際社会との関係が緊張したり，国内で集団的自衛権の行使を認める法改正が進んだりすると，吟味し直さないといけないかもしれない。
・今後，核エネルギーとどう関わっていくべきかという問題が残っている。 |

残された倫理的問題の認識 1.0h	・それは具体的にはどのような問題だろうか。	T：発問する P：調べ答える T：説明する	⑫	・具体的には，原子力発電所への依存を止めるべきか，原発の安全性を向上させることで対応するべきかという問題が議論されてきている。 ・（これは，大規模な原発事故を経験し，現在も影響を受けている国の市民にとって，切実で深刻な倫理的問題といえる。） ・（核兵器保有の問題については，認めざるを得ないとする考え方も出されたが，原子力発電所の利用は今後どうすべきか。）
	・この残された問題は，これまで学習してきた倫理的問題とどのような関係があると考えられるか。	T：発問する P：調べ答える T：説明する	⑫ ⑬	・（これらの問題については，「倫理」の授業の中で，初めの単元や〈環境に関する倫理的問題〉を考える単元の時に，少しずつ取り上げてきた。） 〈現代の社会構造としての民主主義や資本主義に関する倫理的問題との関係についての例〉 ・この問題は今の日本の「民主主義に対する究極のテスト」だと考えられる。われわれ市民が，どのようにこの問題を理解し，自己の価値観を吟味したり，修正したりして，判断を積み重ねてゆくかが世界から問われている。 ・（この問題は，絶えず生産を拡大する資本主義のもと，物質的な豊かさを追求している今のわれわれの経済のあり方も問うことになる。）
			⑬ ⑭ ⑮	〈現代の文化構造にある科学・技術に関する倫理的問題との関係についての例〉 ・核エネルギーは，温暖化防止につながることが期待されている。一方で，自然や次世代にも影響する環境汚染の心配もある。 ・（われわれの環境倫理が問われる。環境に関する倫理的問題と関連している。） ・事故が起こると，われわれの生命や健康，人体への影響が心配である。 ・（自己の生命観が問われる。生命に関する倫理的問題と関連している。）

			・安全性や危険性に関して，あるいは合意形成するための確かで公正な情報が必要である。情報の（構造）のあり方が問われることになる。
			・(情報に関する倫理的問題と関連している。)
			・(核兵器であれ，原子力発電所であれ，そこで利用する核エネルギーは原子の質量，同一性まで破壊してしまうものとの批判がある。一方，世界で原子力が安全に利用されるために，原発の再稼働を進める政府の方針も出された。)
			・(科学・技術の利用のあり方が問われている。科学・技術に関する倫理的問題と関連している。)
自己の価値観の表現・他者との対話・形成した自己の価値観の表現と評価　3.5h	◎われわれは原子力発電を利用し続けるべきか。	T：発問する T：説明する	②	・(これは，今日のわれわれの社会の構造（民主主義，資本主義）と文化の構造（科学・技術）の面からよく理解した上で，判断しなければならない問題である。)
				・(これは，世界で唯一被爆し，原発事故が起きて，今日被災している国の市民であるわれわれにとって，切実で深刻な倫理的問題といえる。)
	・これまでの学習を基にして，この問題に対する自己の考え方を図式に整理し，発表しよう。	T：指示する TP：調べる P：図式に整理する P：班で発表する	① ②	・(これまで理解してきた倫理的問題と，それらに対して形成してきた自己の価値観を総動員して，この問題に対する自己の価値観をまとめてみよう。)
				・(この問題についてさらに必要な知識は調べればよい。)
				・(この問題に向き合ってきた人物モデルの考え方や生き方も手がかりにすればよい。)
				・(自分の考え方は，図式に整理してみると正当かどうか吟味しやすい。)
				〈図式例〉 ・省略。
	・仲間の発表を聞いて，疑問に思うことは何だろう。また自分の考え方で修正したいことは何だろう。	T：発問する P：疑問を出し合う P：答える T：説明する	②	・(お互いの図式の各パートの内容は妥当か。パート相互は整合しているかどうか。)
				・(班や学級の仲間の持っている考え方で，正当だと考えられる点は受け入れて，自分の考え方をさらに修正できる。)

第10章　現代社会の倫理的問題に対する自己の価値観を形成する単元開発　253

	・図式を修正し，それをもとに問題に対する小論文を書こう。	T：指示する P：図式を修正する P：小論文を書く	② ⑯	・（図式をもとにすれば，小論文を書きやすい。） 〈修正した図式例〉 ・省略。 〈小論文例〉 ・省略。
	・学級の仲間に配布し，小論文の発表会を行おう。	T：指示する P：配布する P：発表し合う P：評価し合う	⑯	・（小論文の発表をして，互いに質疑応答する。） ・（自分の考え方と比較し，共通点や特徴点を理解して，今後の手がかりにする。） ・（発表内容は妥当かどうか，整合しているかどうか，全体としては正当かどうかを評価し合う。）
自己の価値観の形成についての評価 1.0h	・これまでの「倫理」学習を通して，自分の考え方（価値観）をどのように形成してきただろうか。	T：発問する P：答える T：説明する	① ②	・くり返し多様な倫理的問題に対する自己の価値観を吟味し，修正してきた。 ・（現代の社会問題の中にある根本的，倫理的問題に気付き，自らにも関わりのあることとしてよく理解してきた。） ・問題に対する自己の価値観を吟味したり，必要に応じて修正したりするために，関わりのあると考えた人物モデルのことを調べ，分かったこと（理解できたこと）を，比較したりもして手がかりにした。 ・（学級の仲間の考え方だけでなく，問題によく向き合ったモデルとなる人物達の考え方や生き方まで調べ，理解や比較をして，すなわち「人物研究」して，手がかりを得るようにした。） ・（自己の考え方について，学級の仲間や人物モデル達の考え方等で手がかりとなると考えられる点は受け入れて（摂取して），修正した。） ・学級の仲間や人物モデル達と対話をした。 ・（今後も，この「人物研究」を含めた，他者との対話を通して，倫理的問題に対する自己の価値観を吟味したり，必要に応じて修正したりすることを続けていけばよい。なぜなら，今後も倫理的問題は生成され続けるため，われわれは自ら価値観を形成し続ける必要があると考えられるから。）

【資料】①これまでに各単元で作成したワークシート. ②（本単元の）ワークシート. ③「世界の原子力発電開発の動向」日本原子力産業協会 HP（http：//www.jaif.or.jp/, 2014年9月7日確認済）.「世界の核兵器－保有国は？保有数は？」CNN.co.jpHP（http：//www.cnn.co.jp/, 2014年9月7日確認済）. ④「核兵器攻撃被害想定専門部会報告書の概要」広島市 HP（http：//www.city.hiroshima.lg.jp/, 2014年9月8日確認済）. ⑤広島平和記念資料館 HP（http：//www.pcf.city.hiroshima.jp/, 2014年9月7日確認済）. 長崎原爆資料館 HP（http：//www.city.nagasaki.lg.jp/peace/, 2014年9月7日確認済）.「NHK 平和アーカイブス核・平和をめぐる動き」NHKHP（http：//www.nhk.or.jp/peace/, 2014年9月4日確認済）. ⑥日本原子力研究開発機構『核不拡散ニュース№0206』, 2014年5月, p.9.「核保有国と非保有国の溝, 埋まらず NPT 準備委が閉幕」朝日新聞（DIGITAL）, 2014年5月10日付. ⑦「ノーベル平和賞受賞者ヒロシマ・ナガサキ宣言」ヒロシマ平和メディアセンターHP（http：//www.hiroshimapeacemedia.jp/, 2014年9月8日確認済）. ⑧「オバマ大統領, 核廃絶に向けた演説詳報」朝日新聞（DIGITAL）, 2009年4月5日付. ⑨アンドルー・ロビンソン編著『図説アインシュタイン大全世紀の天才の思想と人生』東洋書林, 2011年. ⑩オバマに関する資料：三浦俊章編訳『オバマ演説集』岩波書店, 2010年. バラク・オバマ著, 白倉三紀子, 木内裕也訳『マイドリームバラク・オバマ自伝』ダイヤモンド社, 2007年.『タイム』誌特別編集『オバマホワイトハウスへの道』ディスカバー・トゥエンティワン, 2009年.（年譜バラク・オバマ氏の歩み）. ⑪アインシュタインに関する資料：平野次郎著, 鈴木健士訳『CD 3枚付英語で聴く世界を変えた感動の名スピーチ』中経出版, 2009年. C. ゼーリッヒ著, 広重徹訳『アインシュタインの生涯』東京図書, 1974年. 矢野健太郎『アインシュタイン』講談社, 1978年. ポール・ストラザーン著, 浅見昇吾訳『90分でわかるアインシュタイン』青山出版社, 1999年.（年譜アルベルト・アインシュタイン氏の歩み）. マイケル・ホワイト＆ジョン・グリビン著, 仙名紀訳『素顔のアインシュタイン』新潮社, 1994年. ⑫マイケル・サンデル『マイケル・サンデル大震災特別講義わたしたちはどう生きるのか』NHK 出版, 2011年. pp.31, 57, 62. ⑬加藤尚武『哲学原理の転換』未來社, 2012年, pp.12-13, 27. ⑭加藤尚武『価値観と科学／技術』岩波書店, 2001年, pp. v - xi. ⑮『エネルギー基本計画平成26年4月』経済産業省 HP（http：//www.enecho.meti.go.jp/, 2014年9月15日確認済）. ⑯小論文用紙.

［註］

1）依田新他編『現代青年の性格形成』金子書房, 1973年, pp.160-162. R. I. エヴァンズ著, 岡堂哲雄・中園正身訳『エリクソンは語る―アイデンティティの心理学―』新曜社, 1981年, p.45 参照.

2）村上陽一郎『文化としての科学／技術』岩波書店, 2001年, pp.97, 103, 163. 加藤尚武, 松山壽一編『現代世界と倫理 改訂版』晃洋書房, 1996年, pp.1-2 参照.

3）加藤尚武, 松山壽一編, 同書, p.2.

4）藤原帰一, 大芝亮, 山田哲也編『平和構築・入門』有斐閣, 2011年, pp.64-65, 78-80 参照.

5）石崎嘉彦, 山内廣隆編『人間論の21世紀的課題 応用倫理学の試練』ナカニシヤ出版, 1997年, p.278.

6）加藤尚武『哲学原理の転換』未來社, 2012年, p.27.

第 10 章　現代社会の倫理的問題に対する自己の価値観を形成する単元開発　255

7）池田善昭『原子力時代の終焉』晃洋書房，2013 年，p.84 参照．また，「核技術は原子の同一性を破壊」していると考えることもできる．（加藤尚武，同書，p.27.）

8）池田善昭，同書，p.87 参照．

9）加藤尚武，松山壽一編，前掲書 2），p.5.

10）加藤尚武，松山壽一編，前掲書 2），p.5　参照．

11）中山愈編『現代世界の思想的課題』弘文堂，1998 年，p.46.

12）加藤尚武，松山壽一編，前掲書 2），pp.4，21 参照．

13）日本原子力研究開発機構『核不拡散ニュース』No.0206，2014 年 5 月，p.9．長崎原爆資料館 HP（http://www.city.nagasaki.lg.jp/peace/，2014 年 9 月 7 日確認済）．最上敏樹『いま平和とは—人権と人道をめぐる 9 話—』岩波書店，2006 年，p.157 参照．

14）最上敏樹，同書，p.160.

15）石崎嘉彦，山内廣隆編，前掲書 5），p.278.

16）石崎嘉彦，山内廣隆編，前掲書 5），p.279.

17）石崎嘉彦，山内廣隆編，前掲書 5），p.279.

18）加藤尚武『戦争倫理学』筑摩書房，2003 年，pp.37-40.「絶対的平和主義」は，「自己の安全を保持するための自衛権を放棄し，いかなる軍事行動も行うべきでないという考え方」．「戦争限定主義」は，「すでに起こってしまっている戦火を静めるための軍事行動だけは認めようという考え方」．「無差別主義」は，「戦争は主権国家の固有の権利であって，それを規制するいかなる規制もありえないという考え方」である．（同書，p.37.）他に，馬渕浩二『倫理空間への問い 応用倫理学から世界を見る』ナカニシヤ出版，2010 年，pp.168-187 参照．

19）加藤尚武，同書，pp.39-40．他に，馬淵浩二，同書，pp.171-172 参照．

20）馬淵浩二，同書，p.186.

21）「ノーベル平和賞受賞者ヒロシマ・ナガサキ宣言」ヒロシマ平和メディアセンター HP（http://www.hiroshimapeacemedia.jp/，2014 年 9 月 8 日確認済）参照．

22）三浦俊章編訳『オバマ演説集』岩波書店，2010 年，pp.107-126，217-242.『タイム』誌特別編集『オバマホワイトハウスへの道』ディスカバー・トゥエンティワン，2009 年 他参照．

23）矢野健太郎『人類の知的遺産 68　アインシュタイン』講談社，1978 年，p.154．なお，自らの平和主義について「本能的な感情」，「あらゆる種類の残虐と憎しみとに対する私の深い反感」によるものだとも述べている．（同書，p.158.）アンドルー・ロビンソン編著，小山慶太監訳，寺町朋子訳『図説アインシュタイン大全』東洋書林，

256 第2部 市民的資質を育成する「倫理」カリキュラムの開発研究

2011 年 他参照.

終　章　成果と課題

第1節　研究の成果

本研究の成果は次の3点である。

1点目は，これまでの「倫理」カリキュラムが，「在り方生き方教育」としてのものに止まり，生徒が現代の社会問題の根本にある倫理的問題に対して，自ら価値観を形成をしていくための資質を育成するものになっておらず，「市民性教育」としての「倫理」カリキュラムに転換していく必要があることを明らかにするとともに，そのための中核となる新たな学習理論として「価値観形成学習」を構築したことである。

先行する「倫理」カリキュラムに関する研究は，高等学校学習指導要領公民科「倫理」に代表されるように，「在り方生き方教育」としてのカリキュラム，すなわち特定の「人生観，世界観ないし価値観」について教え込んだり理解させたりするものに止まっていた。また倫理的問題も，これまでの倫理や価値観を教えるために取り上げられてきた。

これでは，科学・技術の急速な発展等とともに社会で生成し続ける倫理的問題に対して，自ら価値判断し，価値観を形成していくための資質，すなわち「価値観形成力」を十分に育成できない。なぜなら，今日の倫理的問題に対しては，これまでの倫理や価値観そのものが変化や修正を求められているからである。すなわちこれからの市民は，自分にも関わりのある切実な倫理的問題に対し，自ら価値観を形成し続けていかねばならないのである。

したがって「倫理」では，既存の倫理や価値観を教師が教え込んだり，生徒に理解させたりすることに止まるのではなく，それらをあくまで手がかり

にして，生徒が現代社会の根本にある倫理的問題に気付き自分にも切実なこととして捉え，自らの価値観を吟味したり，修正したりしてみる主体的で開かれたものへと転換する必要がある。実際に倫理的問題を認識し，それに対する価値観を形成してみる必要がある。すなわち，従来の「倫理」カリキュラムを「市民性教育」としてのそれへと改革していく必要があるのである。

そこで，このカリキュラム改革のための学習原理となる新たな「価値観形成学習」の理論仮説を構築した。それは生徒が，倫理的問題に気付き自らのこととして捉え，それに対する自己の価値観を，2つの他者との対話を行う（すなわち他生徒との対話だけでなく，手がかりが得られると考えられる人物モデル達の考え方（価値観）や生き方について「人物研究」し，彼らとの対話も行う）ことにより吟味・修正し形成していく，主体的で開かれた学習である。

2点目は，この「価値観形成学習」の理論仮説に基づいて，改革すべき「倫理」カリキュラムの全体像を，構造及び年間指導計画として明らかにしたことである。

先行研究には，「在り方生き方教育」としての「倫理」の抱える課題を克服しうるものとして，多様な価値観形成学習の理論を提案し，それに基づく授業開発を試みているものもあるが，いずれも単元レベルの授業開発に止まっていた。これに対して本研究は，「市民性教育」として改革しようとする「倫理」カリキュラムの全体像について，その構造だけでなく，年間指導計画としても明らかにした。

3点目は，このように全体像を明らかにした「市民性教育」としての「倫理」カリキュラムの全ての単元について，「価値観形成学習」に基づいて開発したことである。

本研究は「価値観形成学習」の理論仮説に基づいて全単元を計画し，その一部を高等学校等で具体的に研究授業として実践し，結果に基づいて理論仮説と計画を吟味・修正し，現時点で到達した授業モデルとして明らかにするという，実験・実証的なカリキュラム開発を行った。

終　章　成果と課題　　259

　これらの成果により，「価値観形成力」を育成する「市民性教育」としての「倫理」，すなわち主体的で開かれた「倫理」のあり方を提案できると考えられる。

第2節　今後の課題

　本研究の課題は次の2点である。
　1点目は，明らかにした「価値観形成学習」について，単元の一部ではなく，全体を通して研究授業を行い，理論としての有効性を実証するとともに，開発してきたカリキュラムを修正・改善していくことである。
　この理論仮説，及びそれに基づいて開発した「市民性教育」としての「倫理」カリキュラムは，まだ一部を実践することに止まっているため，高等学校において全体を通して実践し，結果によりこの理論の有効性を実証していくことがある。現行の学習指導要領の制度下にある高等学校現場において全体を通して実践することは困難を伴うが，この理論仮説及びカリキュラムの持つ意義をふまえ，研究授業として各単元ごとに実践を積み重ね検証していくことにより，その有効性を吟味していくことが出来ると考えられる。特に導入部と終結部については，展開部における単元の一部の実践とその改善をふまえ開発したものであり，研究授業を通して吟味，修正をしていく必要がある。
　また，理論仮説に基づき開発してきたカリキュラムの全体像と年間指導計画，各単元を修正・改善し，それぞれの精度を高め，「市民性教育」としての「倫理」カリキュラムとして完成させていくことがある。必要ならば，理論仮説に基づく新たな単元の開発も行う。特に，展開部で取り上げてよい倫理的問題は，今日の応用倫理学等で議論されているものだけでも多様にある。また社会の中で新たに，「倫理」で取り上げるべき問題が生成してくることも考えられる。こうした問題を取り上げた単元の開発も行いつつ改善し

260　終　章　成果と課題

ていくことで,「市民性教育」としての「倫理」カリキュラムを完成させて
いく必要がある。

　2点目は,このカリキュラムを分析,吟味していくための評価方法及び学
習を評価する方法を開発することである。上記のように,今後,カリキュラ
ムを改善したり,新たな単元の開発を進めたりするには,実践したことを評
価するための規準が必要となる。

参 考 文 献

1. 朝倉隆太郎，平田嘉三，梶哲夫編『社会科教育学研究 1　社会認識と市民的資質の形成』明治図書，1975 年.

2. 朝倉隆太郎，平田嘉三，梶哲夫編『社会科教育学研究 2　社会科カリキュラム研究の新理論』明治図書，1976 年.

3. 浅見昇吾，盛永審一郎編『教養としての応用倫理学』丸善出版，2013 年.

4. 足立幸男『議論の論理　民主主義と議論』木鐸社，1984 年.

5. 安彦忠彦著『自己評価』図書文化，1987 年.

6. 安彦忠彦編『新版　カリキュラム研究入門』勁草書房，1999 年.

7. 荒木寿友『学校における対話とコミュニティの形成』三省堂，2013 年.

8. W．M．アレキサンダー編，中留武昭訳『未来の高校　価値形成の教育』学事出版，1975 年.

9. 池内了『科学の限界』筑摩書房，2012 年.

10. 池田晶子『無敵のソクラテス』新潮社，2010 年.

11. 池野範男「市民社会科の構想」社会認識教育学会編『社会科教育のニュー・パースペクティブ』明治図書，2003 年.

12. 石川照子「価値分析力を育成する社会科の授業―白神山地の入山規制問題―」社会系教科教育学会『社会系教科教育学研究』第 14 号，2002 年.

13. 石崎嘉彦，山内廣隆編『人間論の 21 世紀的課題　応用倫理学の試練』ナカニシヤ出版，1997 年.

14. 石原純「公民科における生命倫理問題の授業構成」全国社会科教育学会『社会科研究』第 55 号，2001 年.

15. 伊勢田哲治『哲学思考トレーニング』筑摩書房，2005 年.

16. 依田新他編『現代青年の性格形成』金子書房，1973 年.

17. 伊東亮三「社会認識教育の理論的基礎」内海巌編著『社会認識教育の理論と実践―社会科教育学原理―』葵書房，1971 年.

18. 井上俊他編『岩波講座　現代社会学　第 2 巻　自我・主体・アイデンティティ』岩波書店，1995 年.

19. 井上尚美『思考力育成への方略』明治図書，2007 年.

20. 井上達夫『共生の作法』創文社，1986 年.

262   参考文献

21. 稲垣久和『実践の公共哲学』春秋社，2013 年.

22. 岩崎武雄『哲学入門』有信堂，1966 年.

23. G. ウィキンズ／J. マクタイ著，西岡加名恵訳『理解をもたらすカリキュラム設計—「逆向き設計」の理論と方法』日本標準.

24. A. ウエストン著，野矢茂樹他訳『ここからはじまる倫理』春秋社，2004 年.

25. 上田薫著『上田薫社会科教育著作集・1 巻　問題解決学習の本質』明治図書，1978 年.

26. 上田薫著『上田薫社会科教育著作集・2 巻　人間形成論序説』明治図書，1978 年.

27. 上田薫著『上田薫社会科教育著作集・4 巻　徳目主義との対決』明治図書，1978 年.

28. 上野実義他著『社会科教育学の課題』明治図書，1971 年.

29. 上野千鶴子編『構築主義とは何か』勁草書房，2001 年.

30. A. ヴェルマー著，加藤泰史監訳『倫理学と対話』法政大学出版局，2013 年.

31. 宇沢弘文他編『転換期における人間 8　倫理とは』岩波書店，1989 年.

32. 臼井嘉一編著『シティズンシップ教育の展望』ルック，2006 年.

33. 宇都宮芳明他編『倫理学を学ぶ人のために』世界思想社，1994 年.

34. 内海巌編『道徳の時間をこう考える』光風出版，1959 年.

35. 内海巌・小林信郎・朝倉隆太郎著『道徳教育と社会科指導』光風出版，1960 年.

36. 内海巌編『講座　社会科教育　第 2 巻　倫理・社会 I』朝倉書店，1964 年.

37. 内海巌編著『社会認識教育の理論と実践—社会科教育学原理—』葵書房，1971 年.

38. 宇野重規『民主主義のつくり方』筑摩書房，2013 年.

39. 梅原猛総監修，池田善昭著『原子力時代の終焉—東日本大震災に臨んで—』晃洋書房，2013 年.

40. R. I. エヴァンズ著，岡堂哲雄・中園正身訳『エリクソンは語る—アイデンティティの心理学—』新曜社，1981 年.

41. 大杉昭英「社会認識体制の成長をめざす社会科・公民科授業」全国社会科教育学会『社会科研究』第 60 号，2004 年.

42. 大杉昭英「社会科における価値学習の可能性」全国社会科教育学会『社会科研究』第 75 号，2011 年.

43. 大谷いづみ「高等学校公民科『倫理』におけるカルト対策授業の試み—『自分探し』に着目して—」日本社会科教育学会『社会科教育研究』No. 87，2002 年.

44. 大塚健司「高校倫理で体系性と主題性を統合する試み—『競争』を教材化する—」日本公民教育学会『公民教育研究』Vol. 1，1993 年.

45. 大西文行編著『道徳性形成論』日本放送出版協会，2003 年.

46. S. オカーシャ著，廣瀬覚訳『科学哲学』岩波書店，2008 年.

参 考 文 献 　263

47. 小河原誠『ポパー　批判的合理主義』講談社，1997 年.

48. 小川一郎『「在り方生き方指導」の理論と実践』清水書院，1992 年.

49. 小川仁志『「道徳」を疑え！』NHK 出版，2013 年.

50. 奥田太郎『倫理学という構え　応用倫理学原論』ナカニシヤ出版，2012 年.

51. 押谷由夫他編『道徳の時代がきた―道徳教科化への提言―』教育出版，2013 年.

52. 押見輝男『自分を見つめる自分』サイエンス社，1992 年.

53. A. オスラー／H. スターキー著，清田夏代訳『シティズンシップと教育』勁草書房，
    2009 年.

54. 越智貢他編『岩波　応用倫理学講義　7　問い』岩波書店，2004 年.

55. 尾原康光『自由主義社会科教育論』溪水社，2009 年.

56. 澤瀉久敬『哲学と科学』NHK ブックス，1967 年.

57. G. W. オルポート著，豊沢登訳『人間の形成』新栄堂，1959 年.

58. K. J. ガーゲン著，東村知子訳『あなたへの社会構成主義』ナカニシヤ出版，2004 年.

59. 貝塚茂樹監修『戦後道徳教育文献資料集　第Ⅱ期　20　社会科と道徳教育』日本
    図書センター，2004 年.

60. 貝塚茂樹『教えることのすすめ―教師・道徳・愛国心―』明治図書，2010 年.

61. 貝塚茂樹『道徳教育の取扱説明書―教科化の必要性を考える』学術出版会，2012 年.

62. 梶田叡一編『自己意識研究の現在 2』ナカニシヤ出版，2005 年.

63. 片上宗二「社会認識と市民的資質」社会認識教育学会『社会科教育学ハンドブック』
    明治図書，1994 年.

64. 片上宗二『「社会研究科」による社会科授業の革新―社会科教育の現在，過去，未
    来―』風間書房，2011 年.

65. 片上宗二『社会科教師のための「言語力」研究―社会科授業の充実・発展をめざ
    して―』風間書房，2013 年.

66. 加藤幸次『価値観形成をめざす社会科学習』黎明書房，1982 年.

67. 加藤尚武『二十一世紀のエチカ』未來社，1993 年.

68. 加藤尚武他編『改訂版　現代世界と倫理　改訂版』晃洋書房，1996 年.

69. 加藤尚武『現代倫理学入門』講談社，1997 年.

70. 加藤尚武『応用倫理学入門―正しい合意形成の仕方―』晃洋書房，2001 年.

71. 加藤尚武編集代表『応用倫理学事典』丸善，2008 年.

72. 加藤尚武『合意形成の倫理学』丸善，2009 年.

73. 加藤尚武他編著『「徳」の教育論』芙蓉書房出版，2009 年.

74. 加藤尚武『哲学原理の転換』未來社，2012 年.

264　参考文献

75. 金子武蔵編『価値』理想社, 1972 年.

76. 金子晴勇『対話的思考』創文社, 1976 年.

77. 金子晴勇『対話の構造』玉川大学出版部, 1985 年.

78. 兼松儀郎「高等学校公民科『倫理』の指導について—中等教育から高等教育への接続の問題を中心に—」日本公民教育学会『公民教育研究』Vol. 9, 2001 年.

79. 川本隆史『現代倫理学の冒険』創文社, 1995 年.

80. 菊池章夫『社会化研究「序説」』川島書店, 2011 年.

81. 北尾倫彦編『自己教育の心理学』有斐閣, 1994 年.

82. 北川達夫・平田オリザ『ニッポンには対話がない』三省堂, 2008 年.

83. F. キュンメル著, 吉村文男訳『倫理と対話』晃洋書房, 1990 年.

84. 久世敏雄『高校時代の自己形成』有斐閣, 1982 年.

85. 工藤文三「価値・倫理概念の二重性と公民科のカリキュラム構成—社会性と倫理性の統一的育成を目指して—」公民科教育研究会『公民科教育研究』第 1 号, 1992 年.

86. 工藤文三「高等学校倫理科に関する教科教育学的考察」日本公民教育学会『公民教育研究』Vol. 4, 1996 年.

87. 久野昭『倫理学の概念と形成』以文社, 1977 年.

88. 熊田亘『高校生と学ぶ死—「死の授業」の一年間—』清水書院, 1998 年.

89. 栗田賢三他編『岩波講座　哲学IX　価値』岩波書店, 1971 年.

90. B. クリック著, 添谷育志訳『デモクラシー』岩波書店, 2004 年.

91. B. クリック著, 関口正司監訳『シティズンシップ教育論』法政大学出版局, 2011 年.

92. 栗原隆『現代を生きてゆくための倫理学』ナカニシヤ出版, 2010 年.

93. 黒田亘『行為と規範』勁草書房, 1992 年.

94. 桑原敏典「合理的な思想形成をめざした社会科授業構成—シティズンシップ・エデュケーションの目的と社会科の役割の検討を踏まえて—」全国社会科教育学会『社会科研究』第 64 号, 2006 年.

95. 河野哲也『道徳を問いなおす』筑摩書房, 2011 年.

96. 河野真『人生の探究としての倫理学』以文社, 1976 年.

97. 小玉重夫『シティズンシップの教育思想』白澤社, 2003 年.

98. 児玉康弘「『公民科』における解釈批判学習」社会系教科教育学会『社会系教科教育学研究』第 16 号, 2004 年.

99. 小原友行「小学校社会科における市民的資質育成の理論と授業構成—B.G. マシャラス, T. カルトソーニス, J.L. バースの場合—」『高知大学教育学部研究報告』第

1 部第 35 号, 1983 年.

100. 小原友行「公民的資質の育成をどう変えていくか」社会認識教育学会著, 伊東亮三編集代表『社会科教育の 21 世紀』明治図書, 1985 年.

101. 小原友行「意思決定力を育成する歴史授業構成―『人物学習』改善の視点を中心に―」廣島史學研究會『史學研究』第 177 号, 1987 年.

102. 小原友行「学習の主体性」全国社会科教育学会『社会科教育論叢』第 35 集, 1988 年.

103. 小原友行「社会科における意思決定」社会認識教育学会編『社会科教育ハンドブック』明治図書, 1994 年.

104. 小原友行「社会的な見方・考え方を育成する社会科授業論の革新―21 世紀の学校教育における社会科の役割―」社会系教科教育学会『社会系教科教育学研究』第 10 号, 1998 年.

105. 近藤洋逸他著『論理学入門』岩波書店, 1979 年.

106. 斎藤弘『公民科教育への歩みと課題　人間としての在り方生き方』富士教育出版社, 1991 年.

107. 佐伯啓思『現代民主主義の病理』日本放送出版協会, 1997 年.

108. 佐伯啓思『「市民」とは誰か』PHP 研究所, 1997 年.

109. 佐伯胖『「わかる」ということの意味―学ぶ意欲の発見―』岩波書店, 1983 年.

110. 佐伯胖『「学ぶ」ということの意味』岩波書店, 1995 年.

111. 佐々木力『科学論入門』岩波書店, 1996 年.

112. 財団法人日本青少年研究所『中学生・高校生の生活と意識』, 2009 年 3 月.

113. 財団法人日本青少年研究所『高校生の心と体の健康に関する調査』, 2011 年 3 月.

114. 作田啓一『価値の社会学』岩波書店, 1972 年.

115. 作田啓一『生成の社会学をめざして』有斐閣, 1993 年.

116. 佐藤公治『対話の中の学びの成長』金子書房, 1999 年.

117. 沢田允茂編『哲学』有斐閣, 1967 年.

118. M．J．サンデル著, 鬼澤忍訳『これからの「正義」の話をしよう』早川書房, 2011 年.

119. M．J．サンデル他著『サンデル教授の対話術』NHK 出版, 2011 年.

120. 三宮真智子編著『メタ認知』北大路書房, 2008 年.

121. 塩野谷祐一『価値理念の構造』東洋経済新報社, 1984 年.

122. 塩野谷祐一『経済と倫理』東京大学出版会, 2002 年.

123. シティズンシップ研究会編『シティズンシップの教育学』晃洋書房, 2006 年.

124. 篠原一『市民の政治学』岩波書店, 2004 年.

125. 島崎隆『思想のシビルミニマム』大月書店, 1991 年.

266　参 考 文 献

126. 島崎隆『増補新版　対話の哲学』こうち書房，1993 年.

127. 島崎隆「哲学は教育にどう役立つか」日本科学者会議『日本の科学者』Vol.47,
2012 年 2 月.

128. 島薗進『倫理良書を読む』弘文堂，2014 年.

129. 清水寛之編著『メタ記憶』北大路書房，2009 年.

130. 社会認識教育学会著,伊東亮三編集代表『社会科教育の 21 世紀』明治図書,1985 年.

131. 社会認識教育学会編『社会科教育学ハンドブック』明治図書，1994 年.

132. 社会認識教育学会編『公民科教育』学術図書出版社，1996 年.

133. 社会認識教育学会編『改訂新版　公民科教育』学術図書出版社，2000 年.

134. 社会認識教育学会編『社会科教育のニュー・パースペクティブ』明治図書,2003 年.

135. 社会認識教育学会編『公民科教育』学術図書出版社，2010 年.

136. 社会認識教育学会編『新　社会科教育学ハンドブック』明治図書，2012 年.

137. 社会認識教育研究会編『社会認識教育の探求』第一学習社，1978 年.

138. 杉浦真理『シティズンシップ教育のすすめ』法律文化社，2013 年.

139. 鈴木健他編『クリティカル・シンキングと教育　日本の教育を再構築する』世
界思想社，2006 年.

140. 瀬戸真他編『人間の在り方を求める新教育 1　人間の在り方を求める』ぎょう
せい，1990 年.

141. 全国公民科・社会科教育研究会編『高等学校公民科　指導と評価』清水書院,
2003 年.

142. 全国社会科教育学会『社会科教育学研究ハンドブック』明治図書，2001 年.

143. 全国社会科教育学会編『社会科教育実践ハンドブック』明治図書，2011 年.

144. S．J．ソートン著，渡部竜也他訳『教師のゲートキーピング』春風社，2012 年.

145. 高田利武『新版　他者と比べる自分』サイエンス社，1992 年.

146. 滝浦静雄他著『哲学的諸問題の現在』岩波書店，1986 年.

147. 鑢幹八郎『アイデンティティとライフサイクル論』ナカニシヤ出版，2002 年.

148. 谷川彰英『問題解決学習の理論と方法』明治図書，1993 年.

149. 谷田増幸「高等学校にける『在り方生き方教育』の充実に向けた公民科教育の
役割―新学習指導要領を踏まえた課題と展望―」日本公民教育学会『公民教育研
究』Vol.18，2010 年.

150. 谷田増幸「高校の『在り方生き方教育』はどこへ向かおうとしているのか」学
事出版編『月刊　高校教育展望』学事出版，2014 年

151. 田渕五十生『国際理解・人権を考える社会科授業』明石書店，1990 年.

参 考 文 献　267

152. H．ダンナー著，浜口順子訳『教育学的解釈学入門』玉川大学出版部，1988 年.

153. 中央教育審議会『幼稚園，小学校，中学校，高等学校及び特別支援学校の学習指導要領の改善について（答申）』2008 年.

154. 柘植尚則『プレップ倫理学』弘文堂，2010 年.

155. J．デューイ著，清水幾太郎・清水禮子訳『哲学の改造』岩波書店，1968 年.

156. J．デューイ著，松野安男訳『民主主義と教育（上）』岩波書店，1975 年.

157. J．デューイ著，松野安男訳『民主主義と教育（下）』岩波書店，1975 年.

158. J．デューイ著，市村尚久訳『学校と社会・子どもとカリキュラム』講談社，1998 年.

159. J．デューイ著，市村尚久訳『経験と教育』講談社，2004 年.

160. S．E．トゥールミン著，戸田山和久訳『議論の技法』東京図書，2011 年.

161. 東京教育大学社会科教育研究会編『社会科教育の本質』明治図書，1971 年.

162. 東京都高等学校倫理・社会研究会編『公民科「倫理」「現代社会」教材化の研究』東京書籍，1994 年.

163. 東京都高等学校倫理・社会研究会編『公民科「倫理」の指導内容の展開』清水書院，1992 年.

164. 道徳教育をすすめる有識者の会編『13 歳からの道徳教科書』育鵬社，2012 年.

165. 戸田山和久他編『応用哲学を学ぶ人のために』世界思想社，2011 年.

166. 戸田善治「『シティズンシップ・エデュケーション』論の社会科教育学的検討—『シティズンシップ』概念の分析を中心に—」全国社会科教育学会『社会科研究』第 64 号.

167. A．トムソン著，斎藤浩文他訳『倫理のブラッシュアップ』春秋社，2012 年.

168. 長尾龍一他編『開かれた社会の哲学』未來社，1994 年.

169. 中嶌裕一「公民科『倫理』グループ・プレゼンテーションの実践とその検討」日本社会科教育学会『社会科教育研究』No.83，2000 年.

170. 中島義道『〈対話〉のない社会』PHP 研究所，1997 年.

171. 長友敬一『現代の倫理的問題』ナカニシヤ出版，2010 年.

172. 長沼豊他編著，B．クリック他著，鈴木崇弘他訳『社会を変える教育』キーステージ 21，2012 年.

173. 中村雄二郎他著『いま哲学とは』岩波書店，1985 年.

174. 中山あおい他『シティズンシップの教育』新曜社，2010 年.

175. 中山愈編『現代世界の思想的課題』弘文堂，1998 年.

176. 西平直喜『青年分析』大日本図書，1964 年.

177. 西村公孝『社会形成力育成カリキュラムの研究』東信堂，2014 年.

268 参考文献

178. 二宮皓編著『市民性形成論』日本放送出版協会，2007 年.

179. 日本教育方法学会『教育方法学研究ハンドブック』学文社，2014 年.

180. 日本公民教育学会編『テキストブック公民教育』第一学習社，2013 年.

181. 日本社会科教育学会編『社会科における公民的資質の形成―公民教育の理論と実践―』東洋館出版社，1984 年.

182. 日本社会科教育学会編『社会科授業力の開発　中学校・高等学校編』明治図書，2008 年.

183. 日本社会科教育学会編『新版　社会科教育事典』ぎょうせい，2012 年.

184. 日本道徳性心理学研究会編著『道徳性心理学』北大路書房，1992 年.

185. 日本倫理学会編『日本倫理学会論集 23　倫理学とは何か』慶應通信，1988 年.

186. 野口雅弘『比較のエートス』法政大学出版局，2011 年.

187. 野矢茂樹『論理トレーニング 101 題』産業図書，2001 年.

188. 野矢茂樹『新版　論理トレーニング』産業図書，2006 年.

189. J．ハーバーマス著，清水多吉・朝倉輝一訳『討議倫理』法政大学出版局，2005 年.

190. V．バー著，田中一彦訳『社会構成主義への招待』川島書店，1997 年.

191. A．バイエ著，久保田勉訳『道徳の社会学』名古屋大学出版会，1987 年.

192. P．ロレンツェン著，遠藤弘訳『コトバと規範』理想社，1972 年.

193. 波多野誼余夫編『自己学習能力を育てる』東京大学出版会，1980 年.

194. 波多野述磨他編著『現代教科教育学大系　第 10 巻　価値観と道徳』第一法規，1974 年.

195. J．A．バンクス著，平沢安政訳『多文化教育』サイマル出版会，1994 年.

196. J．A．バンクス他著，平沢安政訳『民主主義と多文化教育』明石書店，2006 年.

197. 樋口雅夫「『批判的価値受容学習』としての公民科『倫理』の授業構成―単元『"天賦人権"は外来思想か？』の場合―」全国社会科教育学会『社会科教育研究』，第 78 号，2013 年.

198. J．G．フィンリースン著，村岡晋一訳『ハーバーマス』岩波書店，2007 年.

199. M．ブーバー原著，野口啓祐訳『対話の倫理』創文社，1967 年.

200. P．フルキエ著，久重忠夫訳『公民の倫理』筑摩書房，1977 年.

201. 深澤久他『環境の授業―道徳授業の改革をめざして―』明治図書，1992 年.

202. 福澤一吉『クリティカル・リーディング』NHK 出版，2012 年.

203. 福澤一吉『議論のレッスン』NHK 出版，2002 年.

204. 藤井千春『問題解決学習のストラテジー』明治図書，1996 年.

205. 藤沢令夫『哲学の課題』岩波書店，1989 年.

参 考 文 献　269

206. 藤田昌士『道徳教育　その歴史・現状・課題』エイデル研究所，1985 年.

207. 藤田正勝『哲学のヒント』岩波書店，2013 年.

208. 藤原喜悦編『現代青年の意識と行動 3　生きがいの創造』大日本図書，1970 年.

209. 藤原聖子『教科書の中の宗教』岩波書店，2011 年.

210. 藤原保信『自由主義の再検討』岩波書店，1993 年.

211. A. L. ブラウン著，湯川良三・石田裕久共訳『メタ認知』サイエンス社，1984 年.

212. R. プリム／H. ティルマン著，金子光男／R. E. クルムアイヒ訳『社会科学の科学　批判的合理主義によせて』多賀出版，1987 年.

213. A. ヘラー著，小箕の俊介訳『ラディカル・ユートピア　価値をめぐる議論の思想と方法』法政大学出版局，1992 年.

214. B. ヘルツル他著，島崎隆監訳『哲学の問い　討議用』晃洋書房，2002 年.

215. C. G. ヘンペル著，黒崎宏訳『自然科学の哲学』培風館，1967 年.

216. C. G. ヘンペル著，長坂源一郎訳『科学的説明の諸問題』岩波書店，1973 年.

217. 星村平和編『社会科授業の理論と展開』現代教育社，1995 年.

218. 星村平和監修，原田智仁編『社会科教育へのアプローチ』現代教育社，2002 年.

219. D. ボーム著，金井真弓訳『ダイアローグ』英治出版，2007 年.

220. K. R. ポパー著，森博訳『客観的知識』木鐸社，1974 年.

221. K. R. ポパー著，小河原誠他訳『よりよき世界を求めて』未來社，1995 年.

222. 増渕幸男編『現代のエスプリ　21 世紀・哲学の役割—地球を救う人間の倫理—』至文堂，1996 年.

223. 松下良平『知ることの力　心情主義の道徳教育を越えて』勁草書房，2002 年.

224. 松下良平『道徳教育はホントに道徳的か？』日本図書センター，2011 年.

225. 的場正美・池野範男・安野功『社会科の新しい使命〜「小学社会」のめざすもの〜』日本文教出版，2013 年.

226. 馬渕浩二『倫理空間への問い　応用倫理学から世界を見る』ナカニシヤ出版，2010 年.

227. 丸野俊一編『【内なる目】としてのメタ認知』至文堂，2008 年.

228. 丸山高司『人間科学の方法論争』勁草書房，1985 年.

229. 丸山高司「説明と理解」大森荘蔵他編『新・岩波講座・哲学 <11> 社会と歴史』岩波書店，1988 年.

230. 丸山眞男『自己内対話』みすず書房，1998 年.

231. 水谷雅彦他編『情報倫理の構築』新世社，2003 年.

232. 溝上慎一『自己形成の心理学』世界思想社，2008 年.

270　参 考 文 献

233. 溝口和宏「開かれた価値観形成をめざす社会科教育―『意思決定』主義社会科の継承と革新―」全国社会科教育学会『社会科研究』第56号，2002年.

234. 見田宗介『価値意識の理論』弘文堂，1996年.

235. 見田宗介『現代社会の理論』岩波書店，1996年.

236. 見田宗介『社会学入門―人間と社会の未来―』岩波書店，2006年.

237. D. ミラー『政治哲学』岩波書店，2005年.

238. E. ミュラー著，佐伯晴郎訳『対話の形術―話し合いの方法と実際』日本基督教団出版局，1968年.

239. G. ミュルダール著，丸尾直美訳『社会科学と価値判断』竹内書店，1971年.

240. 三輪正『議論と価値』法律文化社，1972年.

241. 村井実『道徳は教えられるか』国土社，1967年.

242. 村井実『現代日本の教育』日本放送出版協会，1969年.

243. 村井実『教育学入門（上）』講談社，1976年.

244. 村井実『教育学入門（下）』講談社，1976年.

245. 村井実『日本教育の根本的変革』川島書店，2013年.

246. 村上陽一郎『文化としての科学／技術』岩波書店，2001年.

247. 最上敏樹『いま平和とは―人権と人道をめぐる9話―』岩波書店，2006年.

248. 森岡清美他編『新社会学辞典』有斐閣，1993年.

249. 森田伸子『子どもと哲学を　問いから希望へ』勁草書房，2011年.

250. 森秀夫『公民科教育法』学芸図書，1992年.

251. 森分孝治「歴史教育の革新―社会認識教育としての歴史教育―」全国社会科教育学会『社会科研究』第20号，1972年.

252. 森分孝治『社会科授業構成の理論と方法』明治図書，1978年.

253. 森分孝治『現代社会科授業理論』明治図書，1984年.

254. 森分孝治・片上宗二編『社会科重要用語300の基礎知識』明治図書，2000年.

255. 森分孝治「市民的資質育成における社会科教育―合理的意思決定―」社会系教科教育学会『社会系教科教育学研究』第13号，2001年.

256. 文部省『高等学校学習指導要領解説　総則編』光風出版，1962年.

257. 文部省『高等学校学習指導要領解説　社会編』大阪書籍，1972年.

258. 文部省『高等学校学習指導要領解説　社会編』一橋出版，1979年.

259. 文部省『高等学校学習指導要領』大蔵省印刷局，1989年.

260. 文部省『高等学校学習指導要領解説　公民編』実教出版，1989年.

261. 文部省『高等学校学習指導要領解説　総則編』東山書房，1989年.

参 考 文 献 　271

262. 文部省『高等学校学習指導要領』国立印刷局，1999 年.

263. 文部省『高等学校学習指導要領解説　公民編』実教出版，1999 年.

264. 文部省『高等学校学習指導要領解説　総則編』東山書房，1999 年.

265. 文部科学省『高等学校学習指導要領解説　総則編』東山書房，2009 年.

266. 文部科学省『高等学校学習指導要領解説　公民編』教育出版，2010 年.

267. 山崎正一他編『現代哲学事典』講談社，1970 年.

268. 山脇直司『公共哲学とは何か』筑摩書房，2004 年.

269. 山脇直司『公共哲学からの応答』筑摩書房，2011 年.

270. 行壽浩司「公民科『倫理』における価値判断力の育成―エンハンスメント問題に焦点を当てて―」社会系教科教育学会『社会系教科教育学研究』第 24 号，2012 年.

271. 横山利弘監修『在り方生き方教育』学陽書房，1994 年.

272. 横山利弘『道徳教育，画餅からの脱却』暁教育図書，2007 年.

273. 吉田武男『「心の教育」からの脱却と道徳教育』学文社，2013 年.

274. 吉村功太郎「社会科における価値観形成論の類型化―市民的資質育成原理を求めて―」全国社会科教育学会『社会科研究』第 51 号，1999 年.

275. 吉村功太郎「社会的合意形成能力の育成をめざす社会科授業」全国社会科教育学会『社会科研究』第 59 号，2003 年.

276. 吉村功太郎「市民性の育成をめざす社会科授業の開発―公共性を視点に―」社会系教科教育学会『社会系教科教育学研究』第 17 号，2005 年.

277. H．ヨナス著，加藤尚武監訳『責任という原理　科学技術文明のための倫理学の試み』東信堂，2000 年.

278. 麗澤大学道徳科学教育センター監修『高校生のための道徳教科書』麗澤大学出版会，2013 年.

279. N．レッシャー著，内田種臣訳『対話の論理　弁証法再考』紀伊國屋書店，1981 年.

280. H．ワロン著，浜田寿美男訳編『身体・自我・社会』ミネルヴァ書房，1983 年.

あとがき

　本書は，平成27（2015）年広島大学大学院に提出した学位論文「『価値観形成学習』による『倫理』カリキュラム改革―『在り方生き方教育』から『市民性教育』へ―」を，独立行政法人日本学術振興会平成28年度科学研究費助成事業（科学研究費補助金）（研究成果公開促進費　課題番号16HP 5234）の交付を受けて公刊するものである。

　本書は，子どもの価値観形成に関わる授業をいかに変えていけばよいのかという問題に対する，私なりの回答である。

　これまでの自らの職歴をふり返れば，広島大学を卒業して直ぐに，広島市立中学校の臨時教師として奉職して以来，高等学校教師，情緒障害児短期治療施設主査，教育センター指導主事，そして現在の大学教師と色々な仕事をさせて頂いた。

　何れの仕事でも，社会への関心を広く強く持ちつつ，そのことを通して子どもたちと関わり続けられたことを有難く思う。特に関心を抱いてきたのは，われわれは一度の人生を，社会とともにいかに生きていけばよいのかという問いであり，子どもたちが自らその答えを見つけだしていけるようになるための教育は，どうすればよいのかという問題であった。

　大学への奉職を機に，この問題に対する答えを，「倫理」カリキュラムの改革を目指すかたちで本にまとめることができたことは，私にとって大きな意味がある。

　学部時代の恩師である伊東亮三先生（広島大学名誉教授）には，大学奉職を喜んで頂き，博士論文への挑戦を励まして頂いた。学恩に深く感謝を申し上げたい。

　2度にわたる大学院時代の恩師，小原友行先生（広島大学大学院教授）に

は，教師として常に問題意識を持ち続けることの大切さを教わった。そして今日，研究者として自らの仕事をまとめ論文にしていくためのお知恵を授かった。有難いとしか申し上げようがない。

池野範男先生（広島大学大学院教授），棚橋健治先生（広島大学大学院教授），木村博一先生（広島大学大学院教授），朝倉淳先生（広島大学大学院教授）には，ご指導とともに本論文のご審査を頂いた。そして片上宗二先生（広島大学名誉教授），畠中和生先生（広島大学大学院教授），草原和博先生（広島大学大学院教授），永田忠道先生（広島大学大学院准教授）には，ご教示とご助言を頂いてきた。皆様に厚くお礼を申し上げたい。

広島経済大学に在職しつつ通学し，博士論文を作成するという機会とお励ましを頂いた石田恒夫理事長，前川功一学長，田中泉教授，神田義浩教授，内海和雄教授，大田孝太郎教授，餅川正雄教授，志々田まなみ教授，本岡亜沙子准教授，教職員の皆様，ゼミ生諸君には，記して厚くお礼を申し上げたい。

島崎隆先生（一橋大学名誉教授）には，ご心配とあたたかいお励ましをいただいた。感謝の念に堪えない。

単元開発にあたり，大平剛生先生（広島県教育委員会事務局教育部指導主事，前広島県立三次高等学校教諭）には，ご実践とご示唆をいただいた。このご協力がなければ本論文は成立しなかった。感謝を捧げたい。

谷田増幸先生（兵庫教育大学大学院教授）には，道徳教育の視点からご示唆を頂いてきた。厚くお礼を申し上げたい。

懸命に支え続けてくれた私の家族にも感謝したい。有難う。

末筆になったが，本書の出版にご尽力をいただいた風間書房代表取締役風間敬子氏，編集の労をお取りいただいた斉藤宗親氏に心からお礼を申し上げる。

　　　平成28年11月

　　　　　　　　　　　　　　　　　　　　　　　胤　森　裕　暢

＜著者紹介＞

胤森　裕暢（たねもり　ひろのぶ）

昭和 40 年 11 月 19 日生
昭和 63 年　広島大学教育学部教科教育学科社会科教育学（社会）専修　卒業
平成 9 年　広島大学大学院学校教育研究科社会科教育専攻　修了
平成 27 年　広島大学大学院教育学研究科文化教育開発専攻　修了
平成 27 年　博士（教育学）
現在　　　広島経済大学経済学部教授

主要著書及び主要論文
『中等社会系教育』（共著）協同出版，平成 26 年。
「倫理的問題に対する価値観を形成する『倫理』の学習―ソクラテスとプラトン
　の『人物研究』を取り入れた民主主義の学習を事例に―」日本社会科教育学
　会『社会科教育研究』№ 120，2013 年。
「対話を重視した『価値観形成学習』による『倫理』の授業開発―単元『ジョブズ
　とゲイツの挑戦―資本主義の倫理的問題を考える―』―」全国社会科教育
　学会『社会科研究』第 80 号，2014 年。
「『価値観形成力』を育成する環境倫理授業の改善」社会系教科教育学会『社会系
　教科教育学研究』第 26 号，2014 年。

「価値観形成学習」による「倫理」カリキュラム改革

2017 年 1 月 20 日　初版第 1 刷発行

著　者　　胤　森　裕　暢

発行者　　風　間　敬　子

発行所　　株式会社　風　間　書　房

〒 101-0051　東京都千代田区神田神保町 1-34
電話 03（3291）5729　FAX 03（3291）5757
振替 00110-5-1853

印刷　藤原印刷　　製本　井上製本所

©2017　Hironobu Tanemori　　　　　　NDC 分類：375

ISBN978-4-7599-2160-1　　Printed in Japan

[JCOPY]〈（社）出版者著作権管理機構　委託出版物〉
本書の無断複製は，著作権法上での例外を除き禁じられています。複製され
る場合はそのつど事前に（社）出版者著作権管理機構（電話 03-3513-6969，
FAX 03-3513-6979，e-mail: info@jcopy.or.jp）の許諾を得て下さい。